全国革命老区县发展史丛书·广东卷

东莞市革命老区发展史

东莞市革命老区发展史编委会 编

SPM 南方出版传媒、广东人民出版社
·广州·

图书在版编目（CIP）数据

东莞市革命老区发展史 / 东莞市革命老区发展史编委会
编 . —广州：广东人民出版社，2021.3
（全国革命老区县发展史丛书·广东卷）
ISBN 978-7-218-14710-9

Ⅰ. ①东… Ⅱ. ①东… Ⅲ. ①东莞市—地方史
Ⅳ. ①K296.53

中国版本图书馆CIP数据核字（2020）第243001号

DONGGUAN SHI GEMING LAOQU FAZHANSHI

东莞市革命老区发展史

东莞市革命老区发展史编委会 编   版权所有 翻印必究

出 版 人：肖风华

责任编辑：胡 萍
责任校对：钱 丰
装帧设计：张力平等
责任技编：吴彦斌 周星奎

出版发行：广东人民出版社
地 址：广州市海珠区新港西路 204 号 2 号楼（邮政编码：510300）
电 话：（020）85716809（总编室）
传 真：（020）85716872
网 址：http://www.gdpph.com
印 刷：广州市浩诚印刷有限公司
开 本：715mm×995mm 1/16
印 张：23 插 页：16 字 数：300 千
版 次：2021 年 3 月第 1 版
印 次：2021 年 3 月第 1 次印刷
定 价：90.00 元

如发现印装质量问题，影响阅读，请与出版社（020-85716849）联系调换。
售书热线：（020）85716826

广东省编纂《革命老区县发展史》丛书
指导小组

组　　长：陈开枝（广东省老区建设促进会会长）

副组长：林华景（广东省老区建设促进会常务副会长）

　　　　宋宗约（广东省农业农村厅二级巡视员、广东省老区
　　　　　　　建设促进会副会长）

　　　　刘文炎（广东省老区建设促进会副会长）

　　　　郑木胜（广东省老区建设促进会副会长）

　　　　姚泽源（广东省老区建设促进会副会长兼秘书长）

　　　　谭世勋（广东省老区建设促进会副会长）

　　　　廖纪坤（广东省农业农村厅总经济师）

办公室

主　　任：姚泽源（兼）

副主任：韦　浩（广东省农业农村厅扶贫协作与老区建设处
　　　　　　　处长）

　　　　柯绍华（广东省老区建设促进会副秘书长）

　　　　伍依丽（广东省老区建设促进会副秘书长）

微信扫描二维码 ◀◀◀
您立即获得**本书作者的**
相关资料。

《东莞市革命老区发展史》编纂委员会

编纂委员会

名誉主任：杨东来

主　　任：黄福泉

常务副主任：张永忠

副　主　任：吴美良　詹惠航　张　超　龙家玘　李文蔚

委　　员：（按姓氏笔画排序）

　　　　　卢浩棠　刘念宇　李粤梅　何国斌　陈向宗

　　　　　孟彦旭　梁锐华　温泉华　魏建坤

编辑部

主　　编：张永忠

副主编：吴美良　詹惠航

总　纂：姚少华

编　辑：（按姓氏笔画排序）

　　　　刘广文　刘宠杨　江锦心　苏杰湘　何建鹏

　　　　黄峻华　蔡冬梅

撰　稿：（按姓氏笔画排序）

　　　　邓德明　叶志锋　叶淦亮　朱育宝　刘灶兴

　　　　许伟田　李志成　连国雄　吴郁瑜　余雪扳

　　　　张曼霞　陈炽宗　周俊香　钟俊杰　郭立华

　　　　黄伟锋　黄志辉　梅润全　游梓伟

총

序

在举国欢庆新中国成立 70 周年前夕，中国老区建设促进会王健会长请我为《全国革命老区县发展史》丛书作序，作为一名在老区战斗过并得到老区人民生死相助的老兵，回首往事，心潮澎湃，感慨万千，深感义不容辞，欣然应允。

中国革命老区，是以毛泽东为代表的中国共产党人在领导人民推翻帝国主义、封建主义和官僚资本主义三座大山，争取民族独立和人民解放伟大斗争中建立的革命根据地，在这片红色的土地上，诞生了无数可歌可泣的革命英雄儿女，为后人树起了一座不朽的丰碑，她是新中国的摇篮，是党和军队的根。

在艰苦卓绝的战争年代，老区人民把自己的命运与中华民族的命运紧紧地联系在一起，与中国共产党和人民军队的命运紧紧地联系在一起，他们生死相依，患难与共。我曾亲历过战争年代，并得到过老区红哥红嫂的救助，切身感受到发生在身边的一幕幕撼天动地的革命故事，在那极其艰难的条件下，老区人民倾其所有、破家支前，不怕艰难困苦，不怕流血牺牲。"最后一碗米送去做军粮，最后一尺布送去做军装，最后一件老棉袄盖在担架上，最后一个亲骨肉送去上战场"，这是当时伟大的老区人民为建立新中国做出巨大牺牲的真实写照，它将永远镌刻在中国共产党、中国人民解放军、中华人民共和国的历史丰碑上。他们的光辉业绩永载史册，他们的革命精神必将影响一代又一代的革命新人，造就一代又一代的民族脊梁。

在社会主义革命和建设时期，革命老区和老区人民响应党的号召，面对落后的面貌、脆弱的经济、恶劣的生态环境，他们本色不变，精神不丢，自力更生，艰苦奋斗，干一行爱一行。始终坚持"革命理想高于天"，自觉做共产主义远大理想的坚定信仰者和忠实实践者，勇于向恶劣的自然环境和贫穷落后宣战，他们在各条战线上为国建功立业，用平凡的双手创造了一个又一个不平凡的奇迹，彰显了老区人的崇高精神和人格力量。

在改革开放的伟大进程中，老区人民解放思想，勇于创新，发奋图强，攻坚克难，老区的经济社会建设取得了辉煌成就。特别是在改变中国的面貌、中华民族的面貌、中国人民的面貌、中国共产党的面貌的伟大实践中发挥了至关重要的作用。老区人民既是改革开放的参与者，也是改革开放的推动者。

艰苦练意志，危难见精神。老区人民在近百年的革命战争、社会主义建设和改革开放的伟大实践中，孕育形成了伟大的老区精神：爱党信党、坚定不移的理想信念；舍生忘死、无私奉献的博大胸怀；不屈不挠、敢于胜利的英雄气概；自强不息、艰苦奋斗的顽强斗志；求真务实、开拓创新的科学态度；鱼水情深、生死相依的光荣传统。这是党和人民宝贵的精神财富、丰厚的政治资源，是凝心聚力、振奋民族精神的重要法宝，也是社会主义核心价值观的重要内容。

中国老区建设促进会怀着强烈的政治责任感和历史使命感，组织全国各地老促会人员克服困难，尽心竭力编纂《全国革命老区县发展史》丛书，记录老区的光辉历史和辉煌成就，传承红色基因，弘扬老区精神，是功在当代，利及千秋的一件大事。手捧这部丛书的部分书稿，读着书中的故事，倍感亲切，深感这部丛书具有资政、育人、存史的社会功能，有着重要的时代和历史价值。

它是不忘初心、牢记使命的源头活水，是赞颂共产党、讴歌老区人民的一部精品力作，是弘扬老区精神、传承红色记忆的丰厚载体，是一项继承优秀传统文化、弘扬革命文化、发展社会主义先进文化，坚定"四个自信"的宏大文化工程。它必将成为一种文化品牌，为各界人士了解老区宣传老区支持老区提供一部有价值的研究史料。希望读者朋友们能从中了解并牢记这些为党和民族的利益不断奉献的老区人民，从中得到教益，汲取人生奋斗的精神动力。

新时代赋予新使命，新起点开启新征程。让我们更加紧密地团结在以习近平同志为核心的党中央周围，坚持以习近平新时代中国特色社会主义思想为指导，增强"四个意识"，坚定"四个自信"，做到"两个维护"，弘扬老区精神，铭记苦难辉煌。为实现"两个一百年"奋斗目标，实现中华民族伟大复兴的中国梦作出新的更大的贡献！

2019 年 4 月 11 日

　　2017 年 6 月，中国老区建设促进会组织全国各地老促会启动编纂《全国革命老区县发展史》丛书，按照"建立中国共产党、成立中华人民共和国、推进改革开放和中国特色社会主义事业"三大里程碑的历史脉络，系统书写革命老区百年历史，深入挖掘革命老区红色文化资源，这对于充实丰富中国革命史籍宝库、在新时代传承红色基因、弘扬革命精神、强固根本，对于激励人们在新的历史条件下夺取中国特色社会主义伟大胜利，实现中华民族伟大复兴的中国梦具有重要意义。

　　丛书编纂以习近平新时代中国特色社会主义思想为指导，以《中国共产党历史》《中国共产党的九十年》等重要文献为基本依据，以党的领导为核心，以老区人民为主体，以老区发展为主线，体现历史进程特征，突出时代发展特色，坚持辩证唯物主义和历史唯物主义相统一、历史真实性与内容可读性相统一的原则，书写革命老区从站起来、富起来到强起来的光辉革命史、不懈奋斗史、辉煌成就史，把老区人民的伟大贡献、伟大创造、伟大成就、伟大精神充分展示出来，形成一部具有厚重历史特征和鲜明时代特色的精品力作。这是一部培根铸魂、守正创新，既为历史立言，又为时代服务，字里行间流淌着红色血脉、催生着革命激情的传世之作。丛书的编纂出版将成为讴歌党讴歌人民讴歌时代、传播红色文化、为革命老区和老区人民树碑立传的重要载体。

丛书按照编年体与纪事本末体相结合、以编年体为主的编写体例确定框架结构；运用时经事纬、点面结合的方式记述史实；坚持人事结合、以事带人的原则处理人与事的关系；采取夹叙夹议、叙论结合以叙为主的方法展开内容。做到了史料与史论、历史与现实、政治与学术统一，文献性、学术性、知识性相兼容。

为编纂好《全国革命老区县发展史》丛书，打造红色文化品牌，中国老区建设促进会认真组织积极协调，提出政治立场鲜明、史料真实准确、思想论述深刻、历史维度厚重、时代特色突出、编写体例规范、篇目布局合理、审读把关严格、出版制作精良的编纂出版总要求，力求达到革命史籍精品的精神高度、思想深度、知识广度、语言力度，增强丛书的权威性和社会影响力。各省(区、市)、市(州、盟)、县(市、区、旗)老促会的同志，以强烈的使命感、责任感和紧迫感，勇于担当，积极作为，认真实施，组织由老促会成员、专家学者等参加的十余万人编纂队伍。编纂工作主体责任在县，省、市组织协调、有力指导、审读把关。各方面人员以高度负责的精神和科学严谨的态度，满腔热情地投入工作，为丛书编纂出版做出了重要贡献。丛书编纂工作还得到了党和国家有关部委、地方各级党委政府及有关部门的大力支持和积极参与，社会各界也给予了热情帮助。中共中央政治局原委员、中央军委原副主席、原国务委员兼国防部长迟浩田上将，对老区人民怀有深厚感情，对革命老区建设发展十分关注，欣然为《全国革命老区县发展史》丛书作总序。

丛书由总册和1599部分册(每个革命老区县编纂1部分册)组成，共1600册。鉴于丛书所记述的史实内容多、时间跨度长和编纂时间紧，不妥之处，敬请批评指正。

中国老区建设促进会

● 革命风雷 ●

东莞县第一区农民协会成立大会盛况

东莞县农民自卫军在乡村巡行

第四战区第四游击纵队抗日徽章

战斗在广九铁路两侧的广东人民抗日游击队

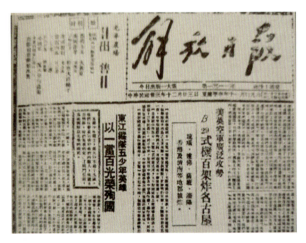

　　1944 年 12 月 23 日，延安《解放日报》报道东江纵队飞鹰队黄友少年班以一当百阻击日军英勇牺牲的事迹

　　1945 年 8 月 15 日，延安总部朱德总司令命令侵华日军总司令冈村宁次投降，其中指出："在广东的日军，应由你指定在广州的代表至华南抗日纵队东莞地区，接受曾生将军的命令。"图为《解放日报》刊登的朱德总司令命令

中共江南地委、东宝县委注重党的建设。图为地委和县委编印的党支部工作文件

解放战争时期香港《华商报》报道东莞解放军的战绩

东江纵队发行的生产建设公债债券

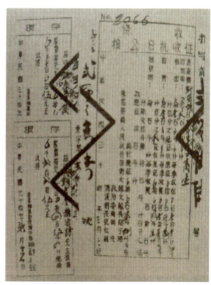

清溪乡征收抗日公粮的收条

1948 年 4 月，广东人民解放军江南支队成立，惠东宝护乡团第三大队编为江南支队第三团

江南支队第三团在虎门怀德战斗中缴获的机枪

1949 年 1 月 1 日，中国人民解放军粤赣湘边纵队宣布成立。图为粤赣湘边纵队司令员兼政治委员尹林平（中）与东江第一支队司令员蓝造（左）、政治委员王鲁明（右）合照

东江第一支队第三团和中共东宝县委部分领导人杨培（右）、卢焕光（左）、黄永光（中）合照

1949 年春，中国人民解放军粤赣湘边纵队东江第一支队第三团对敌发起春季攻势。图为该团指战员在行军途中

两广纵队炮兵团作战前准备

两广纵队与粤赣湘边纵队会师

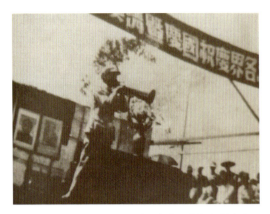

1949 年 10 月 14 日，清溪乡举行庆祝解放大会

1949 年 10 月 17 日，粤赣湘边纵队东江第一支队第三团进入东莞县城

东莞县各界群众集会庆祝东莞解放

● 革命老区风姿 ●

东江纵队抗日旧址（李回立　摄）

贯穿火炼树、西平、蛤地等革命老区村的东莞大道（巫业通　摄）

松木山、犀牛陂等革命老区村"变身"为松山湖高新区（ 程永强　摄）

● 革命老区镇风貌 ●

革命老区——大岭山镇

大岭山镇广场

东江抗日根据地的重要组成部分——大岭山抗日根据地

东江纵队旧址夜景

在1992年首届中国农业博览会上，大岭山镇"糯米糍"荔枝获金奖。图为获奖证书和参评荔枝

远近闻名的大岭山镇荔枝

20世纪80年代末至90年代初大岭山镇大种橙柑。图为橙柑丰收，远销各地（1999年摄于水电系统柑场）

位于大岭山镇中心区的台升家具厂

位于革命老区村——矮岭冚（月山）村的金铭电子有限公司的手机生产车间

位于革命老区村——百花洞村的运时通家具厂

2004 年 9 月，大岭山镇被中国家具协会授予"中国家具出口第一镇"称号

大岭山镇百花洞村一角

大岭山镇农场社区上场村一角

大岭山镇旧飞鹅村

大岭山广场夜景

革命老区镇——厚街镇

厚街镇全景（陈成基　摄）

厚街镇被誉为"家具之都"（陈成基　摄）

2018年3月16日，第39届国际名家具（东莞）展览会在厚街镇广东现代国际展览中心开幕

三星公司生产线

制鞋企业生产线

鞋机鞋材展　　　　　　　　　　　爱高电子厂生产车间

厚街镇河田（三南）村

厚街镇大迳社区大迳村

厚街镇大迳社区汪潭村

革命老区镇——大朗镇

大朗镇一角

东莞市颖祺实业有限公司数控织机车间

大朗镇（叶绍求　摄）

2016年3月16—18日，大朗镇组团参加中国国际针织（春夏）博览会

大朗镇被评为"中国羊毛衫名镇（2016—2018）"

大朗镇第七届中国（大朗）国际毛织产品交易会（曹永富 摄）

大朗镇巷头村的"巷头花园"农民公寓

电脑数控织机车间

2013年巷头社区被评为"中国毛织第一村"

巷头村的毛织街

革命老区镇——黄江镇

黄江镇全貌（李鄂 摄）

黄牛埔水库

黄江镇宝山鸟瞰图

黄江镇橙柑橘基地

黄江镇农民交售橙柑

黄江镇排灌站

黄江镇裕元工业区

黄江镇长龙社区下流洞村

黄江镇田美社区田美村

黄江镇梅塘社区田心村

革命老区镇——东坑镇

东坑镇全景图

东坑镇中心区

东坑镇"四季果园"农业园

东坑镇东兴工业园

20 世纪 80 年代东坑镇"卖身节"

2009 年东坑镇"卖身节"开幕式盛况

东坑镇井美村

东坑镇新门楼村

东坑镇丁屋村

● 革命老区村风貌 ●

革命老区村——虎门镇金洲社区郭武村

革命老区村——东城街道火炼树社区

革命老区村——南城街道立新村

有革命老区村的南城街道水濂山水库

革命老区村——中堂镇潢涌村（全国文明村）

革命老区村——中堂镇四乡（东涌）村

革命老区村——望牛墩镇朱平沙村

革命老区村——麻涌镇大步村

革命老区村——高埗镇低涌村

革命老区村——长安镇霄边社区

革命老区村——寮步镇泉塘社区泉塘村

革命老区村——樟木头镇官仓社区

革命老区村——凤岗镇油甘埔村

革命老区村——谢岗镇谢禾山村

革命老区村——清溪镇土桥村

革命老区村——塘厦镇龙背岭社区牛眠埔新围村

位于革命老区村——塘厦镇蛟乙塘社区鹤湖围村的中信凯旋城小区

位于革命老区村——司马村的常平镇中学

位于革命老区村——横沥镇田饶步村的农业产业园及产业园一角

革命老区村——企石镇清湖村

革命老区村——石排镇下沙（上沙）村

革命老区村——桥头镇迳联村

● 革命英模风采 ●

莫萃华　　　　李本立　　　　曾生　　　　王作尧

东莞抗日模范壮丁队成立五十周年部分指战员合影

微信扫描二维码
您立即开展本书的
延伸阅读。

岭南古邑 革命前沿

　　东莞市为岭南古邑，有 1260 多年的建制历史，是岭南文化的重要发源地。扼守广州至香港的水陆交通咽喉。山清水秀，物产丰富，素称"鱼米果之乡"。地灵人杰，英烈辈出，富有反压迫、反侵略的光荣传统。道光十九年（1839）发生在这里的虎门销烟，掀开了中国近代史的第一页，此后，东莞就一直成为革命斗争的前沿。抗日战争时期，在此建立了大岭山抗日根据地。改革开放后，东莞人民发扬敢为人先的传统，引进全国第一家"三来一补"（来料加工、来样加工、来件装配、补偿贸易）企业，并由此创造一连串"东莞奇迹"，被誉为"广东改革开放的一个精彩而生动的缩影，也是中国改革开放的一个精彩而生动的缩影"。记载东莞人民，特别是革命老根据地（革命老区）人民的革命斗争史和发展史，传承红色基因，弘扬革命精神，功在当代，利在千秋。

一、优越的地理环境

　　东莞市位于广东省中南部，东江下游，地理坐标北纬 22°39′～23°09′、东经 113°31′～114°15′。行政区域最北是中堂镇大坦乡，与广州市增城区隔江相望；最南是凤岗镇雁田水库，与深圳市宝安区相连；最东是谢岗镇银瓶嘴山，与惠州市惠阳区接壤；最西是沙田镇西大坦西北面狮子洋中心航线，与广州市番禺区交界。市中心区东距惠州市惠阳区界 39 千米，南距深圳市宝安区界 25.5 千米，西距广州市番禺区界 22.5 千米，北距广州市增城区界 10 千米，距惠州市博罗县界 12.5 千米。市辖陆域东西长 70.45 千米，南北宽 46.8 千米，全市陆域总面积 2460平方千米（含水道 379.2 平方千米）；东莞市海域北起麻涌镇东江公路铁路桥，南至东宝河与深圳市交界处，西至与广州市海域交界处，集中分布在市西南部的狮子洋、伶仃洋，海域总面积 97平方千米。

东莞市处于穗深港经济走廊的中心地带，由广州通往香港的铁路、公路、水路均经过境内。境内虎门镇及其附近海域是鸦片战争的主战场，扼珠江出海之咽喉，号称"金锁铜关"。东莞港是珠江三角洲地区深水良港之一，距香港 47 海里。

东莞市地势东南高、西北低。地貌以丘陵台地、冲积平原为主。东南部多山，其中银瓶嘴山主峰高 898.2 米，是东莞市最高峰；中南部低山丘陵成片，为丘陵台地区；东北部接近东江河滨，陆地和河谷平原分布其中，为易于积水的埔田区；西北部是东江冲积而成的三角洲平原，是地势低平、水网纵横的围田区；西南部是濒临珠江口的江河冲积平原，地势平坦而低陷，是受潮汐影响较大的沙咸田地区。

东莞主要河流有东江、石马河和寒溪水。东江干流在东莞境内长达 74.3 千米，多年平均径流总量 275 亿立方米，水量丰富。全境属亚热带季风性气候，具有长夏无冬、光照充足、雨量充沛、热量丰富、气候温和、温差振幅较小、季风明显的特点，年平均气温 22.1℃，无霜期 314 天；年平均日照时数 1986 小时，年均降雨量为 1800 毫米。这给农业生产带来优越的自然条件。

二、丰富的自然资源

据 1985 年调查，东莞市土地面积 24.60 万公顷，其中陆地面积20.87万公顷（耕地6.44万公顷，园地3.07万公顷，林地6万公顷，牧草地1.56万公顷，居民点1.64万公顷，工矿用地0.93万公顷，交通用地0.88万公顷，未利用地0.35万公顷）。人均陆地面积0.17公顷。全市土地按自然区划划分为沿海、水乡、埔田、丘陵、山乡5类地区。2017年，全市土地面积24.60万公顷，其中耕地面积3.62万公顷，人均耕地0.02公顷。年末，全市建成区面积9.87万公顷，其中市区建成区面积1.21万公顷。

东莞市矿产种类少，矿产地不多，非金属矿产中建筑用花岗岩、盐矿、芒硝较为丰富；矿泉水水质良好，具备一定储量，有较好的开发潜力。至2017年年底，发现矿产24种，矿产地（含矿点，下同）73处，其中能源矿产2种，矿产地5处；金属矿产8种，矿产地32处；非金属矿产13种，矿产地24处；水气矿产1种，矿产地12处。查明资源储量的矿产16种，勘查程度满足工业开采的矿种有盐矿、芒硝、建筑用花岗岩、矿泉水等。其中盐矿累计查明资源储量5907万吨、芒硝321.1万吨，矿床规模达到中型；建筑用花岗岩主要分布在樟木头镇、厚街镇、大岭山镇一带，查明资源储量272.2万吨；矿泉水主要分布在清溪镇、樟木头镇等地，允许开采量1458立方米/日。

东莞市植物组成具有由热带到亚热带的过渡性质。至2017年年底，记录有高等维管植物1630种，本土珍稀植物100多种，包括广东五针松、三尖杉、穗花轴榈、短萼仪花等。东莞市植物以双子叶植物纲为主，占总数的83%。草本种类丰富，仅禾亚科就有90种；在物种组成中，被子植物占绝对优势，蕨类植物和裸子植物种类则较少。

东莞地区物产资源丰富，素称"鱼米果之乡"。北宋乾德元年（963）已是"户逾三万，称上第"之富裕大县。除盛产稻谷、花生、木薯、豆类及蔬菜外，还是甘蔗、黄麻的主要产区。久负盛名的"岭南佳果"荔枝、香蕉、橙柑、菠萝畅销中外；另有龙眼、黄皮、番荔枝等其他水果30多种。种植荔枝起码有上千年历史，香蕉栽培也有悠久的历史，《元一统志》已有记载。清康熙年间的《东莞县志》更有"石龙，又邑之一会也。……其地千树荔，千亩潮蔗，橘柚蕉柑如之"的记载。清乾隆年间的《广州府志·东莞图说》云："（东莞）有蕉荔桔柚之饶，亦为东南诸邑之冠。"甘蔗、黄麻亦为东莞地区大宗经济作物，故有"千亩潮蔗"的盛景，以至清雍正年间达到"粤人用糖，莞邑十居其四，蔗田与平田略等"的程度。此外，还有丰富的水产资源和禽畜蛋品。中华人民共和国成立以来，东莞一直是广东省主要粮食生产基地和鲜活农副产品出口基地。莞草、莞香是东莞的著名土特产。元代，用莞草所织的莞席深受波斯等国人民的喜爱，在国内更是宫廷珍品；明代大量销往东南亚各地，至中华人民共和国成立前一直为出口大宗。莞香（白木香）始产于唐朝，宋、元时期名重于世，并远销外洋。明代，广东每年的贡品都有莞香。其时，寮步、茶山一带还出现销售莞香的专业市场，当时的"东莞香市"与别地的花市、药市、珠市齐名，是广东四大市之一，因而屈大均对东莞有"岭南之俗，食香衣果"的记载。但因历史条件的变化，闻名遐迩的莞香生产，民国时期已不复见。

三、代代相传的革命精神

东莞人民富有反压迫、反侵略的光荣传统，历史上就曾爆发过10多次农民起义。规模较大的有清咸丰四年（1854）响应太平天国运动的何六起义。熊飞起兵北上抗元，最后战死韶州；张家玉精选乡兵五千、誓师抗清、身中九箭而亡等悲壮故事，更为莞人所津津乐道。正是在这种人文环境熏陶下，后来又出现黄花岗七十二烈士之一的李文甫，抗日名将蒋光鼐，中国共产党优秀党员、安徽省委原书记、第十届和第十一届中共中央委员会委员李任之，以及蜚声中外的东江纵队副司令员王作尧等。

在革命斗争中，东莞也有着特殊地位。1923年，孙中山讨伐盘踞惠州的军阀陈炯明，曾在石龙设立大本营达5个月之久；孙中山十三四次到石龙、虎门，有时还与宋庆龄一起亲临视事。第一次国共合作时期，国民革命军两次东征，得到东莞人民的大力支持。1925年，蒋介石、周恩来同住石龙、莞城。周恩来三到石龙，还分别在莞城、石龙向各界群众发表演说。叶剑英率国民革命军教导师驻东莞县城。

1924年，东莞县建立中共支部，是广东建党较早的地区之一。党组织发动工农群众，组织武装力量，打击土豪劣绅，领导全县人民对帝国主义和封建主义开展不屈不挠的斗争。这时期，彭湃等人到东莞开展农民运动，有20多人分期参加过广州农民运动讲习所学习班。共产党人蔡如平、蔡日新被委任为国民党中央农民部特派员。1926年，全县128个乡组织了农民协会，有会员12705人，农军发展到5000多人，革命形势如火如荼。"四一二"反革命政变后，国民党反动派大肆搜捕共产党员和革命群众，东莞陷入一片白色恐怖。1927年12月，东莞工农武装暴动未能举行；1928年5月，东莞尝试创建农村革命根据地又未果，革命转入低潮。其时，有中共第六届中央委员、广东省委书记李源，东莞县首任党支部书记莫萃华，县委书记赖成基，以及蔡日新、叶铎辉、陈志仁、李鹤年、利敬等一批共产党人先后惨遭捕杀，献出了他们年轻、宝贵的生命。为挽救民族危亡，1938年10月15日，即日军在大亚湾登陆后3天，中共东莞县委立即组织起东莞抗日模范壮丁队，打响了党领导人民抗日的枪声。东莞抗日模范壮丁队是华南地区一支成立比较早的抗日武装，后来更发展壮大成为东江纵队的主力。在曾生、王作尧的带领下，广东人民抗日游击队第三大队创建了以大岭山为中心的抗日根据地，为抗日战争的胜利作出了卓越贡献。抗战胜利后，东江纵队北撤，内战烽烟再起。全县人民群众发出了"反迫害、反内战、反饥饿"的怒吼，在取得中共江南特委同意后，东江纵队留下的部分人员组成东莞东纵复员同志自卫会，恢复武装斗争，成为广东恢复武装斗争较快的地区之一。之后，组建惠东宝人民护乡团东莞大队、粤赣湘边纵队一支三团，粉碎了国民党军队各种规模的进攻和各种形式的"清剿"。将士们前仆后继，奋勇顽强，配合南下大军连续作战，终于在1949年10月17日，迎来东莞全境解放，使全县人民获得新生。

在反帝、反封建、反侵略斗争中，一批又一批东莞人民的优秀儿女献出了宝贵生命。他们英灵永在，功垂千秋！

在长期的革命战争中，东莞的革命老区遭受敌人的反复摧残，深受创伤。老区人民为革命的胜利不怕流血牺牲，付出巨大代价。中华人民共和国成立后，中共东莞县委、县政府为加强革命老根据地的建设，表彰老根据地人民对革命事业的重大贡献，从1954年至1958年，先后集中有关干部，依靠群众和基层组织，召开老区人民代表会议，自下而上评划革命老根据地。

1957年，东莞县评划抗战时期革命老区村233个。1959年，6个老区村划归宝安县；20世纪60年代，老区村又因兴修水利等原因减少4个。至60年代末，东莞县有老区村223个（抗日根据地154个村，抗日游击区69个村）。1989—1993年，东莞市又先后有145个村被补评划为革命老区村，老区村增至368个（抗战时期293个，解放战争时期75个）。1997年，东莞市厚街镇、大岭山镇、黄江镇、东坑镇、大朗镇5个镇，经广东省民政厅批准，被评划为革命老区镇。2000年，中堂镇斗朗村被评划为解放战争时期老区村。之后，随着经济的发展和城市化建设，东城街道部分村庄分设或并入，老区村（抗战时期）从34个分设为35个。至2017年年底，全市有革命老区镇5个，老区村370个（抗战时期294个，解放战争时期76个）。

2017 年东莞市革命老区分布情况表

镇街	革命老区村	
	抗日战争时期	解放战争时期
厚街镇（革命老区镇）	新围社区（新村村、山咀头村、高排仔村、白泥井村、高排村、南蛇坑村），大迳社区（大迳村、汪潭村、古村村、屋尾村），环岗社区（环岗村），汀山社区（东埔村、坑口村），河田社区（东头村、白石坑村），寮厦社区（竹园村），双岗社区（中环村、下环村），桥头社区（新屋村），南五社区（塘新村、山丽村）	河田社区（三南村、四联村、角元村），厚街社区（菊塘村、西门村、南门村、凤林村、大塘村），涌口社区（东社村、南社村、西社村、北社村、水北村、红花林村），寮厦社区（寮厦村），桥头社区（祠边村、井头村、北社村、南社村、塘面村、元洲村），南五社区（沙塘村）
大岭山镇（革命老区镇）	大岭村（大王岭村、上油古岭村、下油古岭村、瓮窑村），连平村（连平墟村、大石板村、髻岭村、畔山村、上高田村、新屋场村），矮岭冚村（月山村），百花洞村，大环村，大沙村，大塘村，鸡翅岭村，旧飞鹅村，梅林村，水朗村，太公岭村，颜屋村，杨屋村，大岭山社区（龙江村、龙山村），农场社区（上场村、农场村）	
大朗镇（革命老区镇）	宝陂村（柑桔场村、山草岭村、松仔岭村），蔡边村（蔡边村、鸡头村），佛子凹村，黎贝岭村（黎新村、上彭村、下彭村），沙步村（沙步村、沙塘围村、土地坑村），石厦村（石厦村、仙村村），水平村，松柏朗村，松木山村，犀牛陂村（犀牛陂村、大冚村），新马莲村（梁头村、新塘围村、马坑村），杨涌村（杨涌村、郑公涌村），洋坑塘村，洋乌村（洋岭坡村、乌石岭村），求富路社区，巷头社区，巷尾社区，大井头社区，佛新社区，屏山社区，圣堂社区，长塘社区，竹山社区，黄草朗社区（黄草朗村、校椅围村）	

（续上表）

镇街	革命老区村	
	抗日战争时期	解放战争时期
黄江镇（革命老区镇）	田美社区（田美村、社贝村、板湖村、玉堂围村、胜前岗村），宝山社区（鸡啼岗村、合路村、袁屋围村），北岸社区（北岸村、北岸岗村），三新社区（黄江墟村、下围村、巫屋围村、黄牛埔村、官山围村、黄猄坑村），梅塘社区（梅塘墟村、田心村、聚龙围村、龙见田村、大冚村、旧村村），长龙社区（长安墟村、黄书角村、下围村、老围村、竹山下村、上流洞村、下流洞村）	
东坑镇（革命老区镇）	长安塘村，初坑村（初坑村、龙坑村、小塘村、杨梅岭村、正坑村），丁屋村，东坑村（东涌村、塘唇村），凤大村（大田唇村），黄麻岭村，角社村，井美村，寮边头村（寮边头村、东门村、岭贝坑村），新门楼村	
虎门镇	北栅社区（仁中岗村），陈村社区，怀德社区（大坑村、上庙村、远丰村），黄村社区，金洲社区（郭武村）	
东城街道	石井社区（平地山村），火炼树社区，光明社区，立新社区（横岭村、犬眠岭村、九头村），牛山社区（老围村、上山门村、新锡边村），同沙社区（仿边村、上元村、下元村、太初坊村、黄公坑村、古一村、古二村），温塘社区（茶上村、茶中村、茶下村、柴市村、祠下村、大元村、丁一村、建和村、冚上村、冚下村、塘边头村、亭下村、王山村、菴元村、洋楼村、皂一村、皂二村、皂三村），同沙林场（新飞鹅村）	
南城街道	水濂社区（大雁塘村、邓屋村、瓜田岭村、九里潭村、老围村、西湖村），蛤地社区（大进步村、青竹笋村、立新村、新农村村）	西平社区（水涧头村、上手村、下手村、彭眼村）
中堂镇	一村村、潢涌村、中堂村（郭洲村）	四乡村（四乡村、东涌村、西涌村），斗朗社区
望牛墩镇	锦涡村	朱平沙村，石排村，上合村（望角村），杜屋村

（续上表）

镇街	革命老区村	
	抗日战争时期	解放战争时期
麻涌镇		大步村
高埗镇	上江城村（李屋村），低涌村（熊一村、熊二村、苏屋村、黄一村、黄二村、新洲村）	护安围村，凌屋村，高埗村，保安围村（一村村、二村村、三村村、四村村、五村村、六村村、七村村、八村村、九村村、十村村、十一村村）
长安镇	霄边社区	
寮步镇	上屯村（上岭贝村、高围村、石巷村、田唇村、榕树厦村、水围村、黄家朗村），泉塘社区（泉塘村、新围村、大蚬地村）	
樟木头镇	金河社区（古坑村、竹排村、上南村、泥坑村、沙元村），石新社区（大和村），裕丰社区（坭坡村）	樟洋社区（吴屋村、陈屋村、赖屋村），官仓社区
清溪镇	浮岗村（柏朗村），松岗村（西村村、松柏墩村），重河村（杨梅岗村、蒲草洞村），铁场村，大利村（苗峰村、利和村），三星村（吕屋村），厦坭村（光头埔村），土桥村，谢坑村，青皇村（禾场岗村、老围村、刘屋村）	三中村（上围村、下围村）
塘厦镇	大坪社区，林村社区（电光村），田心社区（田心村、鹿乙布一村、鹿乙布二村）	龙背岭社区（龙背岭村、牛眠埔旧围村、牛眠埔新围村），蛟乙塘社区（东门厦村、西门厦村、地堂岭村、大岭公村、新围仔村、道生村、孖寮村、鹤湖围村），莆心湖社区（莆心湖村、溪头村、鹅颈村、溪背岭村）
凤岗镇	官井头村（官井头村、嶂厦村），油甘埔村，塘沥村，黄洞村（榕树厦村、洪屋围村、田心围村、南门山村），三联村（排沙围村），竹尾田村，凤岗社区（新村村）	

（续上表）

镇街	革命老区村	
	抗日战争时期	解放战争时期
谢岗镇	南面村（新屋下村、横屋背村、兵营口村、大陂头村、黄猄坑村、马公坑村、上石鼓村、下石鼓村、吓围仔村、谢禾山村、上新村），大龙村（黄毛岭村、五和井村、榕树岭村、新围仔村），曹乐村（芙蓉村、格塘村、横岭村、黄曹村、吓角村、新围村），窑山村（窑上村、窑下村、公路新村村）	
常平镇	黄泥塘村，朗洲村（朗基围村、霞春园村），司马村（鹅潭村、洲寮村），沙湖口村、白花沥村	田尾村
桥头镇	石水口村（石水口村、岭下村、崩江围村），禾坑，桥头社区（新围仔村），迳联社区（叶屋村、冯屋村、迳贝新围村），大洲社区，岭头社区，田新社区	
横沥镇	水边村	田饶步村
企石镇	霞朗村，南坑村（李屋村、王屋村、梁屋村），清湖村（一村村、二村村、三村村、四村村）	
石排镇		下沙村（下沙村、上沙村、刘屋村、杨屋村）

注："革命老区村"栏，为老区村或含老区村的行政村（社区）；表中括号内为自然村。

四、千年的历史嬗变

东莞为岭南古邑。春秋时为百粤地，秦时分属南海郡之番禺、龙川两县。东汉时属增城县，三国吴时属东莞郡。东晋咸和六年（331）立县，初名宝安，隶属东官郡。唐至德二年（757）更名东莞，县治从芜城（今宝安南头）移至到涌（今莞城）。南宋绍兴二十二年（1152）分东莞的香山镇立香山县（今中山市），明万历元年（1573）析东莞守御千户所、编户五十六里立新安县（今宝安县），东莞域地随之缩小。明天顺八年（1464），全县有三坊一厢五乡，乡下辖20都。清初沿袭明制。清雍正八年（1730），全县设三坊一厢四乡，乡下辖13都（下统177图、40街巷、356村）。清乾隆十九年（1754），全县各村镇划为五属管辖。清宣统元年（1909）五属管辖有街道226个、村镇1255个。民国期间，东莞先后隶广东省粤海道、粤中行政区、第一行政区和第四行政区。其间，一度推行地方自治和保甲制。1934年，全县有11个区、176个乡和4个乡级镇、172保、2801甲、65000余邻（5户为1邻）。1949年10月17日，东莞县全境解放。先后隶属广州市、佛山专区和惠阳专（地）区。1985年撤县设市，1988年1月升格为地级市，由广东省管辖。至2017年年底，全市设32个镇（街道），辖行政村350个、社区242个。

尽管东莞有发展经济的优越自然条件，但在封建社会至中华人民共和国成立前，因战乱不断，政局动荡，加上水旱灾害频繁，生产力水平很低，经济发展极其缓慢，人民生活极度贫困。中华人民共和国成立后，乡村经过土地改革、农业合作化，大力兴修水利设施，改革耕作制度，逐步推行农业机械化；在城镇，经过对私营工商业、手工业实行社会主义改造，大力发展全民所有制工业和集体所有制工业，工农业生产迅猛发展，人民生活水平不断提高。

从20世纪50年代至70年代末，东莞经济发展的进程有坦途亦有曲折，有成绩亦有困顿。自1978年中共十一届三中全会召开以来，包括革命老区在内的东莞城乡，得改革开放风气之先，先后引进全国第一家"三来一补"企业——太平手袋厂、全国农村第一家港资加工企业——龙眼发具厂，揭开东莞改革开放的序幕。东莞市革命老区从此发挥毗邻港澳，港澳乡亲、海外侨胞众多的地缘、人缘优势，创造性地执行国家对外开放政策，因地制宜，实施市、镇、村、组（多为自然村）"四轮驱动"，利用"三堂"（祠堂、饭堂、会堂）承接"三来一补"企业，村村点火、户户冒烟。

以"三来一补"为突破口，大力发展外向型经济，闯出一条切合自身实际，农民离土不离乡，农村就地工业化、城市化，最终跨越式实现现代化的发展道路，形成独特的"东莞模式"。

东莞革命老区等农村由"鱼米果之乡"脱胎成为"世界工厂"：全球 1/5 电脑由东莞制造，全球 1/5 智能手机由东莞制造，全球 1/10 运动鞋由东莞制造……甚至有"东莞塞车，全球缺货"的说法。东莞也因此诞生许多"明星村"：中堂的潢涌村，凤岗的雁田村，虎门的大宁村、龙眼村，长安的锦厦村、霄边村、沙头村，凤岗的官井头村，南城的袁屋边村、新基村，寮步的横坑村，大朗的巷头村等经济强村。2017 年，东莞市村组两级集体经营总收入突破 200 亿元。

老区兴则基础牢，老区富则东莞盛。2017 年，东莞生产总值 7582.12 亿元，财政收入 1647.18 亿元，东莞市在 2017 年中国城市综合经济竞争力排名中位居第 13 位。全市 28 个镇全部入选全国千强镇、13 个镇入围前百强，虎门、长安镇生产总值超 500 亿元。

在发展经济的同时，东莞市加快推动社会建设。至 2017 年，实现全国文明城市"四连冠"、全国双拥模范城"八连冠"，获得全国社会治安综合治理优秀市、国家环保模范城市、国家森林城市、全国质量强市示范城市、全国社会治理创新优秀城市等多项称号。革命老区或含有革命老区村的长安、石龙、清溪、常平、石碣、大朗、麻涌、寮步、大岭山、东坑、茶山等镇街先后获评全国文明镇，虎门的路东村、凤岗的雁田村、石碣的桔洲村、中堂的潢涌村也先后获评全国文明村。在中华民族的振兴富强史上，东莞市尤其是东莞革命老区写下了光辉的篇章。

1

第一章

农运烈火　光照南粤

东莞是中国新民主主义革命的主要地区之一。大革命时期和土地革命战争时期，在中国共产党的领导下，东莞农民运动风起云涌，成为广东省农民运动比较发达的四个县之一；积极开展工农武装斗争，虽尝试创建农村革命根据地未成功，但为抗日战争和解放战争时期东莞革命根据地的创建和发展奠定了组织基础、群众基础，并初步积累了经验。

大革命运动

一、早期党团组织的创立与发展

1922年春，中国社会主义青年团广东区委成立，中共广东支部书记谭平山随即派人到东莞县组建社会主义青年团组织，但未获结果。1923年夏秋间，社会主义青年团广东区执行委员会委员长阮啸仙，又派青年团员、东莞人莫萃华回东莞县组建青年团组织。莫萃华回到家乡洪屋涡村，联系莫式姜、张法、陈昶、莫炯斋等6个青年农民，向他们宣传革命道理，并把他们发展成为青年团员。同年10月，东莞县第一个团组织——中国社会主义青年团广东区委直辖东莞支部在洪屋涡村成立，书记莫萃华。

1924年3月，蔡如平、蔡日新被委任为国民党中央农民部特派员，派回东莞县开展农民运动。同年11月，为加强中国共产党对农民运动的领导，莫萃华、蔡如平、蔡日新等人作为从事工农运动的团员和积极分子，先后被吸收为共产党员，成为东莞县第一批共产党员，并于12月成立东莞县第一个党支部，成员3人，隶属中共广东区委。莫萃华任中共东莞支部书记兼任青年团东莞特别支部书记，机关设在东莞中学，东莞县的党团组织合在一起活动。中共东莞支部成立后，以东莞中学为阵地，积极发展党团员，先后吸收李本立、周棠、黄国器、刘伯刚、叶铎辉、李鹤年等先进青年加入共产党和青年团组织。

1925 年 11 月，根据中共广东区委的指示，中共东莞支部改组为中共东莞特别支部（以下简称中共东莞特支），隶属中共广东区委，仍以莫萃华为书记，特别支部机关设在莞城寺前街 12 号。这时，中共东莞特支有党员十余人，多数人同时为共青团员，党团组织仍然合在一起开展活动。中共东莞特支成立后，积极推动、帮助国民党东莞县党部的改组，进一步发展工农运动。12 月，中共广东区委实行党团组织分离，23 岁以上的党员完全归属党组织，20 岁至 23 岁的可以同时为党员、团员。

1926 年 4 月，青年团东莞地委成立，东莞县的党组织和共青团组织也分离。这时，中共东莞特支有党员 43 人，其中党员兼团员的 30 人。同年 5 月，莫萃华奉调中共广东区委工作，李本立接任中共东莞特支书记。6 月，成立中共东莞地方执行委员会，隶属中共广东区委，书记兼组织委员李本立。县委机关设在莞城半边井（现莞城仁和里 3 巷）少将第的琴芬园。下属支部 5 个，有党员 39 人。

在中共东莞特支到中共东莞地委成立的这段时间里，正是国共合作之后国民革命运动的高潮时期，中共东莞地方组织通过对国民党东莞县党部的改组，确立在国民党东莞县党部中的核心地位和主导作用，并以国民党东莞县党部的名义，采取一系列措施，推动工农运动的发展。

二、农民运动的兴起

1922 年，青年知识分子彭湃在他的家乡广东省海陆丰地区组织农民协会，领导农民对地主豪绅展开经济斗争和政治斗争，点燃广东农民运动的星星之火。随后，农民运动从海陆丰地区发展到惠阳、紫金、惠来、普宁等县，对东莞县产生较大的影响。广东省农民运动领导人彭湃、阮啸仙等多次到东莞县宣传革命道理，传播农民运动经验，指导、帮助组织农民协会，成为东莞县农民运动兴起的动力。

1924年1月，国民党第一次全国代表大会确定"联俄、联共、扶助农工"三大政策，实现第一次国共合作，为中国共产党组织和领导农民运动创造了有利条件。国共合作后，为实施"扶助农工"的政策，国民党中央执行委员会设立农民部，"专理农民事宜"。后又颁布《农民协会章程》《农民自卫军组织大纲》，并派出农民运动特派员到各地指导农民运动，还拨出经费给予支持。7月15日，广州国民政府发出《革命政府对于农民运动第一次宣言》，对农民运动的开展作出九条具体规定，其中指定应即时组织农民协会，并特许在一定计划之下组织农民自卫军。其时，中共广东地方组织通过在国民党中央农民部工作的共产党员彭湃，提议开办农民运动讲习所，以培养农运干部，并要求共产党员、青年团员占学员半数以上。7月，第一届农民运动讲习所在广州开学，东莞县的莫萃华、陈振铭、钟觉参加学习；8月，第二届农民运动讲习所在广州开学，东莞县的梁啸海、蔡日升、何棣怀参加学习。

1924年6月，在广州当工人的东莞籍社会主义青年团团员蔡如平、蔡日新，受青年团广东区委的委派，回到东莞县农会筹备处从事农民运动。两个月时间里，加入农会的有4000人以上，东莞县农会筹备处拟把霄边乡作为全县农民运动的中心点，先组织农民协会，然后在各乡发展。8月12日，东莞县农会筹备处在霄边乡举行东莞农民联欢大会，有4000余名农民参加。蔡如平为大会主席，彭湃以国民党中央农民部秘书身份、阮啸仙以国民党中央组织部特派调查员身份，出席大会并发表演说。联欢大会结束后，当天中午再召开各乡农民代表会议，讨论组织农民协会的方法，拟在最短时间内成立农民自卫军。东莞县各乡农民代表会议结束后，蔡如平组织多人分赴各地发动农民加入农会。各乡农民欢迎蔡如平等人到来宣传农会事宜，每个晚上有数千人听演讲。经过深入发动，农民纷纷加入农会。至 8 月底，有洪屋涡、霄边、锦厦、涌头、厦边、厦岗、五桂塘等乡农民加入农会。

9 月初，东莞县第一区加入农会的有 20 余村 1000 余户人家，人数达 5000 人以上。9 月 10 日举行第一区农民协会成立大会，蔡如平为第一区农民协会执行委员长。10 月 1 日，农民协会举行开幕典礼，由莫萃华担任大会主席。国民党中央农民部秘书彭湃出席开幕典礼，介绍农民的痛苦及救济方法并组织农民协会事宜。彭湃代表国民党中央农民部授予洪屋涡农民协会犁头旗。大会还宣读国民党中央农民部的祝词。晚上，举行执行委员会会议，公推彭湃任主席并解释执行委员职权；复议决议案，如组织宣传委员会、农民自卫军、审定会费等。

10 月 23 日，东莞县第二区农民协会在厦漕乡举行成立典礼，参加者有第二区洪屋涡、厦漕、梅沙、望溪、大汾、泗涌等乡农民协会代表，第二区准备成立乡农民协会的官派、九曲、黎洲角、新庄等乡的代表，总共 200 余人，其中农民自卫军 100 余人。莫萃华为大会主席，区筹备员莫月江在大会上作第二区农民协会筹备报告。同日，第三区农民协会举行成立大会，会场设在怀德乡深巷邓公祠，到会者千余人。至此，东莞县成立 3 个区农民协会，成为广东省农民运动发展较快的县。

三、成立东莞县农民协会

中共东莞支部组织全县各地农民协会，于 1924 年 12 月联合发起筹备成立东莞县农民协会。在筹备过程中，中共东莞支部发动青年、学生深入到县城周围、广（州）九（龙）铁路和宝（安）太（平）公路沿线以及虎门附近乡村，发动农民积极参加农民协会。

1925 年 3 月 23 日，东莞县第七区农民协会在西头王公祠召开成立大会。到会代表约 200 人，农民自卫军三四十人。国民党中央农民部代表韦启瑞、花县农民协会代表王镜湖、东莞县第三区农民协会代表邓一舟、虎门泥水工会代表刘琦、国民党虎门市党部代表叶翘芬等出席成立大会。

中共东莞支部选派农村优秀青年到广州农民运动讲习所学习，培养农民运动骨干。1925 年 1 月至 9 月，先后派遣陈均权、郑芬、郑树梅、王彦华、黄志远、陈余庆、陈仁义、陈福康、陈颐、蔡祥、蔡兆、朱灿华、邓劲持、邓广华、叶瓞绵、邓绍宗、蔡力、王步青、黄文燊、谭少华、李成章、袁锦湖共 22 人参加广州农民运动讲习所第三至四届的学习。他们当中有不少人是共产党员、共青团员，毕业后大部分学员回到东莞县，分赴各区、乡从事农民运动，成为东莞县农民运动的骨干。

1925 年 4 月 20 日，东莞县第一次农民代表大会在太平镇召开，大会宣布成立东莞县农民协会。各区农民代表 100 余人参加大会，国民党中央农民部代表罗绮园、广州农民运动讲习所主任阮啸仙等出席大会。大会上，韦启瑞报告县农民协会筹备经过，农民部代表致训词，阮啸仙发表演说，大会讨论通过决议案，并选举东莞县农民协会执行委员和出席广东省第一次农民代表大会的代表。选出蔡如平为东莞县农民协会执行委员长，谭桂萼为副委员长，蔡日新为秘书，莫萃华、邓一舟、郑鸿光、陈冬为委员；选出蔡日新、莫萃华、谭桂萼、邓一舟、郑鸿光等为广东省第一次农民代表大会的代表。当晚，举行工农联欢会，庆祝东莞县农民协会成立。

1926 年 4 月底，东莞县第四区农民协会宣告成立，严凯祥、李二璋分别任正、副执行委员长，辖大朗、常平、山厦、塘厦等乡农民协会。至此，东莞县成立 5 个区农民协会、128 个乡农民协会，拥有会员 1.27 万名。在广东省 90 个县中，有农民协会的有 66 个县，成立县农民协会的有 23 个县，其中有 100 个乡农民协会以上、会员上万的有 13 个县。东莞县的区农民协会数和会员数，在农民运动比较发达的广东省 13 个县中，居第 4 位。

1926 年 5 月，广东省第二次农民代表大会在广州召开，蔡如平当选为广东省农民协会执行委员，并任常务委员，邓一舟当选为候补委员。蔡如平担任广东省农民协会领导人后，广东省农民协会派共产党员陈克武任东莞县农民协会执行委员长，同时增补张乾楚为县农民协会执行委员。广东省第二次农民代表大会召开后 3 个月时间里，全县又成立 25 个乡农民协会，发展会员 1610 人。

同年 7 月，在中国共产党的推动下，广州国民政府誓师北伐。北伐战争初期，东莞县农民运动持续高涨，至 1926 年年底，全县农民协会会员发展到近 10 万人，农民自卫军发展到 5000 多人。

四、维护农民群众权益

东莞县各级农民协会成立后，宣传农民协会的主张和政策，团结、发动农民，废除苛捐杂税，实行减租减息，打击土豪劣绅，维护地方治安，制止宗族械斗，维护农民的利益，得到农民的支持和拥护。霄边、锦厦等地农民协会，发动农民进行反抗苛捐杂税的斗争，强烈要求虎门要塞司令廖湘云及民团取消 30 余种不合理的苛捐。迫于农民协会的压力，廖湘云及民团答应农民协会这一合理要求。但民团随后报复，买凶杀害第一区农民协会执行委员会副委员长李海东，并组织暴徒捣毁第一区农民协会办公处。为维护农民协会和农民的利益，中共东莞地方组织一方面继续积极发展农民协会，组织农民自卫军，壮大农民协会的力量；另一方面利用合法地位和形式，争取国民政府支持农民反抗土豪劣绅的斗争，惩处少数罪恶昭著的土豪劣绅。1925 年 10 月，在国民党广东省第一次党员代表大会上，莫萃华、蔡日新以代表身份，向大会递交《县地方公款应酌拨充农民协会》《惩办东莞第七区警察局长钟耀棠及寮步民团》《严办土豪劣绅枪伤农民协会会员及强霸会员佃田》《撤销农村警察局款拨充农民自卫军》等提案。大会作出决议，将这些提案提交东莞县县长和省政府督查办理。这些提案后来在审议、办理过程中虽然未能完全兑现，但对东莞县县长毛秉礼和东莞县政府造成压力，使其不得不收敛对农民运动的压制行为。东莞县第九区下马乡农民协会组织几十个雇农联合罢工，向地主要求加薪。罢工取得胜利，长工每人每年增加工银 20 元。

农民协会维护农民权益的行动，触及土豪劣绅的切身利益，因此土豪劣绅千方百计利用宗族矛盾，挑动械斗，破坏农民团结，瓦解农民协会组织。从 1925 年年底至 1926 年年初，一些土豪劣绅策划在厚街、桥头、宝塘、白沙一带挑动大规模宗族械斗。蔡如平得知消息后，率领霄边农民协会会员赶赴现场，分头到各乡、村宣传、调解，揭露土豪劣绅的阴谋，并与当地农民协会会员一起，拆除准备用作械斗的炮台，避免械斗事件的发生。

东莞县的农村政权一贯由地主、豪绅把持。农民协会成立后，提出"一切权力归农民协会"的口号，有的乡则由农民协会委员兼任乡长，主持农村政务。农村中的婚姻和财产纷争、打架斗殴、违章欠税、公益事业均由农民协会负责处理。不少乡村组织农民自卫军，负责地方治安，维护社会秩序。当局祸及农民时，农民协会立即派人协商，要求秉公依法办事，不得伤及无辜。在农民协会的支持下，农民群众自觉维护社会治安，支持兴办各种社会福利事业。昔日作威作福的地主乡绅，嚣张气焰也有所收敛。

每逢收割季节，土匪、民团四处勒收"保护费"，甚至强行抢割。农民协会组织农民自卫军，日夜轮流巡逻，不许土匪、民团勒收"保护费"。

为提高农民的文化水平，许多农民协会开办平民学校、夜校、识字班。北栅农民协会除拨出专款开办学校外，还把市场所收秤佣（税）全部用于办学，使农民子弟不仅可以免费入学，还能够领到一些补贴。对于生活比较困难的学生，北栅农民协会负责为他们提供课本和学习费用。全村 260 多名因家庭困难无法上学的农民子弟得以上学读书。常平屋厦农民协会发动会员捐书捐钱，开设书报社和阅览室。

五、反抗民团和土豪劣绅的压迫

东莞县农村的民团原本是农民群众为防范土匪、维护乡村治安而建立的武装组织，各区、乡都有民团，县民团联团总局是全县民团的最高指挥机构。后来，民团被土豪劣绅所操纵，逐步演化为土豪劣绅压迫农民、剥削农民的工具。

东莞县农民运动开展之初，当地土豪劣绅不甘受到农民协会规章约束和限制，因而千方百计捣毁农民协会，捕捉农民协会会员，残杀农民协会领导人，破坏农民运动。

1924 年 11 月 9 日下午，怀德乡民团团长邓远昌伙同邓庭辉、邓国修等，纠集团丁数十人，冲进第三区农民协会会所，开枪射击，拘捉会员，捣毁会所。第三区农民协会呈请国民党中央党部缉凶查究。11 日，国民党中央执委致函虎门要塞司令，命令该乡团长立即释放被捉会员。国民党中央农民部也函请省署查办邓远昌等毁坏农会毒殴会员案，并由省署协调当地防军及县署严究。但各防军及县署均未执行。阮啸仙以农民部特派员身份前往会同办理，各防军及县署仍然置之不理。邓远昌更加嚣张，强迫农民签名解散农会。东莞县第三区农民协会只好继续呈报农民部请求派军队保护农民，并请省署通缉邓远昌等 3 人，查抄他们的家产，为农民协会及会员的损失赔偿。12月，农民部为通缉邓远昌3人致函广东省省长，并致函东莞县县长、虎门要塞司令速办理此案。

1925年4月22日，厦岗农民协会成立的当天深夜，厦岗乡地主恶霸麦廷阶与其子麦平勾结驻虎门的桂系军阀刘震寰一部，指挥其控制的民团，攻入农民协会办公处爱兰祖祠堂，杀害农民协会干部麦福绍、麦锡南、麦耀堂3人。东莞县农民协会执行委员长蔡如平得知消息后，立即派蔡日新率领农民自卫军配合驻大岭山大塘的黄埔军校学生军迅速前往救援，将桂军和民团逐出厦岗。为了对付太平莲溪局民团，东莞县农民协会以拥有100多人的北栅农民自卫军为主力，成立虎门农民自卫军团，以北栅农民协会执行委员长陈桂为负责人，形成与民团对峙的局面。1925年冬，厦岗农民协会恢复活动，麦定唐任执行委员会委员长，麦德堂任副委员长。

1926年，蒋介石策划一系列限制共产党、夺取革命领导权的活动，使国民革命统一战线出现严重裂痕，给工农革命运动蒙上阴影。广东省各地国民党右派和地主豪绅、反动民团加紧勾结，散布"国民党已经取消农工政策""农民协会不日由政府明令解散"等谣言，破坏农民运动，一再制造暗杀农民协会干部、截击农军、摧残农民协会等事件，压制农民运动的发展。1926年7月，国民革命军出师北伐后，广东省各地土豪劣绅勾结不法军人和反动民团，变本加厉地破坏农民运动。不法军人魏邦平等公然在香港召集广东各县民团头目70余人，密谋攻击各地农民协会，继而夺取政权。

此时，东莞县的土豪劣绅也到处散布"农民协会是土匪""农民协会要解散"等流言蜚语，密谋攻击农民协会和农民自卫军。同年7月17日，麦廷阶父子纠集民团、土匪百余人围攻厦岗。18日，陈桂率领农民自卫军前往救援，将民团、土匪击退。20日上午，麦廷阶再次率民团、土匪进犯厦岗，并纵火焚掠，遭到农民自卫军的反击。28日，麦廷阶第三次纠集民团、土匪数百人，携带火炮进攻厦岗。厦岗终被攻陷，十余名农民被打死打伤，数十间房屋被焚毁，近千名农民无家可归。这一事件，在广东省农民运动史上称为"厦岗惨案"。攻陷厦岗后，民团、土匪气焰更加嚣张，策划旨在消灭宝（安）太（平）线农民自卫军的行动。8月22日，民团头目陈剑帆、陈子庄纠集白蚝、白沙、怀德、上角等地民团、土匪400多人，对北栅农民自卫军发起进攻。北栅农民自卫军转移到村外，在炎帝庙、北帝庙、麒麟头一带，与民团、土匪展开激战，终因寡不敌众退守大岭山百花洞。土匪、民团攻占北栅后大肆洗劫，抢走耕牛数百头。为打击民团、土匪的嚣张气焰，护送厦岗农民返乡，东莞县农民协会根据广东省农民协会的指示，于9月12日晚集结虎门、大岭山、大塘、南沙等地农民自卫军1000多人，围攻盘踞在厦岗的民团，但未能攻克厦岗。其后，广东省农民协会召开扩大会议，为厦岗惨案发出通电，给予声援和支持。

11月，邓一舟、王固础、谭伯桥等率领厦岗农民100多人，前往广州，向广东省农民协会请愿。国民党中央妇女部部长何香凝接见请愿代表，对民团、土匪的暴行表示谴责，支持厦岗农民继续坚持斗争。中共广东区委在广东省农民协会主办的《农民呼声》三日刊上发表文章，揭露地主豪绅的反革命罪行，呼吁广东省政府派兵围剿民团、土匪，护送厦岗农民返乡。虎门要塞驻军奉命护送请愿农民返乡，但途中遭到民团拦截即自行退却。厦岗农民无法返乡，只好继续流浪。对此，厦岗农民愤恨交加。厦岗农民协会执行委员长麦定唐组织农民协会会员麦满、麦咸九、祁积寿等人，潜入太平镇，将麦廷阶之子麦平处死。麦廷阶因此气绝身亡。

在石龙附近，1926年上半年也发生震惊全省的"箓兰惨案"。箓兰村地处东江下游，当地有两股土匪经常四出骚扰，明火打劫。一股土匪以陈九、陈新为首，另一股土匪以苏忠（绰号"跛手忠"）为首，他们之间经常发生冲突。加上下南村陈姓与箓兰村梁姓氏族之间素来不和，陈九股匪编入民团后，伺机以"剿匪"为名进行报复。1926年4月，陈九密告石龙防军，假说苏忠躲在箓兰村，请军队前往"剿匪"。4月15日，石龙防军第六军十八师五十三团，在陈九率领的民团配合下，围攻箓兰村。该村农民协会组织村民奋力抵抗。是日，军队和民团攻入箓兰村，打死村民约70人，烧毁房屋700多家，抢走全部牲畜。村中男子全部离散，剩下数百名老年妇女和儿童只好露宿废屋。30日，箓兰村妇孺50余人先后到国民党中央农民部请愿和国民政府省政府、省党部及监察院申诉。其后，监察院委员陈孚木携谭桂萼，奉命前往箓兰村调查，回去后发表调查报告公布真相。当地防军恼羞成怒，索性枪决捕去的11名农民。

6月20日，国民党广东省执委第三十二次会议决议通过省党部、农民部所拟的处置箓兰惨案的4条办法：请国民政府令饬该军长官迅速将拘押犯速即讯明，分别究释，不得勒索钱财及枪械；查明该军不法军士，治以应得之罪；请政府先行拨给巨款抚恤该处被难人民，尽数收容，布告招集流亡回乡耕凿；并拟由政府责令县署召集双方代表妥拟解决办法，以免重酿祸端。

6月24日，国民党广东省执委将这一处置办法函送国民政府。7月17日，国民政府函复国民党广东省执委，称已分别饬令省政府及函请军事委员会办理。至此，箓兰惨案终于获得较为公平合理的解决办法。然而，东莞农民运动自此低落。

六、支援东征

1923 年年初，被逐出广州的军阀陈炯明，踞守东江、韩江、梅江一带，与广东革命政府为敌。中共广东区委发表《中国共产党檄告广东工农群众保卫革命打倒陈炯明》的宣言，号召广东工农群众发挥革命柱石作用，支持革命政府出兵东征，讨伐陈炯明。

广东革命政府将所辖各路武装组成东征联军，分三路进军东江。由黄埔军校教导团和粤军组成的右路军，负责肃清广九铁路敌军。1925 年 2 月 3—4 日，右路军先后占领虎门、莞城、石龙等地，控制广九铁路沿线。东征军抵达东莞县各地后，受到各界民众的热烈欢迎和积极支援。中共东莞支部组织各地农民协会，为东征军送茶送水，担当向导。霄边农民自卫军在蔡日新带领下，分赴石滩、石龙，随东征军开展宣传工作，协助东征军筹粮和运输。同年 5 月，滇军杨希闵和桂军刘震寰部乘孙中山病逝和东征军忙于讨伐陈炯明之机，在广州发动武装叛乱。东莞县农民协会响应广东省农民协会的号召，联合宝安县农民协会，组成临时军事委员会，编练农民 3000 余人，聘请黄埔军校教导团 4 人为教官，准备与黄埔军校教导团一同讨伐杨、刘叛军。石龙附近有一股叛军，企图向莞城方向逃窜，东莞县农军集结堵截，迫使叛军缴械投降。在农军和工人的配合下，黄埔军校教导团迅速驱逐东莞境内铁路沿线的叛军，直趋广州。同年 6 月中旬，杨、刘叛乱被平息，广东革命政府转危为安。8 月，为帮助国民革命军肃清东莞和宝安境内的反革命军队魏邦平所属谭鉴部，东莞农军与宝安农军再次联合起来，投入铲除反革命军队的斗争。8 月 21 日，农军向反革命军队发动进攻，土豪劣绅纠合民团，将农军一部包围。东宝农军英勇战斗，打垮包围农军的民团，乘胜克复云霖、松岗，俘虏营长谭鉴等多人，缴枪 20 多支。10 月，国民革命军第二次东征。

10月8日，东征军政治部宣传总队在东莞县石龙中山公园举行工农商学兵联欢大会，东莞县有24个团体2000余人参加，鼓舞了东征军的士气。

七、援助省港大罢工

1925年5月30日，发生震惊中外的"五卅惨案"。为支援上海工人、学生的反帝斗争，6月19日，在中共广东区委和中华全国总工会的领导下，香港、广州的工人举行声势浩大的省港大罢工。香港的海员、电车、印务等工会首先罢工，其他工会随即响应。21日，广州沙面洋务工人和广州市各洋行工人宣布总罢工。罢工爆发后，罢工工人不顾英帝国主义者的阻挠和威胁，先后有约10万人返回广东各地。部分罢工的香港工人由宝（安）太（平）公路经广（州）虎（门）公路返广州。虎门农民协会和太平工会联合会派人沿途带路，送茶送水，并在沿途搭起几十个大草棚，备好床铺和粮食、蔬菜等，供罢工工人中途歇息。在中共东莞地方组织的策动下，东莞县成立援助省港罢工委员会，确定主要任务为：普及政治宣传，提高群众觉悟；发动捐献，支援罢工工人；封锁港口，抵制英国货。12月，中共东莞特支以国民党东莞县党部的名义，召开东莞县人民代表大会，支持省港大罢工。

八、东莞"四二四"事变与大革命运动失败

1927年4月12日，蒋介石在上海发动反革命政变，大肆捕杀共产党人和工农革命群众。随后，广州发生"四一五"反革命事变。国民党东莞县当局也加紧进行"清党"部署。4月24日，国民党东莞县政府按照广东当局的"清党"密令，发动"清党"行动，出动军警百余人，包围、搜查中共东莞地委机关、东莞县农民协会、东莞县总工会以及李本立的住宅，悬赏通缉李本立、

蔡如平、蔡日新、张乾楚等共产党人。东莞县各级工会、农民协会、工人纠察队、农民自卫军等革命组织被强令解散，枪支、弹药被收缴，爆竹工会负责人张广和及 1 名学生被捕。与此同时，驻莞城的黄埔军校教导团第二营第四连和团部直属连内部也实行"清党"，18 名共产党员被捕，被押往广州南石头惩戒场杀害。

东莞县的革命斗争受到严重挫折，许多共产党员、共青团员与组织失去联系，革命群众团体或被解散或被"改造"，袁昌善、黄华东、黄国器等地方党组织领导人潜到外地隐蔽。4 月底，蔡日新在虎门被捕，关押在广州南石头惩戒场，于 6 月初牺牲。从此，东莞县的武装革命斗争陷入低潮。

第二节 创建农村革命根据地的尝试

一、建立中共东莞县委和石龙市委

1927 年广州"四一五"反革命事变后，国民党广东当局在各地实施全面"清党"，整个广东笼罩在白色恐怖之中。面对严峻形势，中共广东区委迅速部署应变计划，先后派出党员干部到各地恢复和健全党的基层组织。

1927 年夏，中共北江地委委员、广东省农民协会北江办事处主任蔡如平，中共四会县特别支部书记莫萃华，奉中共广东区委之命，先后秘密返回东莞县，前往莞城、石龙等地，与隐蔽在各地的共产党员取得联系。初秋，蔡如平召集东莞县各地共产党员开会，重新成立党的领导机构——中共东莞县委员会。中共东莞县委由蔡如平、谭式泉、赖成基、张乾楚、李鹤年、陈兆魁等人组成，蔡如平任书记。县委以赖成基的隐蔽所——莞城广昌隆打锡铺为通讯处，在莞城及附近农村坚持斗争。李鹤年以他在莞城阮涌街的家为联络点，负责县委及党员之间的联络接待和掩护。

同年，中共广东省委考虑到东莞县的石龙地处水陆交通要道，地理位置特殊，决定建立中共石龙市委，直属中共广东省委领导。秋，中共石龙市委成立，由陈旺、陈志仁、麦金镛等人组成，陈旺为书记。市委机关设在石龙市园洲乡寮仔（今属博罗县）。

二、策划和组织工农暴动

1927 年 10 月中旬，中共中央南方局和中共广东省委在香港召开联席会议，总结南昌起义失败的经验教训，通过《最近工作纲领》等决议，改组中共中央南方局和中共广东省委。中共东莞县委书记蔡如平出席会议，并被选为中共广东省委候补委员。会议号召组织工农暴动，建立工农革命军。

蔡如平从香港返回东莞县后，立即召开中共东莞县委会议，传达中共广东省委关于继续进行武装暴动的决定，研究在东莞县组织工农武装暴动的计划。

鉴于东莞、宝安两县地理位置的重要性，中共广东省委派人前往指导和组织东莞、宝安的武装暴动。中共中央南方局军委委员赵自选奉命来到东莞县，在常平屋厦村召开中共东莞县委、宝安县委负责会议，要求迅速举行工农武装暴动，配合广州起义。会议宣布成立东宝工农革命军总指挥部，以赵自选为顾问，蔡如平任总指挥，中共宝安县委书记郑奭南任副总指挥，陈兆魁负责军令处，谭式泉负责秘书处，潘寿延负责总务处。下辖 4 个大队，第一、第二大队由东莞方面负责组建，分别由周达墀、叶汉庭任大队长；第三、第四大队由宝安方面负责组建，分别由麦福荣、陈义妹任大队长。与此同时，中共广东省委派陈均平到虎门，帮助东莞县委组织和发动工农暴动。

中共东莞县委做好武装暴动的准备工作，首先整顿各支部，并在各区设立巡视员，然后加紧进行各区武装力量的训练和集结。蔡如平等在常平、大朗、梅塘组织数百人的农民武装，并进行简单的军事训练；陈均平、莫萃华、伦季南等以洪屋涡、大沙、金洲为据点，组织武装队伍；赖成基、李鹤年分别在赵屋、博厦组织一支有 100 多人的青年武装，并集结莞城工人武装小队，负责监视莞城反动民团和警察的活动，做好配合武装暴动的准备。12月1日，中共广东省委发出《紧急通告》，要求各地党组织立即起来领导农民暴动，夺取乡村县镇政权，最少亦应进行骚动，煽动群众杀戮地主、土豪、绅士，抢夺警察、军队、保安队、民团枪械，破坏交通。中共东莞县委根据这一指示，立即通知各地工农武装，集结待命，做好武装暴动的准备。

为配合广州起义，中共广东省委对全省暴动作出具体部署：要求已撤至粤北的南昌起义军朱德所率部队，兼程向广州进发；海陆丰工农武装向惠州方向发展，直趋广九铁路；与东莞、宝安的农民武装汇合，以保护广州暴动胜利；西江各县农军举行暴动，牵制粤系军阀张发奎在西江的军队，东莞、宝安、南海、花县农民则与广州同时起义。

12月11日凌晨，广州起义爆发。起义军占领广州珠江北岸的大部分市区，成立广州苏维埃政府，但起义的第三天就遭到失败。由于广州起义比原计划提前举行并很快失败，原定的全省暴动计划因而被打乱，全省大部分地区未能如期举行暴动。因广州通往四周交通中断，中共东莞县委得不到广东省委的具体指示，获悉广州起义爆发的传闻后，在大沙乡召开紧急会议。决定立即举行暴动，夺取莞城及虎门，占领军事要地，策应广州起义。会议制定作战计划：由蔡如平担任进攻莞城前敌指挥，指挥部设在石湖，率常平、大朗、梅塘、环城、石马、大沙等农民武装攻城，集结地点为黄旗岭；由陈均平担任进攻虎门前敌指挥，指挥部和集结地点拟在金洲，率霄边、北栅、金洲等地农民武装进攻虎门；同时从进攻莞城方面农民武装抽调部分兵力到石碣，相机夺取石龙。会后，中共东莞县委领导成员分头到各地召集农民武装队伍。然而，到发起攻击的时间，集结起来的农民武装只有三四百人，绝大部分武装人员未能及时赶到集结地点。此时，又传来广州起义部队撤出广州的消息，莞城的敌军也加强戒备。中共东莞县委立即召开紧急会议研究对策，多数与会者认为，广州起义失败，此时若再进攻县城和虎门等地，失去牵制敌军配合广州起义的作用；加上集结的农民武装兵力太少，敌军已作戒备和防范，如果在敌众我寡的情况下强行攻城，不但会造成惨重的伤亡损失，而且根本无法取得攻城的胜利。于是，中共东莞县委决定放弃这次暴动，解散集结的工农武装。

三、东莞、石龙党团组织的恢复和整顿

广州起义失败后，中共东莞县委以及中共石龙市委处境艰难，工作较难开展，党组织比较涣散。1928 年 3 月 17 日，根据中共广东省委的指示，中共东莞县委召开各支部代表联席会议，改组县委。改组后的中共东莞县委，加强与党员的联系，除开会训练党员外，还以个别谈话等方式，鼓励党员不畏白色恐怖，坚持地下斗争。对外发行《红旗周刊》《赤卫队须知》，对内出版《县委通讯》，并翻印上级党组织发来的《征求同志小册》《关于没收土地及建立苏维埃简文》《暴动行动大纲》等材料，发给党员学习，使他们认识土地革命和武装反抗国民党反动派的重要意义。4 月 29 日，中共石龙市委召开有各支部代表参加的市委扩大会议。会议通过《政治决议案》《组织问题决议案》以及关于职工运动的决议案。

经过改组，中共东莞县委和中共石龙市委的工作较有起色。1928 年 4 月，沈宝同在巡视中路地区后，向中共中央报告：中路各地党组织，比较好的有石龙、佛山、东莞等，石龙 20 余同志在工厂中尚能活动，建立秘密的工会组织。到 1928 年 5 月，中共东莞县委新吸收 150 名党员，全县党员发展到 250 人左右，其中工人 50 人，农民 150 人，知识分子和商人 50 人；有职业的

200 人；妇女 4 人；附城区（即一、二区）35 人，三区（党组织属于石龙市委管辖）未作统计，四区 100 多人，五区 50 人，六区 5 人，七区 30 人，八区 20 余人，九区 1 人。建立 30 个支部，其中农村支部 25 个、工人支部 5 个，能起作用的有 23 个。县委机关设在离莞城两里路的金泰乡永泰村。县委秘密组织农民协会，并着手在附城 3 个工会、二区 1 个乡村、四区 13 个乡村、五区 3 个乡村、十区 3 个乡村，组织工人或农民赤卫队；四区山厦，五区黄家坑、屋厦，七区石湖，八区石马，成为党组织活动的主要据点。

中共石龙市委扩大会议后，原有的 5 个支部石龙、水南、黄家山、寮仔、马嘶、水南支部撤销，黄家山支部改为特别小组。中共石龙市委有党员 44 人，拨给石龙共青团组织 15 人，剩下 29 人。市委一方面致力于建立秘密工会，组织石龙长生工人罢工；一方面抓紧兵运工作，在当地驻军中发展党员；同时在寮仔成立秘密农会。1928 年 5 月 1 日，中共石龙市委在致广东省委的信中，提出五月份工作计划：党员发展到 100 人以上，其中工人成分占 60%；秘密开展活动，尽力鼓动工人起来斗争，在斗争中发展党员；编发《党员须知》，督促各支部按时召集会议，多找同志谈话交流；农民协会及赤卫队应注意石龙近郊农村及鳌峙塘、寮仔、黄家山、小苏村等地，农民协会及赤卫队委员会的同志必要时可以加入并非由党领导的组织，以便于开展工作。

四、创建革命根据地的失败

东莞、宝安两县山水相连，同扼珠江要冲。中共广东地方组织对东莞、宝安历来重视且视为一体。策动广州起义时，中共广东省委指示成立东宝工农革命军总指挥部，统一指挥两地的工农革命武装，东宝两县同一时间举行武装暴动，以达到相互策应的目的。

1928 年 5 月 1 日，中共广东省委分别向中共东莞县委和中共石龙市委发出配合宝安方面暴动的指示信。指示中共东莞县委：（1）积极发动四区、五区暴动或斗争，四区以屋厦、山厦为中心，向宝安三区发展，沿途杀戮地主豪绅，进行土地革命；（2）沿广九铁路常平、横沥、平湖等地，立即开展大规模的破坏铁路工作以及进行各种骚扰；（3）莞城也要散发传单，张贴标语，破坏电线，进行种种破坏；（4）在未能发动暴动的各区，加强组织和宣传工作；（5）在暴动中发展党组织和群众组织，宣传党的政策，扩大赤卫队。中共广东省委同时要求中共石龙市委，宣传宝安暴动消息，深入到工人群众中去，发展工会、赤卫队和党的组织；号召工人起来，以实际行动支持宝安暴动，以扩大宝安暴动的声势，使宝安暴动减少障碍。

5 月初，中共东莞县委召开军事动员会议，具体部署策应宝安暴动的工作。会后，周达墀带领屋厦农民赤卫队队员周权旺、周合仔、周润水等 70 余人，叶汉庭带领大朗农民赤卫队队员 30 多人，破坏广九铁路木棆至土塘的一段铁轨，防止国民党军队从广州调至深圳；同时派出赤卫队，不断袭扰常平、横沥等铁路沿线的国民党驻军营房，牵制国民党军队行动。

5 月下旬，中共宝安县委决定集中力量，继续进行武装暴动，并要求中共广东省委指示莞城、石龙、虎门、太平、增城等地予以配合，加紧做好暴动工作，以免宝安形势孤立。中共广东省委迅速复函中共宝安县委，对宝安集中武装进行斗争的问题给予具体指示，并委派阮峙垣召集东莞、宝安、石龙三地党组织负责人，于 5 月 28 日在东莞、宝安交界地区的大朗东山庙举行联席会议。会议研究决定，东莞、宝安两县派出武装集结于东山，并以东山为中心，向东莞、宝安邻近地区发展，实行武装割据，开展土地革命。中共东莞县委、宝安县委负责人随即进驻东山，在东山庙设立领导机关。周满、周光赤分别带领东莞、宝安武装近300人开进东山，并以东山为中心开展游击战争。活动一段时间后，因国民党当局调遣大批军队实行残酷的"围剿"和封锁，这支工农武装队伍武器弹药缺乏，粮食供给十分困难，武装斗争被迫停止，大部分武装人员疏散隐蔽待命，少数武装人员以协耕会、银会、谷会、牛会等形式继续活动。

1928年12月7日，共青团东莞县委机关突遭国民党军警破坏，并搜查出一封地址为"广昌隆"的打锡铺（县委交通站）的信件。于是，国民党军警立即封锁监控广昌隆。7日下午，中共东莞县委常委叶铎辉从道滘到莞城联系工作，刚踏进广昌隆就被国民党军警逮捕。国民党军警在搜查时，查获中共东莞县委会议的签到簿。后由叛徒带领国民党军警四处搜捕共产党员。中共东莞县委主要领导成员相继被捕牺牲，赖成基、莫萃华、蔡如平等一批共产党人和工农革命分子被迫出走他乡或远走南洋，党的各级组织活动停顿，许多革命群众受株连迫害。

东莞轰轰烈烈的土地革命斗争从此沉寂下来，从1929年3月起，中共东莞地方组织的活动停止7年之久，直到1936年10月才得以恢复。

第二章

浴血抗战　旗飘华南

　　在抗日战争中，东莞敌后战场成为中国共产党领导的华南敌后战场的重要组成部分。中共东莞地方组织带领东莞人民群众创建抗日根据地，为东江纵队提供大批兵源和干部，提供必要的给养，并配合对日作战，使东莞抗日根据地成为中国共产党领导的华南抗日的一面旗帜。东莞人民特别是东莞革命老区人民，为抗日战争的胜利付出了重大代价和牺牲。抗日战争期间，东莞人口伤亡3.6万多人，其中死亡4000多人，中华人民共和国成立后被广东省民政部门授予"革命烈士"称号的抗日烈士就有400多人。东莞人民用鲜血和生命谱写抗日战争的壮丽乐章，为中国人民抗日战争和世界反法西斯战争的胜利，建立不可磨灭的历史功勋。

第一节 东莞抗日游击战争的兴起

一、中共东莞地方组织的恢复、发展

1936 年 10 月，中共东莞特别支部建立，中断 7 年的中共东莞地方组织活动恢复。1937 年 4 月，中共东莞县工作委员会成立；8 月，中共广东工作委员会撤销，改为中共广州外县工作委员会，领导包括东莞县在内的广州外围各县党组织；10 月，中共东莞县工作委员会撤销，成立中共东莞中心支部，由广州外县工委委员姚永光兼任中心支部书记。东莞中心支部辖东莞、宝安两县党组织以及增城县的部分党组织，其中东莞县有莞城文化、莞城工人、东坑、高埗、中堂、厚街、清塘 7 个支部，宝安有山厦、平湖 2 个支部，增城有仙村、广东青年抗日先锋队增城工作队 2 个支部。共有共产党员 20 多人，机关设在东莞县莞城力行小学。自 1938 年 1 月起，广州外县工委不断派干部到东莞中心支部工作。1 月底，派王作尧担任东莞中心支部宣传委员，并负责武装工作。2 月底，又派从延安学习回来的袁鉴文、祁和、黄高阳等党员到东莞县工作，其中袁鉴文任东莞中心支部组织委员。4 月，中共广东省委决定把中共东莞中心支部扩大改组为中共东莞中心县委，领导东莞、宝安、增城 3 县的党组织，这是当时广东省仅有的两个县委之一。东莞中心县委下辖 3 个区委，有党员约 100 人，姚永光任中心县委书记。

为适应抗战形势和斗争任务的需要，东莞中心县委于 1938 年 7 月和 9 月分别在莞城力行小学和陈家祠举办两期党员干部训练班，有三四十名党支部书记和党小组组长接受训练。学习内容有党的建设、国际共运、农民运动、游击战争等。每期训练班学习时间为一个月。至 1938 年 11 月，东莞中心县委的党员人数增加一倍多，发展到 220 人，成为当时广东（除琼崖地区外）最大的一个县委。

二、抗日武装斗争的准备

随着抗日救亡群众运动的高涨，中共东莞地方组织坚决执行党的抗日民族统一战线政策，利用公开合法的地位，发动群众，组织武装，做好抗日武装斗争的准备工作。

1938 年夏秋之际，中共广东省委在广州召开武装工作会议，就建立和掌握民众抗日武装问题进行研究和部署。会议决定：各地党组织应把建立自卫团等民众抗日武装作为一项中心工作任务，要有目的地从思想上、组织上做好开展抗日游击战争的准备，参与建立并以灵活方式掌握地方自卫团武装，主动争取到自卫团任职，同时要在自卫团中建立共产党的支部。全体党员要努力学习军事，积极参加民众抗日武装，努力掌握武装力量，为开展敌后抗日武装斗争打下基础。

中共东莞地方组织根据中共广东省委的指示，以建立自卫团为中心工作，通过抗日救亡运动的推动，开展各阶层的抗日统一战线工作，利用各种关系，采取不同的方式，建立群众抗日武装队伍。

1937 年间，中共东莞中心支部在高埗做好当地士绅的统战工作，以保家保耕名义，发动群众购买枪支，修理旧枪械，组织抗日自卫队。中共东莞中心支部掌握自卫队的枪支，并在队内秘密成立由党组织掌握的游击小组，有十多支枪，这是抗战时期东莞地方党组织最早掌握的抗日武装。随后，中心支部通过统战关系，又在东坑、大朗、潢涌、清溪、山厦等地掌握一些武装力量。11月底，中心支部通过爱国青年何与成、赵学的努力，与当地驻军第六十三军一五三师合作，开办两期"抗日青年军事训练班"。一五三师政训处派人当班主任，派军官讲授军事课，主持军事训练。中心支部动员中共党员和进步青年200多人参加训练班。学员们经过一个多月的训练，结业后被分派到各乡训练壮丁，有的还当上乡村壮丁训练中队队长。这批经过训练的学员，后来大部分成为党领导的东莞人民抗日武装的骨干。

1938年1月，中共东莞中心支部利用共产党员在东莞县民众抗日自卫团统率委员会工作的机会，以统率委员会的名义先后派遣一些党员到各区乡组织自卫队。在附城、良平、望角、犬眠岭、樟木头石马、清溪等地成立自卫队。有的区乡自卫队由共产党员掌握领导权，如清溪的共产党员张松鹤和樟木头石马的共产党员蔡子培，分别担任县自卫团第三十二大队和第四十一大队的大队长。同年春，中共东莞中心县委推动广东民众抗日自卫团第四区统率委员会，在东莞县城东门外的学宫举办第一期自卫团干部训练班。东莞党组织掌握了学员选送权，选派一批党员和进步青年到这个训练班学习。学员结业后，大都回到原地组训抗日民众自卫团。东莞中心县委还推动东莞县民众抗敌后援会举办"动员民众干部工作人员训练班"，选派部分共产党员和进步青年参加训练。东莞党组织通过这些训练班，为建立人民抗日武装培养了一批军事骨干。

为进一步组建和掌握民众抗日武装，中共东莞中心县委委托东莞县青年抗敌同志会主席何与成，争取东莞县社会壮丁训练总队（简称社训总队）副总队长颜奇的合作。在颜奇的推荐下，县长王铎声（兼任县社训总队总队长）任命何与成为社训总队政训员，并陆续接受一些共产党员到社训总队受训。东莞县社训总队是全县性的地方武装，总队部掌握着一支壮丁常备队。1938年7月，社训总队组建壮丁常备队第二中队。中共东莞中心县委通过何与成做颜奇的统战工作，把共产党员陈昶派到这个中队任中队长，并派一些党员去当小队长；同时，把工人支部书记黄佳派去任分队长，在队内秘密成立中共支部，由黄佳任支部书记，并动员工人支部20多名木屐工人参加第二中队，从而改变这个中队的政治素质。随后，中共东莞中心县委又开始改造县壮丁常备队第一中队，派共产党员李燮邦到第一中队任副中队长，并争取中队长李达夫（后加入共产党）的支持，还动员118名进步青年加入这个中队。广州失守后，中共东莞中心县委动员约50名党员参加壮丁常备队。这样，东莞壮丁常备队成为中共东莞中心县委初步掌握的一支武装。

三、东莞抗日模范壮丁队成立

1938年10月12日凌晨，日军在大亚湾登陆，分三路向广州推进。日军登陆大亚湾的消息传到东莞，东莞县青年抗敌同志会和妇女抗敌同志会的青年在何与成的带领下，到县政府请愿，要求武装抗日。何与成向中共东莞中心县委报告请愿情况。此时，中共东莞中心县委正在莞城力行小学（一说为新生小学）举行会议，传达中共广东省委武装工作会议精神，研究在东莞开展抗日武装斗争的问题。根据这个新情况，会议认为：除在各区乡尽快武装群众并派党员充实县壮丁常备队之外，还应迅速组建一支由党直接领导的人民抗日武装队伍，才能更有效地领导群众开展抗日武装斗争，在当前不可能公开亮出党的旗帜的情况下，这支人民抗日武装队伍必须利用国民党的番号，取得公开合法名义，以利于生存和发展。于是，会议决定通过何与成与颜奇的关系，争取国民党县政府同意，用东莞县社训总队名义，以青年学生自发组织的形式，组建一支抗日武装部队。这支抗日武装，就称为"东莞抗日模范壮丁队"（简称模范壮丁队）。

日军在大亚湾登陆的第二天（13日），占领惠阳淡水，当晚以一小部分兵力向东莞县樟木头警戒。东莞的局势骤然紧张，人心惶惶，商店纷纷关门，国民党县政府机关人员陆续逃离。14日晚，中共东莞中心县委召开会议，作出如下决定：中心县委机关设在抗日模范壮丁队里，随部队一起活动；由袁鉴文担任抗日模范壮丁队政治指导员，以加强部队政治工作；成立一个留城工作队，由东莞中学支部书记祁烽担任队长，在莞城宣传发动群众，稳定群众情绪，增强群众抗战信心；在东莞新闻社设立抗日模范壮丁队莞城留守处，由姚永光利用这一机构暂留县城领导全县党的工作；抗日模范壮丁队整队后开赴大岭山，开展游击斗争。

15日晚，中共东莞中心县委在东莞中山公园举行东莞抗日模范壮丁队公开成立大会，入伍的100多名共产党员和进步青年出席成立大会。全队编为3个小队和1个留城分队。成立大会结束后，模范壮丁队连夜进行军事训练。第二天早上，开往大岭山的飞鹅村整训。与此同时，中共东莞中心县委通知各乡党员率领武装小组到大岭山飞鹅村集结，参加模范壮丁队。这支新生的人民抗日武装，很快就发展到200多人，队部设在飞鹅村，以飞鹅村为中心，活动于连平、上下山门、大雁塘、杨梅墟，以及莞太公路沿线的白沙、龙眼一带，开展军事训练，宣传发动群众，打击零散日军。

东莞抗日模范壮丁队是日军入侵广东后，中国共产党在华南地区最早建立并直接领导的一支人民抗日武装。

四、榴花塔阻击战

1938 年 10 月 19 日，石龙被日军占领，东莞县城危在旦夕。中共东莞中心县委决定，由东莞社训总队政训员何与成同副总队长颜奇率领壮丁常备队第一、第二中队和模范壮丁队一个小队共 200 人枪，开往石龙附近的东江南岸峡口、西湖、京山一线设防，总队部设在茶山，阻挡驻石龙的日军渡河向莞城进犯。

10 月下旬，驻石龙日军在炮火掩护下，多次渡河进犯西湖、京山一线。壮丁常备队第二中队扼守京山高地，沉着应战。10 月 24 日，在西湖击退来犯日军，俘日军军曹松井本等 7 人。26 日，与日军激战于柏洲边，俘日军 5 人。日军连续进犯 9 天，均未得逞。从 11 月 4 日起，日军改向峡口方向进攻。中共东莞中心县委书记姚永光率领模范壮丁队一部增援峡口，与何与成、颜奇会合，在榴花塔附近设指挥所。日军乘船渡江进犯时，模范壮丁队和壮丁常备队第一中队以猛烈的火力向日军扫射，打死打伤日军数人。日军逃回北岸，以炮火轰击抗日部队阵地。

日军多次进攻，均未能占领南岸，遂在东江北岸石碣一带村庄抢掠。驻扎峡口的模范壮丁队和壮丁常备队的指战员义愤填膺，纷纷请求过江杀敌。姚永光与何与成、颜奇等人研究，为振奋群众抗日情绪，打击日军嚣张气焰，决定派部队过江袭击日军。于是，他们挑选壮丁常备队 3 个班和模范壮丁队 1 个班共 40 多人组成渡江战斗队。11 月 13 日凌晨，渡江战斗队在榴花塔下的渡口分乘两艘大泥船渡江。到达北岸刘屋村后，颜奇布置战士埋伏在刘屋村前的一片竹林里，准备随时伏击路过敌人；何与成和李燮邦带领几名模范队员入村，向村民宣传并说明来意。群众早就盼望痛击敌人，见到抗日部队到来，十分高兴。村长和村自卫队队长也极力支持，立即召集本村自卫队在竹林的另一侧布防。当天上午9时，一支有30余人的日军骑兵巡逻队由潢涌向刘屋村背后的河堤上奔来。抗日战士发现日军后高喊"日本骑兵！""打！打！打！"边喊边开枪射击，将1名日军士兵击落马下。刘屋村自卫队闻声也一边击鼓呐喊一边向日军开枪。日军遇袭匆忙还击。由于抗日部队缺乏作战经验，伤亡较大。为减少损失，颜奇指挥队员利用竹林掩护，边打边向河边撤退返回南岸。日军摸不清底细，也不敢恋战，仓促撤走。此战，毙敌1人，伤敌数人，但模范壮丁队和壮丁常备队牺牲小队长朱景煌，班长王尚谦，队员樊炳坤、陈德威、谢灵、谭卓炳、陈稳贡、陈法仔、陈炯新、新喊九（小名）、谢焕新11人；刘屋村自卫队牺牲刘家祥、刘炳光、刘乃棠、刘仲威、刘李、刘华钊、刘家欢、刘行包、刘镜辉、刘淦淇、刘桂荣11人。

第二天，模范壮丁队和壮丁常备队把11位烈士遗体装进棺材，运回莞城。中共东莞中心县委在东莞中山公园举行追悼大会，模范壮丁队、壮丁常备队全体队员以及群众数千人参加，姚永光和何与成主持追悼大会。会场气氛肃穆，主席台两边挂着一副挽联，上面写着"老模初战东江畔，榴花塔下显忠魂"。到会群众十分悲愤，高呼"坚决为烈士报仇！""打倒日本帝国主义！"等口号。追悼大会结束后，模范壮丁队队员抬着载有烈士遗体的棺材在莞城大街上示威游行。街边涌满群众，群情激昂。

榴花塔阻击战前后坚持了一个月。东莞模范壮丁队和壮丁常备队及其英勇抗战的事迹，传遍东江下游地区。

中共东莞中心县委领导民众武装开展榴花塔阻击战的同时，也在其他地方英勇抗击日军的进犯。东莞水乡接近广州，日军占领广州前后，经常进犯东莞水乡。1938年10月下旬，共产党员廖安、李植光率领上下江城及凌屋村抗日自卫团100多人，袭击路经洗沙的日军，击毙日军数人。同时，共产党员黎明率领潢涌乡抗日自卫团以及群众200多人，阻击乘船顺东江而下的日军，击毙日军 2 人，击沉敌船 1 艘。10 月下旬至 11 月中旬，共产党员霍锡熊组织家乡斗朗抗日自卫团以及青壮年群众，协助广东民众抗日自卫团第四区统率委员会（东）莞增（城）特务大队，击退进犯斗朗、槎滘等地的日军。

虎门失陷后，中共东莞中心县委派王作尧率领模范壮丁队 30 名队员，到莞（城）太（平）公路边活动，与先前安排到那里的一个工作队合并为抗日模范壮丁队莞太线工作队。这支新组建的工作队，由一部分队员组成民运队，到农村发动群众劳军和借粮，支援部队抗日；另一部分队员则由王作尧带领，进出莞太公路线一带，组织群众联防护乡。1938 年 10 月 25 日，驻龙眼的模范壮丁队在龙眼联防自卫队配合下，击退前来龙眼抢粮的日军小队。10 月 28 日，王作尧率领模范壮丁队一部，陪同白沙乡联防自卫队，并动员回防的国民党军第一五三师的一个营，在白沙联合抗击从虎门前来进犯的数百名日军。战斗打响后，厚街附近桥头、河田、白蚝一带的抗日联防自卫队和群众也赶来参战。经过一天的战斗，击退日军的进攻。

第二节 开辟敌后抗日游击区

一、开辟东（莞）宝（安）边抗日游击根据地及游击区

1938 年 10 月中旬，中共东莞中心县委派往宝安县活动的工作组，由张如率领撤到东（莞）宝（安）边界观澜乡嶂阁一带。随后，中心县委决定组建中共东（莞）宝（安）边区工作委员会，开辟以嶂阁为中心的东（莞）宝（安）边抗日游击根据地。10 月下旬，中共东（莞）宝（安）边区工作委员会（简称东宝边区工委）在嶂阁成立，张如任书记，领导东莞县及宝安县山区的观澜、塘厦、凤岗、清溪、樟木头一带的工作，其主要任务是发动和组织群众，开展统一战线工作，组织抗日自卫团，建立抗日根据地，进行抗日武装斗争。

11 月下旬，日军向广九铁路沿线进行大"扫荡"。东宝边区工委通知各地党员带领所掌握的武装队伍，到嶂阁附近的白花洞村集中，反击日军的"扫荡"。蔡子培率领樟木头石马乡抗日自卫团，张松鹤、林锦华率领清溪乡抗日自卫团和部分教师，赖锦章率领凤岗乡抗日自卫大队，共 200 多人，集结嶂阁。此时，国民党军第六十三军一五三师九一三团被日军击溃，团长李纯带领余部 200 多人退到白花洞村，处境困难，军心动摇。东宝边区工委立即发动群众，帮助九一三团余部解决粮食困难，并派王启光到该团宣传，争取他们留下来一起坚持抗战；又取得李纯同意，在该团设临时政治部。东宝边区工委派共产党员王启光、蔡子培

担任临时政治部正、副主任，并派十多名共产党员到各营、连担任政治指导员。此外，在政治部设立1个武装政治大队，有200多人，黄木芬任大队长。临时政治部成立后，克服各种困难，努力开展政治工作，稳定该团官兵情绪，沟通军民关系。11月底，九一三团奉命撤往河源整训。团长李纯要求临时政治部人员随团前往。东宝边区工委派王启光、黄木芬同李纯谈判，达成以下协议：（1）王启光带领20余人随团出发，其余大部分留在东（莞）宝（安）惠（阳）边区开展游击战争；（2）给予3个游击大队番号；（3）出具九一三团证明书，收集部队散失在民间的枪支弹药，交给新组建的游击大队使用；（4）九一三团拨出一笔钱，供留下人员作生活费用。12月6日，王启光率领临时政治部部分人员随团出发。在河源短期工作后，取得一五三师同意，临时政治部除留下19人外，其余由王启光率领返回东宝地区活动。

二、成立东（莞）宝（安）惠（阳）边人民抗日游击队

1938年10月，莞城沦陷后，中共东莞中心县委把模范壮丁队分散在各地的工作队集中到大岭山飞鹅岭，队伍有400多人，200多支枪，还争取颜奇带领的县社训总队队部和两个常备中队集中在一起。中共东莞中心县委在飞鹅岭举行紧急扩大会议，研究斗争策略。会议决定，为保存队伍，避敌锋芒，把部队拉到屏山水口，在东（莞）宝（安）边境的大岭山、莲花山等山区开展抗日游击战争，建立抗日游击根据地。由于形势危急，中共东莞中心县委安排部分党员分散到各地开展地下工作，然后率壮丁常备队和模范壮丁队300余人向屏山水口转移。部队来到大朗犀牛陂村，中共东莞中心县委根据颜奇的建议，作出新的行动方案：由王作尧、袁鉴文、卢仲夫带领模范壮丁队60余人先一步向屏山水口进发；由姚永光、何与成、颜奇率其余的200人，在原地

等候县政府配给弹药和粮饷后，再转移到屏山水口。王作尧等率领队伍，顺利到达屏山村侧的东山庙。12 月初，日军向广九铁路沿线进行的大"扫荡"结束，王作尧率队伍回到大岭山区，开展群众工作，召开座谈会和文艺晚会，向群众宣传中国共产党的抗日主张。12 月中旬，东宝边区工委在嶂阁组建东（莞）宝（安）惠（阳）边人民抗日游击队，下辖 2 个大队，共 200 多人，从民间收集到国民党军队溃退时丢下的 1 挺轻机枪和 50 多支长短枪。第一大队以原九一三团政治大队为基础组成，黄木芬任大队长；第二大队由清溪、石马、塘沥乡的抗日自卫团组成，蔡子培任大队长，张松鹤、赖锦章任副大队长。第一大队在嶂阁、白花洞一带活动，第二大队在清溪、凤岗等地活动。王作尧派人到嶂阁与张如联系后，率模范壮丁队 40 余人赶到嶂阁与东宝惠边人民抗日游击队第一大队会合。当晚，王作尧、张如、黄木芬等人在白花洞村召开会议，决定将抗日模范壮丁队与东宝惠边人民抗日游击队第一大队合编，统一使用"东宝惠边人民抗日游击队"番号，由王作尧、黄木芬负责。2 支队伍合编后，共有七八十人，其中80% 以上是共产党员，配机枪 2 挺。

嶂阁会师后，张如派人继续与上级党组织联系，并到香港向一些开明士绅借粮，筹办部队给养；王作尧则带领东宝惠边人民抗日游击队在广九铁路沿线以西的东（莞）宝（安）边区开展敌后抗日游击战。

三、开展东宝惠边敌后游击战

1938 年年底，张如按中共东南特委指示，回到东宝边区的白花洞，主持召开中心县委扩大会议。决定集中东莞、宝安两县党员和武装队伍，到东莞县清溪的苦草洞村进行整训。两县党员和武装人员 200 多人接到中共东宝联合县委指示后，陆续从各地集结苦草洞村进行整训。整训中，对武装队伍整编，由原来200多人精简到120人，组建东宝惠边人民抗日游击大队，王作尧任大队长，何与成任政训员，黄高阳任总支部书记。下辖2个中队、1个政治工作队，卢仲夫任第一中队中队长，黄高阳任政治指导员；廖标任第二中队中队长；卢克敏任政治工作队队长，王河任政治工作队支部书记。部队整编后，进行军事、政治训练。整训结束后，中共东宝联合县委机关由苦草洞村转移到东莞县塘厦，东宝惠边人民抗日游击大队首先挺进东江河畔的桥头、石排、东坑、茶山一带，铲除伪政权，袭扰日伪军据点。

1939年3月，日军由于兵力不足，撤出惠州等城镇和东江部分地区，以加强广州和沿海重要据点的防守。此时，在日军进攻和"扫荡"时溃逃到后方山区的国民党军队，重新返回东江地区。国民党第四战区司令部在惠州设立第四战区东江游击指挥所，在惠阳、博罗一带成立第四战区第三游击纵队，在东莞、宝安、增城县一带成立第四战区第四游击纵队。中共中央和中共广东省委基于斗争策略考虑，指示东江人民抗日武装不公开使用中国共产党领导的名义，而以爱国青年和华侨、港澳同胞自发组织的群众抗日武装面目出现，争取国民革命军的合法番号，以便于部队生存和发展。于是，中共东宝联合县委通过第四战区第四游击队参谋长何家瑞的关系，取得合法番号。4月，东宝惠边人民抗日游击大队改编为第四战区第四游击纵队直辖第二游击大队（简称第二大队），王作尧任大队长、何与成任政训员，下辖第一、第三2个中队。其中第一中队由原东宝惠边人民抗日游击大队组成，第三中队由阮海天指挥的增城县抗日武装100多人组成。另外，第二大队抽调部分人员组成第四战区第四游击纵队政治工作队，由中共东宝联合县委领导。惠宝人民抗日游击部队也取得合法番号，于5月改编为第四战区第三游击纵队新编游击大队（简称新编大队），曾生任大队长，周伯明任政训员兼副大队长。

日军撤出惠州后，为巩固占领区，加强外围防御，沿莞（城）太（平）、宝（安）太（平）、宝（安）深（圳）公路线的厚街、霄边、太平、松岗、沙井、西乡、南头、深圳、沙头角等地建立据点，扼守交通要道。王作尧部深入宝太、宝深公路沿线，对日军开展"骚扰战"，多次利用黑夜摸近日军据点进行袭击。当日军闻声出动，四处放枪时，部队就悄悄撤出战斗。部队还突袭烧毁宝深公路的一座木桥——大涌桥，随后在公路沿线破坏日军电话线，使日军由南头至深圳的交通和通讯联络陷于瘫痪，迫使日军龟缩在据点里。1939年11月，在华南的日军抽调兵力进攻粤北。王作尧部趁东宝地区日军兵力薄弱之机，挺进宝安县城南头城外围，对南头城实行包围封锁，并以各种方式袭扰日军，迫使日军从海上逃窜。12月1日，王作尧部队分两路进入南头城，这是广东抗战以来第一次取得收复县城的胜利。

1940年年初，东宝联合县委机关从大岭山太公岭迁到东莞水乡高埗，计划重组一支由地方党组织直接领导的抗日武装，开展水乡抗日游击战争。中共东宝联合县委在水乡发动群众，公开成立兄弟会、姐妹会、读书会等团体，利用这些团体宣传抗日。还通过高埗党支部，以"灰色"名义建立一支武装——高埗自卫队，有轻机枪1挺、步枪和短枪数支，小艇1艘。水乡区委派人打进水乡土匪内部，掌握了部分武装。为取得对水乡区土匪武装的领导权，中共东宝联合县委成立水乡武装起义委员会，谢阳光任起义总指挥。谢阳光带领一支"灰色"武装编入土匪队伍，计划在土匪队伍里举行武装起义。起义委员会工作几个月后，由于斗争情况复杂，加上个别打入人员变节泄密，致使起义计划落空。

这一时期，中国共产党直接领导的王作尧部队，初步打开东宝地区敌后抗日游击战争的局面。中共东宝联合县委也坚持开展地方工作，组织抗日武装，发展党员，至 1939 年 10 月，党员发展到 220 人（加入部队的不计算在内），成立 6 个区委。

四、应对国民党顽固派的反共逆流

1939 年 3 月，国民党五届五中全会制定的反共政策开始在广东各地贯彻实施。广东地区的国民党顽固派大肆进行"清共""限共""反共"的宣传活动。同年 11 月，国民政府军事委员会政治部部长陈诚到广东韶关，造谣污蔑共产党和八路军"游而不击""不打日本只扩张实力"，声称要"严防共党活动"，要对共产党实施"法律制裁"。反共逆流从而在广东各地迅速蔓延。

在东江地区开展敌后抗日游击战争的曾生、王作尧部队（简称曾王部队），成为国民党顽固派限制和攻击的对象。东江人民抗日武装创建初期，国民党广东当局迫于形势压力，给予曾王部队合法番号，但不发枪支弹药，企图限制其发展，并伺机瓦解和消灭。起初，他们利用曾王部队在敌后前线抗击日军，认为既可保护自己的安全，又可借日军的力量将其削弱和消灭。但是，曾王部队在东江人民和华侨、港澳同胞的支援下，不但没有被消灭，反而越战越强，不断发展壮大，到 1939 年年底，发展到近 700 人，初步打开东江敌后抗日游击战争的局面。国民党顽固派"借刀杀人"的阴谋破灭后，又以封官许愿为诱饵，拉拢曾王部队干部，企图瓦解这两支抗日武装；并以协助工作为名，强行派员到曾王部队任职，企图控制曾王部队。中共东南特委和东江军委组织力量与之进行针锋相对的斗争，使国民党顽固派的阴谋再次破灭。1940 年 2 月初，第四战区东江游击指挥所主任香翰屏强令曾王部队到惠州"集训"，企图将其一网打尽。曾王部队没有上当。香翰屏一伙阴谋彻底败露后，悍然纠集优势兵力，对曾王部队实行军事围攻。

1940年3月初，广东国民党当局纠集第一八六师五五八团，广东省保安第八团2个营，汕头、东江地区的4个支队和地方武装共3000余人，准备向曾王部队发动进攻。3月7日，顽军从龙岗、坑梓、淡水3个方向，逐步形成对曾生部的包围。与此同时，顽军以2个营的兵力进驻东莞梅塘，以1个支队进驻观澜，形成对王作尧部的包围。3月9日晚，曾生部从惠阳坪山出发，经石井、田头山向东移动。11日晚，王作尧部从宝安乌石岩出发，在观澜穿过封锁线，向淡水方向突围。国民党顽军发现曾王部队向东突围后，立即调动兵力前堵后追。国民党广东当局和第四战区司令部急电各地顽军进行截击。

曾生部从惠阳坪山突围后，于13日转移到惠阳东南的平政乡桥岭，遭到顽军截击，天黑后摆脱顽军，继续东进。24日到达惠阳与海丰交界的高潭，31日在高潭又遭顽军围攻，伤亡较大，部队从离开坪山时的500多人减少到100多人。4月中旬，曾生部进入海丰整编，非战斗人员分批疏散隐蔽。

王作尧部从乌石岩突围后，沿途受到顽军的截击和尾追。4月18日到达斜嶂山黄沙坑时，被顽军包围。顽军为消灭王作尧部，用政治欺骗手段，约王作尧部派人谈判。为停止内战，团结抗日，王作尧派代表应约前往。因顽军毫无诚意，谈判未果，王作尧率领70余人到海丰县骆坑、鹅埠一带渔村分散隐蔽。政训员何与成则率领其余40余人与顽军保持接触，但第3天被顽军包围扣留，押至惠州监狱。数月后，王作尧部谈判代表何与成、卢仲夫、罗尧、罗振辉、叶镜源以及曾生部谈判代表李燮邦共6人，被国民党顽固派杀害于惠州。

曾王部队东移后屡遭挫折，从800人减至100多人，处在国民党顽固军的包围之中，军事上完全陷于被动，弹药缺乏，给养不继，处境十分困难。5月8日，中共中央就这一事件的处理向中共广东省委发出电文指示（称为"五八指示"）。电文对曾王部队回防抗日前线，作了具体的指示。根据中共中央和中共广东省委的指示，曾王部队于8月上旬在海丰县党组织和群众的帮助下，秘密返回敌后宝安县布吉乡一带。

为贯彻中共中央"五八指示"，确定东江敌后抗日游击战争的方针和任务，中共东江前线特别委员会（简称前东特委）于9月中旬在宝安县布吉乡上下坪村召开部队干部会议。会议由中共广东省委常委、前东特委书记尹林平主持。会议总结东移海陆丰的教训，会议确定：第一，坚持在惠、东、宝敌后开展独立自主的游击战争，发动群众，壮大武装力量，建立敌后抗日根据地和抗日民主政权。第二，坚持抗日民族统一战线，对国民党顽固派实行又联合又斗争，以斗争求团结的政策；坚持"发展进步势力，争取中间势力，孤立顽固势力"的策略总方针；坚持"人不犯我，我不犯人，人若犯我，我必犯人"的自卫原则，不怕打摩擦仗，要敢于击破国民党顽固派的军事进攻。第三，根据独立自主的原则和形势的变化，不再使用第四战区原来给了的新编人队和第二大队的番号，部队改称为广东人民抗日游击队。第四，将曾、王两部整编为两个大队，即广东人民抗日游击队第三大队和第五大队。尹林平兼任这两个大队的政治委员，梁鸿钧负责军事指挥。曾生任第三大队大队长，卢伟良任政训员，邬强任副大队长；王作尧任第五大队大队长，蔡国梁任政训员，周伯明任副大队长。第三大队在东莞县大岭山一带活动，第五大队在宝安县阳台山和广九铁路两侧活动。领导中心设在东莞县。

据此，广东人民抗日游击队第三大队决定挺进东莞县大岭山地区，恢复东莞敌后抗日游击战争，创建大岭山抗日根据地。

第三节 开辟大岭山抗日根据地

一、挺进大岭山

大岭山位于东莞县西南部，面积900多平方千米，整个山区共有8个乡10万余人口。大岭山区由大岭山、莲花山、水濂山、红山等大山组成，地势险要，是开展游击战争的理想之地。它的北面是莞城，莞（城）太（平）公路沿山区西缘穿过直到太平、虎门；东面是广九铁路；莞（城）樟（木头）公路在山区的东北边缘，南面与宝安县阳台山遥遥相望；西南面是宝（安）太（平）公路。在大岭山建立抗日根据地，可直接威胁日军在东莞县境的公路交通线和占领区。

选择在大岭山区建立抗日根据地，是因为这里除了有较好的游击战争地形外，还有坚强的中共基层组织和良好的群众基础。大岭山区人民群众具有反帝反封建的光荣革命传统。大革命时期，在中国共产党的领导下，大岭山区掀起轰轰烈烈的农民运动，以人力、物力支援东征军讨伐军阀陈炯明的战争，支援省港大罢工。土地革命战争时期，大岭山区的党组织和人民群众为配合广州起义，在极其困难的条件下，组织一支民众武装。1937年年底，中共东莞中心支部派张英到大岭山区的大沙乡开展工作，组织群众抗日团体，发展一批农民党员，建立中共基层支部。1938年冬，王作尧率领东莞抗日模范壮丁队到大岭山活动，巩固群众基础。

1939年年初，成立中共大岭山区委。1940年6月，大岭山区委组织大沙抗日联防自卫队围追进犯大沙的日军。所有这些，都为创建大岭山区抗日根据地打下基础。

1940年8月，中共东莞县委接到东江特委关于做好准备，迎接曾王部队重返东宝抗日前线的通知。9月，东江特委书记尹林平到大岭山了解情况，指示中共东莞县委和中共大岭山区委做好迎接部队的准备。中共东莞县委书记陈铭炎即与中共大岭山区委一起发动群众，做好迎接部队的工作。首先，向群众宣传党的抗日救国主张，说明部队是人民子弟兵，既抗日又爱民，必须爱护、支持他们，配合他们进行抗日斗争；其次，做好迎接部队的各项准备，如吃、住、用等，尽量给部队提供方便。10月初，尹林平、梁鸿钧、邬强率领广东人民抗日游击队第三大队70多人，携重机枪1挺、轻机枪2挺和步枪数十支，由中共大岭山区委派出的2名党员带路，从宝安县布吉乡挺进大岭山。第三大队到达大岭山区时，中共东莞县委和中共大岭山区委带领群众热烈欢迎子弟兵，为部队烧水做饭，腾出房子支援部队，使部队很快安定下来。当时，部队面临的最大困难是粮食供给，中共大岭山区委发动一些殷实人家借粮，后来又通过税收帮助部队解决粮食供给。

二、黄潭战斗

挺进大岭山的广东人民抗日游击队第三大队，人数少，武器装备差，面对的却是强大的敌人。日军长濑大队及伪军3000余人，分别驻扎在大岭山周围的莞城、石龙、厚街、太平、霄边等镇墟，控制莞（城）太（平）、宝（安）太（平）两条公路交通线。邻近的水乡地区还有刘发如、李潮两股地方势力的武装和伪军，共2000多人。此外，国民党广东省保安第八团和国民党第七战区惠（阳）淡（水）守备区挺进纵队独立第一支队分别盘踞在横沥、樟木头、塘厦等地，控制着广九铁路的中段，并深入到大岭山区的金桔岭、大朗等地。日、伪、顽军及地方反动武装形成对大岭山区的包围态势。

第三大队挺进大岭山不久，驻东莞日军为巩固其占领地区，很快就调集军队进犯大岭山区，企图趁第三大队立足未稳而一举消灭。1940年11月初，驻莞（城）太（平）公路和厚街、桥头村的日军1个加强中队及1个炮兵分队，共200余人，奔袭大岭山区。当天，日军先头部队十余人闯入大迳村。这时第三大队刚从大环村转移到汪潭村，起初以为是来抢劫牲畜、粮食的少量日军。为保护群众财产安全，梁鸿钧命令短枪队队长翟信率队向大迳村出击。大迳村是大岭山区的一个小墟场，与汪潭村相距七八百米。短枪队利用薄雾作掩护，迅速穿过稻田开阔地，冲进大迳村东头，与日军展开激战。不久，大队日军赶到。副大队长邬强命令第一中队队长彭沃带领队伍抢占大迳村南面的高地，以猛烈火力射击大迳村东侧的日军，掩护短枪队撤退。接着，邬强又命令第二中队队长陈其禄率部从汪潭村迎击前来进攻的日军。第三大队指战员英勇作战，打退敌人多次进攻，经过4个小时的反复争夺，控制汪潭村和大迳村的高地，掩护群众安全转移到大岭山。随后，第三大队也撤至汪潭村的后山上。日军闯入汪潭村，烧屋抢劫后，不敢久留，抬着伤亡人员撤走。这场战斗，日军伤亡30多人，第三大队牺牲小队长陈定安及5名战士，翟信、陈其禄、鲁风等人负伤。

这是广东人民抗日游击队重返东宝敌后的第一仗，第三大队以劣势装备英勇抗击日军的进攻，鼓舞人民群众的抗日斗志。战后，中共东莞县委书记陈铭炎率领党员干部到部队慰问，并进一步发动大岭山区群众参军。同时，把群众组织起来，为部队送粮食、送情报、送子弹、送药物，抢救伤员，从各方面支援部队，为开展东莞敌后抗日游击战争，建立大岭山抗日根据地创造有利条件。

三、大岭山抗日根据地的创建

在创建大岭山抗日根据地的过程中，中共东莞县委配合广东人民抗日游击队第三大队，在大岭山区组织群众，武装群众，扩大部队，建立一支主力部队和地方武装相结合的人民抗日武装队伍。

广东人民抗日游击队第三大队挺进大岭山区后，中共大岭山区委和中共香港市委分别动员五六十名农民青年和港澳青年参加部队。东移时留在各地分散隐蔽的干部、战士，也在地方党组织的动员、号召下陆续归队。不到半个月时间，第三大队就发展到近200人，组建2个中队和1个短枪队。在中共东莞县委的动员下，第三大队每次和日伪军作战后，都有爱国青年前来参军。中共大岭山区委各支部一些党员迫切要求入伍，大岭山区各乡村抗日自卫队不断输送优秀队员到部队来。东莞县和水乡、厚街等地的爱国青年，也前往大岭山参加部队，因而队伍不断发展壮大。至1941年5月，第三大队从70多人发展到300多人。

大岭山区委积极配合第三大队，对原有的抗日自卫队加以整顿，并发动青年参加抗日自卫队，动员群众把收藏的武器献出来，送给抗日自卫队使用。经过努力，各村先后组建抗日自卫队。在此基础上，大岭山8个乡都成立脱产的联防抗日自卫队，共500多人，配合第三大队作战。

为使地方党组织更有力地配合部队行动，中共东莞县委在大岭山牛牯岭开办一期区级干部训练班，由县委书记陈铭炎主持，培训党员骨干，加强区一级党的建设。1941年5月，重新建立中共大岭山区委，祁烽任区委书记。大岭山区委管辖范围除大岭山地区外，还包括莞（城）太（平）公路线的怀德等地。广东人民抗日游击队领导机关在大岭山大王岭举办军事训练班，第三、第五大队分批选送班、排干部参加培训，提高干部的政治素质和军事技术。

为统一领导大岭山区的抗日游击战争，开展抗日根据地的建设工作，广东人民抗日游击队组建中共大岭山抗日前线特别区委，曾生任书记。中共东莞县委配合行动，将中共大岭山区委和中共莞太区委合并，改组和加强中共大岭山区委，由黄庄平任书记。第三大队成立民众运动工作部（简称民运部），由叶锋任部长。东莞县委挑选一批地方干部，与部队干部一起，组成民运工作队。在大岭山区委的配合下，民运队向群众宣传抗日，宣传共产党和广东人民抗日游击队的政策和主张，发动群众参加抗日活动。同时，开展建党建政工作。经过几个月的努力，在连平、大沙等乡建立了党支部，在各个乡村发展了一批党员。

民运队还在连平、大沙、大塘、同沙、治平、怀德、杨西、霄边8个乡建立兄弟会、姐妹会、农会等群众抗日团体。在此基础上，这8个乡先后建立乡级抗日民主政权——乡办事处，进而建立全区性的政权机构——连平联乡办事处和大塘联乡办事处，刘荫、张英分别任这2个办事处的主任。抗日民主政府领导农民开展减租减息和生产运动，使农民减轻经济负担，改善生活，增强抗日积极性。在大岭山抗日根据地里，中共东莞县委和第三大队注意执行党的抗日民族战线政策，团结开明人士和上层人士共同抗日，并吸收开明绅士参加抗日民主政权。

中共东莞县委和广东人民抗日游击队第三大队，加强大岭山抗日根据地的宣传和教育工作。1941年1月，中共东莞县委协助第三大队创办《大家团结》油印报。这是抗战时期中国共产党在广东敌后游击区创办的第一份报纸。《大家团结》报为16开版，每星期出版1期，共出版20期，报纸登载新闻电台接收的电讯以及部队和地方干部写的文章。同时，第三大队民运部在各乡村抓好教育工作，白天办日学，晚上办夜校。1941年7月，部队在牛牯岭创办一所干部学校"中山学院"，招收本地中学生和香港、九龙、广州等地来的知识青年入学，仿照陕北公学办学方式，组织学员学习政治、文化、时事政策等。学员经短期学习结业后，分配到部队和地方工作。同年夏，广东人民抗日游击队在大岭山区成立东江文化工作委员会，杜襟南任书记，负责东江敌后抗日游击区的报刊出版和文化教育工作。

经过半年多的艰苦战斗和深入细致的群众工作，大岭山抗日根据地初步建立起来。

四、打退地方顽固势力进犯

黄潭战斗后，广东人民抗日游击队第三大队依托大岭山抗日根据地，不失时机向莞（城）太（平）公路、宝（安）太（平）公路出击，连续袭击厚街、桥头、赤岭、篁村的日伪军据点，惩小汉奸，伏击日军来往军车，破坏日军交通运输和通讯设备，缴获一批武器装备和物资。连续的战斗胜利，大岭山抗日根据地和广东人民抗日游击队声威大振，引起日、伪、顽军的震惊。他们互相勾结，向大岭山抗日根据地发动一次又一次进攻。中共东莞县委及大岭山区委领导抗日自卫队和人民群众，配合第三大队进行艰苦的保卫大岭山抗日根据地的斗争。

1941年3月底，杨西乡、飞鹅岭等乡村的反动地主，在连平乡高田村召开"十乡耆老会议"，谋划组织反动武装，声言要把抗日根据地铲平。会后，这些反动地主勾结盘踞在水乡道滘的地方顽固派武装刘发如部进犯杨西乡，屠杀共产党地方工作人员陈特等5人，史称"杨西事件"。事后，第三大队和抗日自卫队奋起反击，镇压首恶分子，消灭当地反动地主武装。

5月24日，刘发如再出动200人偷袭杨西乡，在当地反动分子引领下，包围第三大队民运队员住地的一座炮楼。民运队员颜剑虹和陈观被俘牺牲。反动武装还追捕杀害多名民运队员。第三大队接到刘发如部进犯杨西乡的情况后，决定自卫反击，保卫大岭山抗日根据地。政治委员尹林平等率领第一中队赶到山门村、飞鹅岭一线投入战斗；大队长曾生率领重机枪排迅速占领山门村制高点，以火力掩护第一中队从正面进攻；副大队长邬强率领第二中队从侧面迂回。中共大岭山区委组织各乡抗日自卫队赶来参战。刘发如部遭到突然打击，丢下十多具尸体和部分伤兵逃窜。第三大队和抗日自卫队一直追到莞城附近才收兵。

刘发如不甘失败，于5月28日又出动200多人，再次进犯杨西乡。第三大队和抗日自卫队在连平一带，分三路与刘发如部展开战斗，将其击退并乘胜追击。此时，奉命前来参加保卫大岭山根据地的第五大队第一中队和重机枪中队，赶到战场支援战斗。这次战斗，毙伤顽固派武装20多人，缴枪20多支。

6月6日，刘发如部对杨西乡发动第三次进攻。由于第三大队早就做好迎战准备，刘发如部稍经接触，即逃回道滘，从此再也不敢来犯。

大岭山抗日军民三败刘发如部后，大岭山抗日前线特别区委派刘荫、张英等地方干部，到杨西乡处理善后事宜，恢复政权和各项工作；警告和处罚有两面派行为的地主；镇压反动势力，平定杨西的暴乱，巩固大岭山抗日根据地。

五、百花洞战斗

1941年6月10日，驻莞（城）太（平）公路线的莞城、厚街、太平、桥头的日军长濑大队400余人，加上部分伪军，分两路袭击大岭山中心区百花洞村，企图摧毁大岭山抗日根据地。日军一路以其主力从莞城向南经上下山门、髻岭、新屋场，直插百花洞；一路从厚街桥头向东经横岗、伯公坳、大环村而来，准备在 11 日拂晓合击百花洞。

日军此次进攻，采取隐蔽突袭战术。当驻莞城、厚街、桥头的日军集中奔向大岭山时，中共东莞县委设在莞城、厚街的情报站，当夜向正在百花洞召开民运工作会议的第三大队大队长曾生报告。其时，政治委员尹林平和副大队长邬强带领领导机关、大队部和第三中队驻大王岭；第二中队驻大环；第一中队驻大沙乡长圳村。曾生得到日军进犯的情报后，立即派人到大王岭向尹林平、邬强通报敌情，准备战斗。6 月 11 日拂晓，第三大队在大环发现日军。曾生、叶锋率百花洞抗日自卫队抢占百花洞西南的制高点，同时派通讯员到大王岭向领导机关报告敌情。领导机关决定出其不意地进行反包围，将敌歼灭。于是，邬强率领第三中队和大王岭一带的民兵，赶到百花洞的后山与曾生会合，设立临时指挥部。作战部署是：彭沃率第一中队从太公岭进至百花洞东侧向敌进攻；符东率第二中队从大环、黄屋向半山靠拢，配合连平自卫队堵截日军向北的退路；邬强、谢阳光率第三中队在百花洞后山一带，从西南方向堵截敌人，并从侧翼支援第一中队。除 3 路合击日军外，还调各乡抗日自卫队和民兵前来参战。

当日军进入游击队和自卫队的埋伏圈时，第一中队首先开枪。刚刚赶到太公岭制高点的大沙乡抗日自卫队，也架起重机枪支援第一中队。在密集的枪声中，骑马的日军军官及几名日军士兵同时被击倒。日军一时失去指挥，队形大乱，一部分向村子左侧的荔枝园冲去，企图占领制高点，另一部分卧倒在田沟里负隅顽抗。

谢阳光率领第三大队第三中队进入阵地，以重机枪火力支援第一中队作战。符东率领第二中队在半山与连平自卫队取得联系，从北面封锁敌人。张英在太公岭指挥大沙乡和连平乡的民兵配合部队作战，将进入百花洞的日军分割包围起来。百花洞附近太公岭、髻岭等乡村的自卫队和民兵赶来参加战斗。他们凭借熟悉地形的优势，迅速占领制高点，向日军发起猛烈攻击。在第一中队和太公岭抗日自卫队密集火力掩护下，第一中队第一小队长杨仰仁率一队战士突过日军封锁的开阔地，冲到荔枝园与日军展开白刃战。第一中队和太公岭抗日自卫队迅速占领了荔枝园和百花洞村北角，用火力压住小高地上的日军。

与此同时，驻在附近的广东人民抗日游击队第五大队第一中队和重机枪中队，以及大塘、治平、杨西、同沙等乡抗日自卫队也投入战斗。从髻岭、连平、大环到百花洞、太公岭一带起伏的山头上，全是抗日队伍，把日军包围起来，不断射击。附近几个村的群众也纷纷出动，拿着看家护村的武器或锄头、扁担等工具，登上各个山头，敲锣打鼓助威，在铁皮桶里燃放鞭炮，吓唬日军。枪声、手榴弹声、喊杀声、锣鼓声和鞭炮声，响彻田野山间。各乡群众还冒着日军炮火，运送弹药，送水送饭，抢救伤员，全力支援游击队和自卫队作战。

日军被包围后，疯狂反扑。由于周围山头都有游击队、自卫队和群众，日军分辨不清目标，胡乱向有人的山头开枪、开炮，同时向髻岭、连平和大环方向发动一次又一次的冲锋，企图夺路逃命。当天下午，日军两次施放烟幕弹掩护逃跑，反而暴露目标，被第三大队和抗日自卫队盯住开枪射击。日军发现退路被切断，只好在荔枝园北面的小高地和西北面的山地挖掘堑壕，固守待援，并且放出军鸽向日军联队部求援。这只军鸽飞到大沙乡时，被大沙抗日自卫队打下来，捆绑在军鸽上的求援信和作战图被缴获。入夜，日军收缩队伍，集中在百花洞荔枝园北面的小高地上。第三大队组织小分队及民兵轮流袭扰日军，使日军整个晚上心惊胆战。第二天上午，日军又组织几次突围，但在抗日军民的顽强阻击下，均没有成功。下午 4 点多，日军从广州、莞城、石龙出动步兵、骑兵 1000 多人前来救援，被困的日军在炮火和烟幕弹的掩护下夺路逃脱。一股日军在逃窜时被冲散，其中 3 人逃至大迳村的稻田里，被抗日自卫队击毙。

百花洞战斗持续两天，毙伤日伪军五六十人（其中击毙日军大队长长濑），缴获长短枪十余支及弹药辎重一批。抗日游击队和抗日自卫队伤亡十余人。战后，大岭山抗日根据地军民在连平墟举行祝捷大会。

六、粉碎国民党顽固派的军事进攻

广东人民抗日游击队重返惠东宝敌后，积极开展抗日游击战争，并在艰苦斗争中发展壮大，惠东宝抗日根据地得到不断巩固和扩大。对此，广东国民党顽固派十分惊恐，不断向东莞大岭山等抗日根据地发动进攻。大岭山抗日根据地军民坚决执行抗战、团结、进步三大方针，进行艰苦的自卫反击作战，多次击退国民党顽固派的进攻。

1941 年 1 月，驻大朗顽军 1 个中队，进入大岭山区骚扰和抢掠。广东人民抗日游击队第三大队迅速出击，消灭顽军一部，并将其击溃。3 月初，驻樟木头的顽军广东省保安第八团的 1 个营突袭大岭山区连平乡。连平乡各村抗日自卫队自动集合迎战，驻大环村的广东人民抗日游击队第三大队第二中队闻讯立即出去援助，击退顽军的进攻。

6 月 1 日，驻观澜顽军第七战区东江游击指挥所游击纵队 1 个大队，向大岭山大塘村扑来，企图一举消灭第三大队主力和领导机关。第三大队给来犯者以反击。第五大队第一中队和重机枪队以及各乡抗日自卫队，也配合第三大队作战，占领有利地形，对顽军形成包围合击之势。顽军慌忙撤出战斗，逃回观澜。

七八月间，广东国民党顽固派密令驻惠东宝地区的顽军，进攻广东人民抗日游击队。第三大队获悉这一情报，立即作出部署，要求根据地抗日军民，迅速做好粉碎顽固派军事进攻的准备。

顽军首先把进攻矛头指向宝安阳台山抗日根据地。8月下旬至9月初，顽军两次进犯龙华乡。第五大队和抗日自卫队奋起反击，将其击退。与此同时，第三大队第一中队和第二中队，主动攻击莞（城）樟（木头）公路重镇大朗的顽军1个大队，歼灭顽军1个主力中队，迫其3个小队投诚，缴获重机枪1挺，步枪数十支。第三大队乘胜沿广九铁路南下，出击塘厦、林村，再歼灭顽军1个中队，直逼顽军据点观澜，支援第五大队的反顽军作战。进犯阳台山的顽军在第三大队和第五大队的反击下，只好退回驻地。第三大队第一、第二中队转回大岭山抗日根据地，准备反击顽军的进犯。

9月中旬，中共东莞县委获悉顽军准备进犯大岭山抗日根据地的情报，派人到大岭山通知第三大队和中共大岭山区委。第三大队和中共大岭山区委立即在党政干部中进行反顽斗争的动员，并由报社印发大量反顽斗争的标语、传单，揭露国民党顽固派暗中勾结日伪军，进攻人民抗日武装的罪恶行径，号召全区人民团结战斗，制止内战。同时，动员和帮助群众进行疏散。

9月下旬，顽军先以小股武装对大岭山进行试探性进攻。9月21日清晨，顽军1个大队从观澜扑向大岭山区，占领大塘村后，3次进攻大王岭，都被广东人民抗日游击队第三大队击退。当天下午，第三大队进行反攻，固守大塘的顽军慌忙撤到金桔岭据点。

10月4日，顽军集中广东省保安第八团及第七战区东江游击指挥所游击纵队3个大队、1个炮兵连共1500余兵力，向大岭山抗日根据地发动大规模的进攻。顽军兵分两路：一路由观澜经大塘向大王岭进犯；一路由金桔岭经连平向大王岭进犯。当天，顽军进占大塘和连平。第二天，顽军分三路从大塘、连平、太公岭向大王岭合击。第三大队的 3 个中队和连平乡抗日自卫队，在大王岭至大环的山上与顽军展开激战。第一中队在大王岭后山占领阵地，担负保卫领导机关的安全和掩护群众疏散任务。第二、第三中队在南北两侧钳制两路顽军。第一中队阻击从瓮窑村扑来的顽军，掩护领导机关和群众转移后，退守更鼓楼山，然后由第一小队坚守，掩护第二、第三小队转移。第一小队队长杨仰仁指挥队员打退顽军的多次冲锋。受命转移时，杨仰仁和文化教员颜金榜中弹负伤，因流血过多而牺牲。连续 3 天的战斗，部队受到一些损失。于是，第三大队决定改用小部队和抗日自卫队在大岭山坚持内线作战，牵制顽军，主力则转移外线作战，开赴宝安与第五大队会合，集中兵力打击顽军的后方，务求粉碎顽军对东莞大岭山区的进攻。根据这一决定，邬强率领第二中队留下，在内线坚持战斗，梁鸿钧、曾生率领第一中队、第三中队和短枪队转移到宝安。但外线作战部队捕捉不到战机，因而未能达到从外线出击顽军，调动顽军撤出大岭山抗日根据地的目的。至此，大岭山抗日根据地被顽军占领。

顽军占领大岭山区连平、大沙、同沙、大塘等乡村后，当地一些反动地主、反革命两面派，组织反动联防队，恢复保甲制度。顽军在地方反动势力配合下，天天出动"围剿"，捕杀抗日游击队员、共产党员、地方干部和抗日积极分子五六十人，烧毁房屋500 多间，抢走耕牛 200 多头、其他财物一大批。

10 月 10 日，连平乡办事处主任刘荫以及地方干部谭家驹、陈柏昌、黄坚等 7 人，在连平布置抗击顽军的工作后，向厚街方向转移。由于奸细告密，他们到达治平乡绒旗墩村后，被村里的反动武装围捕，有的被装进麻袋抛下山坑的深潭，有的被活埋在山洞里。设在绒旗墩的第三大队医务所也遭到顽军袭击，十余名医务人员和伤病员英勇搏斗后被俘，被顽军活埋在山洞里。从香港回来参加抗日斗争的"革命母亲"李淑桓，也被顽军逮捕杀害于金桔岭。

中共大岭山区委转移到虎门，继续领导大岭山区群众斗争。邬强率领第三大队第二中队在大岭山西部地区坚持活动。他们分成若干小分队，深入莞太、宝太公路交通线敌占区，袭击日伪军据点和来往军车，把敌后区变为游击区，并到大岭山以东地区出击小股顽军。在地方党组织的领导下，大岭山抗日根据地和敌占区群众，在极端困难的情况下，继续大力支持抗日游击队，掩护部队的伤病员，秘密送粮食、送情报，帮助部队解决困难。百花洞有一名十多岁的女孩，以上山割草为掩护，连续20多天给隐蔽在马山庙石洞的第三大队情报员送饭。

1941年11月下旬，大部分顽军从大岭山区撤走。广东人民抗日游击队第三大队、第五大队一部返回大岭山区，打击当地反动势力。12月上旬，游击队再一次分散活动，邬强率领第三大队第二、第三中队在大岭山抗日根据地继续坚持斗争，其余部队转移到宝安阳台山区。

第四节

恢复大岭山抗日根据地

一、成立东江军政委员会

在敌后抗战的严峻形势下，1942年1月下旬，中共南方工作委员会副书记张文彬到东江视察广东人民抗日游击队，并在宝安县白石龙村主持召开干部会议。会议肯定三年来开展敌后抗日游击战争的成绩，总结东莞大岭山抗日根据地受到挫折和损失的教训，明确提出要坚持敌后游击战，灵活运用游击战术，避敌锋芒，攻敌弱点，避免打硬仗和消耗仗。会议对斗争形势作了全面分析，指出只要依靠党，依靠群众，定能冲破日、伪、顽的夹击，迎来更大的胜利。

为加强和统一领导东江地区敌后抗日战争，白石龙会议根据中共南方工委的决定，成立东江军政委员会，由尹林平任主任；同时成立广东人民抗日游击总队，梁鸿钧任总队长，尹林平任政治委员，曾生任副总队长，王作尧任副总队长兼参谋长，杨康华任政治部主任。总队设总队部（参谋处）、政治部和军需处。部队进行整编，成立1个主力大队和4个地方大队；以原第五大队为基础成立主力大队，仍称第五大队，王作尧兼任大队长，卢伟良任政治委员，周伯明任副大队长；其余4个地方大队分别为第三大队、惠阳大队、宝安大队、港九大队。第三大队仍为在东莞地区活动的原第三大队，曾生兼任大队长，陈志强任政治委员，翟信任副大队长。

根据新的斗争形势，东江军政委员会决定撤销东江前线特委，在东（莞）宝（安）前线地区成立中共东（莞）宝（安）临时工作委员会（简称东宝临工委）；又决定把地方党组织划分为一线、二线。一线的主要任务是支援。配合部队作战，打击敌人，壮大自己；二线的主要任务是隐蔽下来，进行秘密斗争，保证二线党组织的安全。随后，刘汝琛、王士钊到东莞，向中共东莞县委书记陈铭炎传达东宝临工委的成立情况和东江军政委员会的要求，共同研究东莞党组织的划分问题，决定凡已公开的、暴露的党员和组织，统归一线领导，没有暴露的党员和组织归二线领导。根据东莞地区辽阔，各地政治地理条件不同的情况，东宝临工委又决定把东莞一线组织划分为前线县委和一线、二线后方县委。1942 年 7 月，中共东莞前线县委在万江成立，黄庄平任县委书记，辖大岭山区、莞太公路沿线和水乡，下分大岭山、厚街、杨西、太平、水乡 5 个区；同月，中共东莞一线、二线后方县委分别在东坑、温塘成立，其中一线县委由莫福生任书记，辖广九铁路两侧地区，下分清溪、大朗、常平 3 个区；二线县委由陈铭炎任书记，辖太平、厚街、常平、水乡、清溪 5 个区。

二、再次挺进大岭山

1942 年春节过后，国民党第七战区司令长官余汉谋奉蒋介石之命，召开广东"绥靖会议"，声称限期 3 个月内消灭活动于东江的广东人民抗日游击总队，先后出动 5000 多人向宝安阳台山抗日根据地发动进攻。

为减轻阳台山抗日根据地的压力，并恢复大岭山抗日根据地，1942 年 6 月下旬，广东人民抗日游击总队决定由梁鸿钧、王作尧、杨康华、邬强率领主力大队和惠阳大队挺进东莞，会同第三大队集中兵力打击盘踞大岭山抗日根据地附近的顽军。6月25日，部队到达大岭山区的大王岭、百花洞、大环村一带。中共大岭山区委派出民兵20多人随部队行动。26日，第三大队第二中队诱敌至大环村以东，担任阻击任务的主力大队和惠阳大队立即展开反击，并将敌赶至金桔岭。27日，顽军从金桔岭向大朗方向撤退，游击队继续追击，与前来增援的顽军广东省保安第八团展开激战，将其打退并毙伤50余人。当天晚上，广东人民抗日游击总队主力转移到大岭山西麓的水口庙休整待机，留下部分部队在大环警戒掩护。顽军在拂晓前包围大环。游击队在突围中受到一些损失，随军行动的中共大岭山区委委员李守仁在突围中牺牲。29日，主力大队和惠阳大队在红山又与顽军激战，打退顽军几次进攻，毙伤顽军多人。随后，部队转入追击，把顽军赶走。

战后，主力大队和惠阳大队转移至外围作战，第三大队仍留在大岭山根据地开展工作。6月底，广东人民抗日游击总队领导重新分工：尹林平、梁鸿钧、杨康华率总队部留在宝安，并直接领导宝安地区的工作；曾生回到坪山，负责惠宝边区和港九地区的领导工作；王作尧负责东莞、增城的领导工作。同时，决定邬强接任第三大队大队长，卢伟如任第三大队政治委员。

1942年下半年，在大岭山区杨西、治平、怀德、霄边等乡抗日自卫队的配合下，邬强、卢伟如率领广东人民抗日游击总队第三大队，打了一系列小胜仗，不但牢牢控制着大岭山西部地区，而且向北伸展到东莞县城附近和莞（城）樟（木头）公路西段，向西南深入到太平、厚街的敌占区，还不断派出小分队到大岭山东部地区活动，打击反共联防队。

11月21日，驻人朗、金桔岭的顽军第六十五军一八七师出动1个团的兵力，经莲花山出怀德，向驻莞太公路北栅附近的第三大队第一中队进攻。中队长黄布率队与顽军先头连战斗1个小时，杀伤一些顽军后，转移到大宁村。顽军沿着莞太公路向太平方向追赶游击队。此时，驻太平的日军听到枪声，出动1个中队乘汽车从北栅开来，正好与顽军先头连遭遇。日军占据公路桥头的有利地形，用火力把顽军压制得进退两难。第三大队第一中队以民族利益为重，派出机枪班由大宁出北栅，迂回到日军侧后方实施攻击，迫使日军向后撤至官涌坳。此时，被困在公路上的顽军才得以脱险，逃至北栅。随后，顽军1个团开到北栅。日军从莞城等地调集1个大队，分乘10辆卡车疾驰而来，分路包抄北栅顽军。顽军撤离北栅，往怀德方向逃跑。日军在炮火掩护下急追。傍晚，第三大队第一中队趁日军在北栅做饭之机，突然发起袭击，日军10分钟后才得以组织火力反击，第一中队随后撤出战斗，日军也撤走。在这两次对日军攻击中，第一中队共毙伤日军30多人，收缴军需品一批，还收容几名顽军伤兵。

从此，顽军在这个地区"清剿"的锋芒顿挫，日伪军也不敢轻易离开据点。莞太公路沿线各乡群众和开明绅士，更加坚决支援抗日游击队。第三大队抓住有利形势，在地方党组织的配合下，积极开展活动。至1942年年底，逐步控制整个大岭山区，大岭山区根据地又回到抗日军民手中。

三、主动攻击日伪军

1943年春，广东人民抗日游击总队第三大队攻击莞太公路两侧的伪军，并挺进莞樟公路两侧，深入温塘一带袭击日伪军，在莞城附近发动群众，开辟新区。2月20日，第三大队在莞太公路线抗击日军进攻，毙伤日军37人。

4月，日军部署在东莞城区和莞太公路两侧全面"清乡"，任命土匪头子、汉奸张葵寿为"清乡委员会"主任。东莞各地党组织发动群众，积极做好反"清乡"的准备工作。广东人民抗日游击总队政治部派出锄奸队潜入东莞县城，在地方党组织协助下，惩处张葵寿等汉奸，打乱了日军的"清乡"计划。同月，东宝地区"清乡工作团"到达东莞，企图配合日军进行"清剿"。打进"清乡工作团"任组长的地下党员王泽棠，及时把"清乡工作团"对各根据地"清乡"方案交给地方党组织，再由党组织转送部队，从而粉碎日伪军一次又一次的"清乡"。

第三大队于 5 月 10 日转到宝太公路线活动，出击伪军第三十师据点霄边，毙伤伪军连长以下官兵 30 余人。18 日，又出击怀德伪军麦定唐部，毙伤伪军 20 余人。

7 月 5 日晚，大岭山根据地出动民兵 200 多人，协助第三大队袭击驻东莞篁村的伪军 1 个连。月底，第三大队主力袭击驻茶山墟的 1 个伪军中队，并击退顽军第十二集团军独立第九旅 1 个营及第七战区惠淡守备区挺进纵队独立第一支队 2 个大队。

8 月，第三大队攻打虎门伪军联防大队的据点北栅，俘敌 60 余人，缴获轻机枪 2 挺、长短枪 30 余支。北栅战斗胜利后，第三大队在治平乡休整。顽军独立第九旅 1 个营和挺进纵队独立第一支队 2 个大队，分别从大朗、金桔岭向治平乡进犯。第三大队和抗日自卫队经一天激战，击退顽军，毙伤顽军 40 余人。

10 月 22 日，第三大队第三中队和手枪队及爆破班在莞（城）石（龙）路沙岭，伏击前往石龙视察的大汉奸汪精卫之妻陈璧君和伪广东绥靖公署少将黄克明及其护送的车队，击伤陈璧君，毙伤日伪军十余人。10 月 23 日，第三大队夜袭宝太公路线的大宁，歼灭伪广备军 1 个团部，击毙伪军少将参谋长。

东莞地方党组织协助广东人民抗日游击总队，向伪军展开政治攻势，瓦解伪军。对可以争取的伪军，进行教育，争取他们起义或投诚。1943 年 9 月 4 日，伪军第三十师 1 个连在连长李正率领下，向广东人民抗日游击总队第三大队投诚。驻莞太公路线厚街的伪军第三十师八十九团代理团长兼第一营营长梁德明，经过广东人民抗日游击总队的争取教育，于11月8日率领伪军第一营和1个机炮连，开到横岗与抗日游击队会合，宣布起义。

经过一系列战斗，东莞敌后抗日游击战取得主动权，大岭山和阳台山这两块抗日根据地连成一片，威胁日军控制的广九铁路。

四、打破日伪军"万人大扫荡"

1943年，日军为了支持太平洋战争和准备以中国大陆作为垂死挣扎的基地，急需打通平汉、粤汉和广九铁路，以及巩固广州和香港两个中转站。为此，日军发动打通广九铁路线的战役。这个战役分为两个阶段：第一阶段，占领广九铁路沿线各据点，打通广九铁路；第二阶段，"扫荡"东宝抗日根据地，消灭广东人民抗日游击总队主力，以巩固其占领铁路的据点，保障广九铁路正常通车。

11月11日，日军第二十三军一〇四师团开始向广九铁路沿线发动进攻。国民党第十二集团军独立第九旅、第七战区惠淡守备区挺进纵队独立第一支队撤退。日军占领广九铁路中段沿线的常平、樟木头、塘厦、天堂围、平湖等地。至此，东莞全部沦为敌占区。

日军占领广九铁路沿线各站后，即向东莞大岭山、宝安阳台山抗日根据地发动"扫荡"。17日，日军第一〇四师团1个联队，驻莞城、石龙、太平的日军以及伪军第三十师等9000余人，向大岭山区发动所谓"万人大扫荡"。11月18日，日伪军对大岭山区进行分路合围，常平、樟木头、塘厦的日伪军进至梅塘、公明墟、大朗、连平、金桔岭、牛牯岭一线，并向大王岭、百花洞、大环推进；厚街桥头的日伪军进至大迳、新围、黄潭；太平的日伪军从怀德、霄边向莲花山、杨屋村进犯。

18日拂晓前，太平方向的一路日伪军借大雾掩护向怀德推进，企图偷袭第三大队驻远丰的第一中队，然后与其他几路日伪军合围大岭山。第一中队在远丰村前与敌遭遇，中队长黄布果断命令突击班抢占村东侧制高点，掩护中队占领后山。突击班在班长张喜率领下，冲过日伪军火力封锁区，抢占制高点，向远丰村进逼。突击班击退日军一次又一次疯狂进攻，毙伤日军20多人，并与冲上来的日军展开白刃战。班长张喜、副班长莫润南等6人牺牲。中队主力在远丰北面山地阻击日军，午后撤至大岭山北侧与大队主力汇合。这次战斗，第一中队毙伤日军50余人。

太平方向的另一路日伪军，于拂晓进抵莲花山南侧，与返回宝安途中的广东人民抗日游击总队主力珠江队遭遇。珠江队杀伤日伪军十余人后撤出战斗，转回大岭山。与此同时，广东人民抗日游击总队第三大队在连平、百花洞方向的部队，也与日伪军接触战斗后撤到大岭山。当天中午前，第三大队、珠江队和抗日自卫队共1000多人，被日伪军包围在纵横仅有十余千米的大岭山上。日伪军封锁所有交通要道，在大岭山周围的大塘、大王、瓮窑、百花洞、大环、黄潭、大迳、张家山、远丰等山边大小村庄驻扎扼守，设岗放哨，形成"铁壁合围"态势。同时，日军派出3架飞机绕着大岭山上空侦察，不断发动信号弹指示进攻方向，并撒下"劝降"传单。

在日伪军重重包围下，广东人民抗日游击总队以王作尧为首的几位部队主要领导人，研究制定突围作战方案：（1）突围时间为当天夜晚；（2）立即派出侦察兵化装侦察，把日伪军合围的兵力部署情况，尤其是把日伪军的接合部、薄弱点弄清楚，以选择突围路线；（3）抗日自卫队和群众离开大岭山，转移到山下周围的甘蔗地，实行坚壁清野。

19日晚，中共大岭山区委组织民兵安排群众疏散后，部队由当地党员和民兵带路，分三路突围。第一路从老虎岩经伯公坳，翻过水濂山，通过大雁塔，绕过敌人的封锁线，前往赤岭的大圳埗村甘蔗林隐蔽；第二路避开大道、村庄和敌人哨所，沿日伪军烧着的火堆外围，穿过大雁塘、榕树界之间的山路，转移到附城的温塘乡；第三路沿大迳、张家山的小河沟，向南转移到莞太公路线的桥头、双岗地区。突围部队在夜幕掩护下，突出重围，到达预定地点。

20日拂晓，日伪军在飞机和大炮配合下，分路攻上大岭山，进行反复搜索，结果扑空。

部队突围后，采取"敌进我进"作战方针和战术行动。王作尧和彭沃率领珠江队返回宝安，进击广九铁路两侧，牵制和威胁东莞日伪军。第三大队主力以温塘为基地，挺进莞樟线，出击茶山、常平等火车站，破坏广九铁路交通和通信联络设施，第三大队第一中队和短枪队，以水濂山为基地，向莞太公路线地区日伪军出击。短枪队进入莞城捕杀汉奸、散发传单、炸毁附近的公路桥梁。第一中队在水濂山、伯公坳伏击日军，并围困大岭山区的日军据点；在莞太公路线击溃水乡伪军1个团，俘1个排。莞太公路线的党组织发动民兵和群众投入反"扫荡"斗争。莞太公路线民兵在一夜之间，把从赤岭到白濠路段的日军电话线路全部毁掉，并把电线杆和电话线一齐运走。虎门地下党组织乘虎门日军倾巢出动到大岭山"扫荡"之机，指挥党员和抗日大同盟盟员，不断骚扰和袭击虎门日军据点。龟缩在虎门据点的日军，只好放信鸽向正在大岭山"扫荡"的日军告急。

至12月初，在宝安阳山台根据地活动的宝安大队、珠江队和抗日自卫队，打退日伪军多路围攻，有力地配合东莞大岭山根据地的反"扫荡"斗争。至此，东莞抗日军民取得打破日伪军"万人大扫荡"的重大胜利。

五、东江纵队成立

东江人民抗日武装自 1938 年建立之日起，就在中国共产党的领导下，坚持敌后抗日游击战争。但当时由于客观条件的限制，未公开中国共产党的领导和部队的名称。1943 年 7 月 10 日，中共广东省临时工作委员会书记尹林平致电中共中央南方局，请求公开部队面目。8 月 23 日，新华社在延安《解放日报》发表的《国共两党抗战成绩的比较》和《中国共产党抗击的全部伪军概况》中，第一次向全国和全世界宣布广九铁路地区有中国共产党领导的抗日游击队抗击日伪军。随后，中共中央根据形势的发展和斗争的需要，指示将广东人民抗日游击总队的番号改称为广东人民抗日游击队东江纵队，发表成立宣言和领导就职通电，公开宣布接受中国共产党的领导。

根据中共中央的指示，1943 年 12 月 2 日，广东人民抗日游击队东江纵队（简称东江纵队）公开宣布成立。曾生任司令员、尹林平任政治委员、王作尧任副司令员兼参谋长、杨康华任政治部主任。发表《广东人民抗日游击队东江纵队成立宣言》，宣告东江纵队是人民的子弟兵，坚持拥护中国共产党的政治主张，接受中国共产党的领导，坚持团结抗日的政策，为打败日本帝国主义，建设独立自由幸福的新中国而奋斗。东江纵队成立的消息，迅速传遍东江两岸，极大地鼓舞广东敌后的抗日军民。1944 年元旦，惠阳县坪山、宝安县龙华、东莞县大岭山分别召开群众大会，庆祝东江纵队成立。

东江纵队成立时，下辖 7 个大队：独立第二大队、第三大队、第五大队、惠阳大队、宝安大队、护航大队、港九大队。共 3000余人。第三大队由在东莞地区活动的广东人民抗日游击总队第三大队改编而成，邬强任大队长、卢伟如任政治委员。东江纵队第三大队在东莞地区开展扩军活动时，东莞各级党组织积极配合，发动青壮年民兵参军，并把优秀党员、干部输送到部队中去，其中东坑的党组织于1944年春就动员200多名青壮年参军。因此，第三大队兵员不断增加。1944年2月，东江纵队司令部以第三大队为基础，抽调脱产的抗日自卫队和起义部队扩编为三个大队，即第三大队、东莞大队和铁东大队。新编的第三大队，仍由邬强任大队长，卢伟如任政治委员，作为纵队直接指挥的主力部队；东莞大队由张英任大队长，黄业任政治委员，黄布任副大队长，史明任政治教导员，部队活动于莞太、宝太公路沿线和大岭山一带；铁东大队由谢阳光任大队长，何清任政治委员，活动于广九铁路石龙至樟木头段以东的石排、企石一带。

第五节

根据地反攻和迎来抗战胜利

一、打击广九线日伪军

日军在 1943 年冬对东宝地区的大"扫荡"被打破后，为确保广九铁路畅通，1944 年春，派重兵驻守广九铁路沿线据点。东江纵队派主力第五大队、第三大队和独立第三中队（代号飞鹰队）挺进广九铁路樟木头至平湖段的两侧，在地方党组织和群众配合下，频频向广九线上的日伪军出击，并与日伪军展开通车和反通车的斗争。

1 月 11 日，第三大队出击广九线日伪军的主要据点常平车站，全歼伪军第三十八师八十八团 1 个连，缴获长短枪 30 支。在东江纵队的不断打击和争取下，驻常平伪东路军国民自卫军暂编第一团携械投诚。平湖是广九线日军的另一个重要据点，东江纵队多次对其进行袭击。平湖地区的党组织，发动山下村、木古村和朱江岭等地党员、情报站人员、民兵和群众，积极配合东江纵队进行对敌斗争。1 月 21 日，平湖站日军数十人到虾公潭村烧杀掳掠，将全村青壮年关闭在一间房里，向里面施放毒气。东江纵队独立第三中队闻讯立即赶往营救，击退日军，解救垂死的群众。日伪军屡受打击后，不敢轻易下乡抢掠。清塘区党组织不失时机地组织工作队，发展党员，发动群众参军，扩大民兵组织，并发动当地民主人士，建立抗日民主乡政权，开辟塘沥、凤岗地区抗日根据地。2月15日，东江纵队独立第三中队在平湖附近的凤凰山顶袭击日军班哨，击毙日军8人，缴获轻机枪1挺、步枪6支。29日，又在平湖地下党员协助下，夜袭伪平湖区公所，俘伪区长等23人，缴枪33支。

2月下旬，东江纵队在广九铁路中段全线开展破袭战，破坏铁路，阻断日军交通。2月27日，驻樟木头的日军加藤大队川口中队100余人占领清溪，拉民夫砍树做枕木以修复铁路。东江纵队独立第三中队奉命北上赶到清溪地区，阻止日军修复铁路。3月初，中队长何通率5名短枪队员，化装成赶墟的群众，在清溪以东约5千米的钳口赍茶亭袭击正在那里砍树的日军，击毙日军8人，击伤1人，击毁汽车3辆，缴获步枪1支。此后，独立第三中队自制地雷，伏击继续在那里砍树的日军，使日军砍倒的树越来越少。清溪、樟木头一带的地方党组织，也发动群众配合部队破坏日军砍树。白天，被日军强迫去砍树的群众故意怠工；夜晚，群众把砍下的木材锯断，使其不能成为枕木。

广九线上的日伪军遭到连续打击后，不甘心失败，企图消灭东江纵队主力，确保广九铁路的畅通。3月31日，驻大朗的伪军第四十五师一三四团1000余人，在广九铁路西侧进攻驻梅塘乡黄猄坑的东江纵队第三大队。第三大队在东南和西南山地待机阻敌。阻击战打响后，驻长山口的东江纵队第五大队从侧翼发起攻击，配合第三大队作战。梅塘地区的抗日自卫队也随主力出击。当地党组织发动群众，冒着枪林弹雨，送茶水、救伤员。伪军在黄猄坑扑空后，慌忙向北撤退。第五大队、第三大队分别从黄猄坑东西两侧发起反击，对敌形成钳形攻势。战斗进行到下午，第五大队以1个中队从黄江墟向敌侧后迂回，截断伪军退路，在黄猄坑以北地区歼敌2个连，并追至河边。伪军阵脚大乱，逃回大朗。

日伪军遭受沉重打击后，伺机报复。5月7日，驻樟木头的日军加藤大队出动 500 余人，偷袭驻梅塘乡龙见田村的东江纵队领导机关和第三大队。这时，东江纵队第三大队、第五大队和东莞大队，集结梅塘地区整训。纵队领导人王作尧、梁鸿钧、杨康华，均在梅塘乡龙见田村领导部队整训工作。5 月 8 日拂晓，日军先头部队进至龙见田村左侧，企图占领附近的马山，突袭东江纵队。王作尧和邬强发现敌情，当即命令正在出早操的第三大队独立中队，掩护纵队领导机关转移。独立中队第一小队抢占马山尾指挥作战。驻长山口的东江纵队第五大队，听见龙见田村方向枪声，迅速作出战斗部署：第一中队占领龙见田村东北面的象山；第二中队监视东西一线；第三中队占领龙见田村东面的猪肝山。与此同时，梅塘地区的党组织发动民兵配合作战。长山口 60 多岁的民兵队长叶常柏，带领民兵抬着土炮到阵地参加战斗。

马山是控制龙见田村的制高点，敌我双方展开激烈的马山争夺战。第三大队独立中队第一小队从西面抢占马山头，日军则从东面登山。第一小队先于日军到达山顶，集中火力把正爬上山顶的日军压下去。上午 7 时，日军在炮火的掩护下，分二路向马山头进攻。第一小队连续打退日军 4 次冲锋，保证东江纵队领导机关的安全转移。第五大队不断以火力威胁日军的左翼，支援马山战斗。第一小队在马山头从早上一直坚持战斗到中午，伤亡较大，于是撤退到马山尾。下午 1 时许，日军准备撤退。东江纵队指挥员布置部队展开反击战，东莞大队从正面出击，由田心直插龙见田北对面山、平点山；第五大队从猪肝山、象山迂回，形成半月形包围，把敌围困在马山北侧。日军多次冲锋，企图抢占制高点，但在东江纵队的火力压制下，未能得逞。下午 3 时，日军两次施放烟幕弹，企图撤退，但未能成功。战斗持续到黄昏，最后日军由汉奸引路，从山边小路撤走。梅塘之战，日军伤亡近百人，撤回樟木头后士气低落，大队长加藤及以下官兵十多人剖腹自杀身亡。东江纵队也伤亡较大，第三大队独立中队伤亡 30 多人，中队政治委员李忠（钟若潮）牺牲，中队长黎汉威负伤；第一小队指战员大部分牺牲。

5 月 13 日，东江纵队独立第三中队在清溪西南的榄树头，伏击日军川口中队砍伐枕木的 1 个班，毙伤敌 7 人。

5 月 14 日，日军藤本大队 500 余人，分五路合击驻黄洞的独立第三中队。独立第三中队各小队交替掩护杀出重围，激战中毙伤日军十余人。独立第三中队小队长等数人负伤。随后，独立第三中队抓住战机，袭击清溪墟的伪联防中队和伪税警队，俘虏伪联防中队队长及以下大部分官兵，击毙伪警队队长，缴获长短枪 50 余支。日军川口中队见伪军被全歼，只好于 6 月 7 日撤出清溪。清溪获得解放。中共清溪区委及所属各支部，及时动员群众参军，扩展部队、民兵和农会，逐步建立各乡抗日民主政权，建立清塘地区抗日根据地。

7 月 22 日凌晨，独立第三中队在抗日自卫队配合下袭击平湖车站附近的谭屋村伪警察中队，俘其中队长及以下官兵 40 余人，毙伤敌 40 余人，缴获长短枪 70 余支。全歼谭屋村伪警察中队后，独立第三中队立即向雁田方向撤退。担任尖兵的少年班到达老虎山下沙岭附近时，与日军藤本大队主力 400 余人遭遇。日军占领有利地形，以猛烈火力把独立第三中队压制在一片开阔地里，并向老虎山迂回，形势十分危急。班长黄友立即指挥全班战士，抢占一条较高的堤围阻击日军进攻，掩护中队主力撤出开阔地。战斗中，战士傅天聪、尹林、赖志强、李明相继牺牲，只剩下班长黄友 1 人。黄友身负重伤，大腿被打断，仍不顾伤口流血，只身趴在地上英勇阻击日军。他把文件撕碎连同驳壳枪塞在稻田里，然后用尽全身力气向冲上来的日军投出最后一颗手榴弹，而他不幸被敌人的子弹击中胸部，壮烈牺牲。老虎山之战，毙伤日军 40

余人；独立第三中队牺牲 8 人、伤 10 人。

为表彰黄友班的英雄事迹，东江纵队把独立第三中队少年班命名为"黄友模范班"，授予黄友"抗日英雄"称号。同时，向中共中央军委报告。中共中央军委电复追认黄友为"广东人民抗日游击战斗英雄""中国共产党模范党员"。同年 12 月 23 日，延安《解放日报》以《东江纵队五少年英雄以一当百光荣殉国》为题，报道东江纵队攻入平湖及黄友班的英雄事迹。

二、挺进铁东地区和水乡

东莞县铁东地区，是指东江以南、广九铁路以东，两线交于石龙，沿江上溯至桥头，沿铁路南迄石马这一长三角形地带。日军打通广九铁路后，暂时停止军事进攻，铁东地区便成为顽军与伪军和平共处之地。

1944 年 2 月，东江纵队铁东大队成立后，由政治委员何清率 1 个中队向大洲、石水口、谢岗、桥头、企石、石排等铁路以东地区挺进，开展游击战争；大队长谢阳光则带领短枪队和数十名新战士在横沥、东坑、大朗一带活动。2 月 4 日，他们首先袭击广九铁路横沥车站的伪联防队，全歼敌 30 多人。随后，在当地党组织的配合下，动员一批青年农民、学生参军，扩编 1 个中队。1944 年春节后，谢阳光、何清率领的 2 个中队汇合，跨过铁路插入铁东地区开展活动，先后歼灭企石伪联防队，摧毁企石伪政权，并两次解放企石；摧毁石排伪警察所，解放石排；争取伪东路军国民自卫军 1 个营起义，编入铁东大队；赶走下南村的伪军，解放上南村和下南村；袭击石马伪警察所，俘虏伪警察 30 多人，缴枪 30 多支；配合增城兄弟部队歼灭驻铁场的伪军连。

铁东大队挺进路东的短短几个月时间，部队由最初的 70 多人发展到 400 多人。1944 年 9 月，东江纵队对所属部队进行整编，建立支队一级的建制。第一批建立3个支队，第一支队以东莞大队、宝安大队和第三大队一部为基础组建而成，卢伟良任支队长，陈达明任政治委员，下辖5个大队——三龙大队、猛豹大队、猛虎大队、宝安大队、常备大队，分布在广九铁路以西，东江以南，珠江以东，南头、深圳以北地区活动。第二支队以惠阳大队、铁东大队、独立第三中队、惠阳自卫大队和港九大队一部为基础组建而成，蔡国梁任支队长，张持平任政治委员，下辖第一、第二、第三、第四大队，分布在广九铁路以东，东江以南，惠（阳）淡（水）公路以西，大鹏以北地区活动。第三支队跟随纵队司令部，驻惠（阳）宝（安）边界地区。部队整编后，积极开展巩固老区、发展新区的斗争。

为扩展东莞抗日根据地，开辟新区，打通与增城部队的联系，建立一条从东莞到增城的交通线，东江纵队第一支队决定派三龙大队进入东莞水乡，发展水乡地区的抗日游击战争。

三龙大队由政治委员何清率领1支短枪队首先进入水乡了解情况。在中共东莞县委的协助下，短枪队利用李潮、刘发如、黎庆三者之间的矛盾，争取黎庆大队驻黄涌的黎林中队和刘发如部驻樟村渡口的卢连中队，商定互不侵犯和暗中支援抗日部队的协议，从而取得部队进入水乡的渡口和立足点。9月19日，三龙大队第一中队和短枪队及宣传队进驻低涌，第二中队进驻凌屋村。这两个村庄距离敌据点都很近，距莞城不到4千米，离刘如发部的重要据点高埗只有1.5千米，离李潮部的重要据点洗沙也只有3千米，离敌前哨据点仅600米。

9月20日，驻高埗、道滘的刘发如部，集中500多人进攻低涌，企图把抗日游击队赶出水乡。三龙大队在低涌群众配合下，打退刘发如部3次冲锋后，奋起反击，迫敌撤退。此战，毙伤刘发如部20多人，缴获步枪7支。初战告捷后，三龙大队随即开展群众工作，在低涌、凌屋村附近几个村庄建立农会、妇女会、儿童团等群众组织，并组建低涌抗日自卫大队。当地青年纷纷参军，部队不断发展壮大，三龙大队从 2 个中队发展到 3 个中队。

10 月 11 日，驻石龙的日军 1 个中队和伪军 220 余人进攻低涌。三龙大队与争取过来的伪军里应外合，经 20 分钟枪战，日军败走石龙。此战，扩大了抗日游击队在水乡地区的影响力。11 月中旬，东江纵队第一支队猛豹大队奉命进入水乡。11 月 20 日，三龙大队在猛豹大队 1 个中队的配合下，攻打冼沙伪军李潮部的主力"抗红义勇军"第六团。游击队于夜间突入冼沙，将敌分割包围，拂晓分别攻下敌各营驻地，毙伤敌 60 余人，俘敌团长李女（李潮的胞兄）以下官兵 150 余人，缴获轻机枪 8 挺、长短枪180 余支。战斗中，低涌抗日自卫大队配合部队警戒，押送俘虏；低涌和凌屋群众配合作战，男子上前线，妇女做后勤。妇女划着小艇，往返于低涌、冼沙之间，运送部队和伤员，送茶送水、搬运物资、慰劳部队。战斗结束后，中共水乡区委在江城洲动员一批青年参军。

李潮不甘心失败，于 11 月 28 日率伪军 600 余人，从石龙前来低涌报复。三龙大队第一、第二中队和抗日自卫大队在谢阳光指挥下，从上午开始，一次又一次打退伪军的冲锋。下午 3 时许，何清指挥第三中队以及争取过来的伪军黎林中队，从敌侧后发起攻击。李潮部在抗日军民的前后攻击下，只得撤回石龙。这次战斗，毙伤伪军 40 余人，缴获轻机枪 3 挺、步枪 20 余支。三龙大队伤亡 14 人，其中副中队长李安等 7 人牺牲。

1945 年 1 月 18 日晚，三龙大队和猛豹大队联合攻打高埗敌据点。这 2 支部队在低涌抗日自卫大队的配合下，采取攻点打援战术，于拂晓前攻下敌据点的东、西、北三座大楼，剩下南楼之敌仍在顽抗。次日清晨，刘发如部 400 余人从大汾等地增援。

三龙大队第二中队少年班据守在距高埗 1.5 千米的寮洲仔炮楼，顽强阻击前来增援的数十倍之敌，副班长袁如稳和战士胡生、黄江等人相继牺牲。敌人趁势过河火攻寮洲仔炮楼，少年班班长刘坚被烟熏倒，战士刘贺军、莫炯、袁鹤皋抱枪从炮楼跳下东江，壮烈牺牲。此时，三龙大队第二中队 1 个排和第三中队勇猛扑向敌援军，取得打援的胜利。据守南楼之敌见大势已去，被迫举白旗投降。这次战斗，毙伤、俘敌 250 人，缴获轻机枪 9 挺、长短枪 180 多支，并解放高埗。在解放高埗的战斗中，低涌民兵和群众承担警卫低涌的任务，并负责运送伤员，押送和看守俘虏。低涌抗日自卫大队大队长熊金枝、副大队长黄女在执行任务中牺牲。高埗战斗的胜利，震撼水乡之敌，在 10 天时间内，芦村、下江城、凤村、望牛墩等地的伪军 240 余人投诚。水乡大部分地区获得解放。

东江纵队第一支队挺进水乡 4 个月，与当地群众团结战斗，重创李潮和刘发如部的主力，拔除伪军在水乡的重要据点，打通与增城部队的联系。高埗解放后，游击队抓住有利时机，开展群众工作，成立各种抗日团体，使水乡成为共产党领导的一块抗日游击基地。

1945 年 4 月上旬，东江纵队第一支队在东莞水乡坚持斗争的部队，接到关于日军将要对水乡进行较大规模进攻的情报，决定采取先发制人的方针，打乱敌人的进攻部署。4 月 17 日晚，三龙大队出动 400 多人，分乘几十艘艇到达蕉利，突击望角，消灭伪联防队看守弹药仓库的 1 个班，缴获子弹 4 万多发。21 日夜间，伪联防队刘棠部向望牛墩增兵 600 余人；22 日拂晓，莞城日军 500 余人、伪军第四十五师 1 个团及 1 个炮兵营共 1700 多人，出动围攻蕉利。两路敌军同时出击。三龙大队依托蕉利河宽水深、堤围高厚的有利地形抗击敌人。战斗从 22 日早上一直战至下午 4

时，最后日伪军丢下 30 多具尸体，抬着 60 多个伤兵撤退。战斗中，三龙大队第一中队一个班与敌人展开肉搏，11 名战士全部牺牲。蕉利战斗结束后，三龙大队立即返回低涌。

在蕉利战斗的同时，第一支队派出独立中队 80 多人从新基进驻官桥滘，配合三龙大队作战，但被伪联防队 400 余人包围。战斗从早至晚，最后独立中队子弹全部打光，24 人壮烈牺牲，中队长周康等 59 人被俘。这时，日军从石龙以及莞樟线、莞太线向莞城运动，企图合围高埗、低涌。中共路西县委获悉这一情报，马上派人到低涌通知部队。23 日晚，猛豹大队和三龙大队撤出水乡，进入大岭山区，投入保卫老区和反抢粮斗争。

三、巩固抗日老区的斗争

日本侵略军为巩固其占领区，保障广九铁路全线畅通，不断向东宝抗日根据地进犯。根据地军民与敌人进行反复较量。

1944 年春，日军以第五十七旅团主力和伪军 4 个师集中广九路两侧，对东宝地区实行"清乡"。东江纵队第三、第五大队以及东莞大队在抗日自卫队的协助下，袭击和重创来犯的日伪军。莞太线和莞樟线的地下党组织，为配合部队行动，分别成立莞太线武工队和莞樟线武工队。1944 年 1 月 24 日，第三大队袭击莞太线篁村伪联防中队，毙伤中队副以下官兵十余人，俘 30 余人，缴获重机枪各 1 挺、长短枪 40 余支。这次战斗，第三大队短枪队队长叶凤生、少年班班长李锋等 4 人牺牲。为表彰英烈，东江纵队追认叶凤生、李锋为战斗英雄，并将缴获的重机枪命名为"凤生机"，把少年班命名为"李锋班"。2 月 13 日，第五大队袭击霄边，当地党组织发动民兵 150 余人配合战斗，全歼伪军第三十师一一九团 1 个重机枪连，缴获重机枪 2 挺、轻机枪 1 挺、长短枪 40 余支，毙伤敌 10 人，俘敌 30 余人。3 月 13 日，伪军第三十八师八十八团进犯大岭山百花洞，东莞大队在当地民兵配合下，把伪军赶回金桔岭驻地，毙伤敌团副以下官兵数十人。

日伪军不甘心失败，于 5 月初出动 500 余人对东莞进行五路"扫荡"，东莞抗日军民与敌激战，毙伤敌五六十人。至 12 日，粉碎日伪军五路"扫荡"。东莞大队乘胜追击，于 15 日突入厚街，消灭伪军第三十师 1 个连，缴获机枪 2 挺、步枪 40 余支，俘虏敌排长以下官兵数十人。6 月 25 日，东莞大队又连续两晚攻打厚街敌据点，全歼伪护沙中队，俘中队长以下官兵 30 余人，缴获轻机枪 4 挺、步枪 50 余支。7 月 1 日，东江纵队第三大队收复大朗墟；25 日解放寮步。8 月 20 日，日军出动 4 个中队 900 余人，伪军出动 2 个师 2300 余人，向路西地区"扫荡"。8 月 28 日，伪军第四十五师一部 500 余人，由横坑向温塘进犯。东江纵队第三大队在抗日自卫队配合下进行反击，毙敌十余人，打退伪军。第二天，伪军第四十五师师长朱全率领 1 个团从莞城分别经杨西、上下山门到金桔岭。第三大队在抗日自卫队协助下，对敌进行伏击，毙伤敌 60 余人。至 9 月 3 日止，反"扫荡"斗争取得节节胜利。东莞抗日军民在这次反"扫荡"斗争中，进行较大战斗 10 次，毙伤伪军团长及以下官兵 260 余人，俘伪军中尉及以下官兵 40 余人。

经历反"清乡"、反"扫荡"斗争后，以大岭山区为中心的东莞革命老区得到巩固和发展。1944 年 12 月 2 日，东莞抗日军民 3000 多人，在大岭山金桔岭村举行庆祝东江纵队成立一周年大会。在庆祝大会上，大岭山根据地各村群众赠送大批慰劳品给东江纵队，东江纵队东流剧团演出反映大岭山区抗日斗争的大型话剧《路西一年》。

1945 年春，为配合部队开展武装斗争，中共路西县委组建中共大岭山中心区委，辖大岭山、莞太、水乡 3 个区委，李植光任书记。从是年初开始，东江纵队东莞地区的部队，与东莞老区抗日自卫队以及人民群众配合，进行一系列战斗，保卫和巩固老区。1月7日，东江纵队第一支队派出小队袭击莞太线伪军亭埔税站，俘敌5人，缴步枪数支。1月13日，东莞新五区抗日自卫队派出武装人员，深入敌伪腹地虎门南栅，俘虏盘踞南栅勒收"保护费"的伪护沙大队小队长及以下官兵4人。1月24日，莞太线伪军到公路附近割烟苗，第一支队与民兵500余人向伪军出击，将敌击溃，并追击至石鼓、石马一带，毙伤敌十余人。1月25日，第一支队夜袭莞太线伪联防大队，缴获长短枪10支。据统计，在路西地区活动的东江纵队第一支队，1月份毙伤日伪军70余人，缴获轻机枪6挺、手提机枪4挺、长短枪30余支，俘虏日伪军157人。

2月25日，经过东江纵队第一支队长期争取教育的伪东莞县警察大队，在大队长麦定唐率领下，携械起义，开进大岭山区，被改编为第一支队新生大队，麦定唐任大队长，史明任政治委员（后张英接任）。至此，第一支队下辖的大队达到6个，加上4个大队级的"特派室"（宝太线特派室、莞太线特派室、莞樟线特派室、宝深线特派室），第一支队战斗部队发展到1700余人，加上支队机关、民运、交通、情报人员，共有2000人以上。

3月2日，伪军第四十五师一三四团以及伪护沙队600余人，向厚街的河田、桥头进犯。第一支队出动130人迎击，毙伤敌27人，但因敌强我弱，退出战斗，河田失陷后受到伪军大肆抢掠烧杀。第一支队重新集结兵力，趁伪军撤退时出击。3月13日晚，东江纵队第二支队袭击樟木头日军物资仓库，毙伤敌4人，缴获大米1.5吨。3月19日，驻莞城伪军出动100人，配合从石龙出动的日军30余人，沿莞龙路到周屋村、余屋村抢劫。第一支队8名武装人员在这两个村民兵的配合下，采取游击战术阻击日伪军。3个小时后，石龙日军出动200人增援，又被击退。此战毙伤伪军5人。

3月20日，太平日伪军300余人到北栅、龙眼一带抢掠，被第一支队1个中队截击，敌慌忙撤退。第一支队乘机追击到大宁附近，毙伤敌数人。3月25日，莞太线伪联防大队分两路进犯北栅、龙眼，第一支队分别击退敌人，毙伤敌5人。3月27日，第一支队神山税站站长何棠与丁屋村民兵队长丁淦培等7人，智取横沥伪联防队炮楼，俘伪联防队队长及以下官兵11人，缴获步枪11支。同日，第二支队第二大队和第一支队猛虎大队1个中队，在土桥村民兵配合下，袭击并全歼塘厦车站伪警察中队，毙敌小队长及以下官兵5人，俘虏45人，缴获机枪1挺、长短枪39支。3月28日，驻莞城的伪军600余人又到周屋村和余屋村抢劫。这2个村的民兵出动抗击，东江纵队第一支队赶来救援，毙伤伪军数人，截回被抢物资。3月31日，日军松本中队40余人，到飞鹅地张屋附近修筑公路，并抢劫附近乡村。第一支队派出步枪班和地雷组伏击，将敌击退，并追击至钟屋，毙伤敌10人，夺回被抢劫的物资。

4月19日，伪军第四十五师一三三团出动300余人，到莞太线白沙乡抢劫。第一支队在白沙民兵后备队配合下，对伪军进行伏击，毙敌3人，击退伪军。同日，第一支队在两头塘围攻伪军第四十五师一三五团，毙敌20人。22日，第一支队新生大队袭击驻虎门东较场伪军第四十五师一三四团、驻冈口的伪军一三三团。4月25日，伪军第四十五师一三三团及伪护沙队，纠合土匪共800余人，分三路到北栅一带抢粮。第一支队新生大队在民兵常备队150多人配合下，打击抢粮之敌，因寡不敌众，被敌人冲散进入各村。随后新生大队与民兵分三路迂回袭击，终将顽敌赶走，但附近村庄被伪军抢去不少谷物和生猪。4月26日，日伪军160余人从两头塘向莞城前进，被第一支队截击于铁涌，毙敌6人。

东莞抗日根据地军民经过一系列的战斗，打破日伪军的"扫荡"和进攻，进一步巩固和发展了老区。

四、开展夏季攻势

1945 年 4 月，中共中央作出关于向敌伪进攻的方针，要求解放区的军民应向一切被敌伪占领而又可能攻克的地方，发动广泛的进攻，借以扩大解放区，缩小沦陷区。同时应当注意敌人还可能向解放区发动进攻，解放区军民必须随时准备粉碎敌人的进攻，并注意解放区的各项巩固工作。华南抗日游击队根据这个指导方针，从 5 月开始，对日伪军发动大规模的夏季攻势。

此时，日军为防备英美盟军在广东沿海登陆，加强沿海防卫，巩固广州外围，确保交通线，尤其是打通抗日根据地交通线的部署。在东莞地区，日伪军除加强莞（城）太（平）线、莞（城）（石）龙线的防卫外，还派出伪军第四十五师 1 个营进占莞（城）樟（木头）线中点的两头塘，2 个营及 1 个直属队进驻横坑，企图进占寮步、大朗而控制莞樟全线，以完成其广州至香港的"第二交通线"，并经常到解放区"扫荡"、抢粮。东莞抗日军民的夏季攻势，主要是阻止日伪军打通"第二交通线"以及进行反"扫荡"反抢粮的作战。

在莞樟线，经常有伪军往来联络运输，并于途中进行抢劫。1945 年 5 月 3 日，伪军第四十五师第一二三团 1000 余人，分两路到东莞荫平、浮竹山一带抢粮。东江纵队第一支队在民兵配合下将伪军击退，毙伤敌 90 余人。5 月 4 日上午，第一支队派出部队在乌石岗伏击筑路和抢运物资的日伪军 200 余人，击退敌人 3 次冲锋。日伪军退回原防地，无法筑路与运输物资。5 月 9 日，驻寮步日军 100 余人沿莞樟公路向大朗进犯，企图抢粮。第一支队猛豹大队在黎贝岭阻击日军，毙伤敌 35 人。残敌退守竹山村炮楼，再向寮步逃窜。猛豹大队乘胜追击，战斗中，大队政治委员李少清等 8 人牺牲，10 人负伤。5 月 15 日，第一支队三龙大队和猛豹大队在石井、乌石岗一带伏击伪军运输队，毙伤敌5人。同日，三龙大队一个中队截击由横坑向良平推进的伪军300余人，毙伤伪军14人。19日，横坑、两头塘伪军600多人，分两路往陈家埔和良平抢粮。三龙大队和猛豹大队5个中队及1个民兵常备队共280余人，击溃伪军，毙敌16人，伤敌20人，俘敌3人，缴获步枪7支，第一支队伤亡5人。经过东江纵队第一支队的打击，伪军第一二三团第二营撤出两头塘，莞樟线北段的伪军只剩下横坑2个营。为迫敌退出横坑，第一支队三龙大队和猛豹大队于5月21日占领两头塘和富竹山，然后突袭驻横坑的伪军。在第一支队的连续打击下，伪军于26日被迫撤出横坑。

7月1日，日军数十人在伪军李潮等部配合下，沿莞樟线拉夫200余人到横坑抢粮，当地民兵英勇抗击，毙敌1人。4日，日伪军出动70余人再次到横坑骚扰。良平、普治一带民兵将日伪军击退。6日，日军30人进犯两头塘桥陇村，被民兵击退。8日，伪军李潮部300人分三路进犯良平、岭下贝、石埗一带。第一支队和民兵进行截击，将其打退。

在莞太线和宝（安）太（平）线，东江纵队第一支队进行艰苦的反"扫荡"和反抢粮斗争。1945年5月3日，伪军第四十五师一三四团第三营配合驻篁村一三五团第一营300余人，从赤岭运动进犯杨西乡。第一支队与杨西乡民兵常备队150人，在迳头村附近山地击溃伪军，毙敌3人，俘敌2人，缴获步枪2支。5月14日，驻太平的日伪军出动400余人，分两路到怀德乡抢粮。第一支队新生大队在赤岗、龙眼等地民兵50余人配合下，进行伏击，将敌击退，毙伤敌6人。5月19日，驻太平的日军山田中队和伪护沙队300余人，再次进犯怀德乡。第一支队猛虎大队、新生大队以及部分民兵将敌围困于博头村内。20日，太平日军

300 余人、宝安县南头日军 100 余人前来解救。第一支队分头阻击日军。当地群众拿着护村武器，登上山头鸣锣击鼓助威，并为部队送茶水和粥。经 5 天激战，打退日伪军多次进攻，毙伤敌 20 余人，第一支队牺牲 2 人、负伤 6 人。第一支队经过几天连续作战，十分疲劳，只好撤出战斗。日伪军占据怀德后大肆劫掠，烧毁民房 70 多间。

5 月 24 日，第一支队猛虎大队奉命进驻宝太线的霄边，次日占领指挥台，进行反抢粮斗争。26 日，日伪军退出怀德，向猛虎大队驻地进攻。日伪军在猛烈炮火和机枪的掩护下，首先攻占指挥台和金钟山，然后攻入霄边。此战，猛虎大队负伤 5 人。

6 月，在莞太线活动的第一支队猛虎大队、新生大队以及莞太线特派室常备队，主动对日伪军展开袭击战。6 月 4 日，在环岗墟伏击由赤岭前来的伪军第四十五师一三四团，毙伤敌 40 余人。5 日，在白马、袁屋边公路伏击往赤岭的伪军第四十五师一三四团 1 个排，毙敌 10 人，俘敌 7 人，缴获轻机枪 1 挺、步枪 6 支。13 口，夜袭溪头伪联防队，俘伪乡长 1 人、伪联防队员 12 人，缴获长短枪 13 支。14 日，攻击进扰白沙的伪军李潮部，毙伤敌 30 余人，缴获长短枪十余支。19 日，在宝塘伏击从赤岭到厚街运来的伪军第四十五师一三四团 1 个连，毙伤伪军连长及以下官兵 20 余人，缴获步枪 31 支。

在路东地区，东江纵队第二支队开展夏季攻势。1945 年 5 月 24 日，驻清溪镇的日军山本小队 30 余人到鹿湖坝活动。东江纵队第二支队第二大队出动 34 人，分三路伏击这股日军。27 日拂晓，第二支队派出部队伏击进扰清溪墟的日军。同日，常平的日军乘船到金民村砍伐松树，第二支队在民兵配合下，将其击退。28 日，第二支队派出部队在清溪伏击修筑公路的日军，毙伤敌 2 人。次日，在契爷石再次伏击修筑公路的日军。6 月 3 日，博罗县的日军 200 人，在伪护国军第一纵队 500 余人配合下，进攻东莞丰乐乡。第二支队派出 3 个小队阻击日伪军，历时 9 个小时击溃日伪军，毙伤敌 9 人。6 月 16 日，第二支队派出 1 个中队，在清溪大都墟公路伏击修筑公路的日军山本小队，驻契爷石的日军出动十余人增援，敌我双方相持 8 小时。日军处于不利地形，收队退却，第二支队乘势追击。此次战斗，毙敌 3 人，第二支队牺牲 1 人。6 月，第二支队第二大队袭击樟木头乡刘屋围的日军物资仓库，击毙日军 2 人，缴获粮食 5 吨。7 月 4 日，第二支队解放企石墟。

经过 1945 年的夏季攻势，东江纵队发展到 9 个支队和 4 个独立大队 1.1 万人，民兵发展到近 2 万人，建立东莞、宝安等 7 块根据地。日军占领区的莞城、南头等县城以及石龙、樟木头、太平等许多墟镇，广九铁路、粤汉铁路南段、潮汕公路西段和广州经东莞到深圳的公路线，完全处于东江纵队包围之中。

五、全面反攻和受降斗争

1945 年 8 月 15 日，日本天皇裕仁向公众宣布无条件投降。同日，朱德以中国解放区抗日军总司令的名义，命令南京日军最高指挥官冈村宁次停止一切军事行动，向中国解放区八路军、新四军及华南抗日纵队投降；要求在广东的日军到华南抗日纵队东莞地区接受曾生将军的命令。

但是，华南的国民党陆军第二方面军司令官张发奎执行蒋介石的命令，在广州接受日军在华南最高指挥官田中久一的投降，并要求华南各地日军不得向华南抗日纵队投降。蒋介石还加速运送美式装备的第二方面军新编第一军（简称新一军）来华南各地受降，并准备发动内战。因此，华南地区的受降斗争形势显得十分艰巨。

东江纵队各支队、大队以及东江解放区党组织和民主政府，坚决执行中共广东区党委和东江纵队的命令，紧急动员，集结主力，全线出击，向日伪军据点推进，逼迫日伪军投降。东江纵队第一支队和中共路西县委接到命令和指示后，立即召开会议，作出如下决定：（1）坚决拥护党中央、延安总部以及广东区党委和东江纵队的受降令和指示，命令驻东莞地区的日伪军投降；（2）通令路西解放区民兵配合东江纵队迫使日伪军投降；（3）黄布、李征率领第一支队主力反攻莞太线，并负责受降；（4）何鼎华到宝安观澜，王士钊、张如到宝安南头开展受降工作。

在广九铁路以西，东江纵队第一支队在抗日自卫队、常备队和民兵的配合下，迅速向莞太公路、莞樟公路、宝太公路和宝深公路沿线的日伪军发起进攻或包围。其时，莞太公路沿线驻有日伪军及伪护沙队2000多人。第一支队决定集中优势兵力，首先反攻莞太线，选择敌人最薄弱的据点官涌坳作为第一仗。

8月13日，第一支队猛虎大队包围宝太线敌重要据点北栅，对拒绝缴械投降的伪军第二十师1个连发起攻击，毙伤伪军20余人，俘伪军连长以下官兵38人，缴获长短枪43支。第一支队乘胜前进，于8月17日包围驻厚街的伪军1个团、驻赤岭的1个营和驻翟家村的1个连。伪军几度企图突围逃窜，都被堵住。驻篁村的伪军向第一支队进攻，企图解翟家村之围，也被赶回。第一支队步步紧缩包围圈，同时开展政治攻势，命令伪军放下武器投降。驻厚街的日伪军依仗优势兵力，疯狂反扑。第一支队在当地群众支援下，击退日伪军数次反扑。入夜，第一支队作出围点打援部署：除留一部分兵力继续包围厚街、翟家村和赤岭，展开政治攻势外，大部分兵力转到莞太线北段距莞城只有十余千米的新基设伏，先歼灭极有可能从莞城出来的敌援军，再回头解决围困之敌。8月18日，第一支队5个主力中队进入伏击地。19日，驻莞城日军一部和驻篁村伪军第二十师1个营沿莞太公路开来，进入伏击区。第一支队立即向日伪军展开猛烈攻击，歼灭伪军1个营，杀伤一批日军。8月19日，被包围在翟家村的伪军1个连投降。同日，第一支队在民兵配合下围攻莞城，受到日伪军顽强阻击，只好主动撤离。20日，第一支队解放厚街。被包围的赤岭伪军第二十师1个营，困守据点拒不投降。第一支队发出最后通牒，限令其无条件投降。经过谈判，伪营长率领166名官兵，携迫击炮2门、重机枪2挺、长短枪135支，于8月22日投降。至此，第一支队在莞太线上共歼灭和迫降伪军2个营又2个连，杀伤一批日军，端掉莞太沿线大部分敌占据点。

在宝太线，日军大部分撤走，剩下少数日伪军收缩在地头、西乡、固成、北栅几个据点。第一支队宝安大队在抗日自卫队和民兵配合下，包围宝安县内敌人残存的据点。8月19日，宝安县城南头和西乡、固成的日伪军全部投降。同时，第一支队东莞部队包围北栅伪军据点，迫使伪护沙队200余人投降。宝太公路沿线全部获得解放。

在广九线和铁路以东，东江纵队第一支队于8月17日收复常平，20日收复深圳。23日，第二支队收复沙头角。至此，广九铁路中段和路东除石龙、樟木头、淡水外，全部获得解放，路东和路西解放区连成一片。为做好路东的受降工作，东江纵队司令部成立东江纵队第三战线指挥部，蔡子培、黄克分别任指挥部军事委员（军事指挥）、政治委员。第三战线指挥部率领第二大队进入樟木头，向驻樟木头的日军发出最后通牒，命令日军立即投降，但日军毫无反应。于是，第三战线指挥部指挥第二大队和石马、樟木头、洋坳的民兵以及群众，围攻山猪棚的日伪军据点和养贤学校的日军司令部。在东江纵队的猛烈攻击下，石马的 1 名伪军团长带着日军 1 名大佐前来谈判，答应缴一部分武器。日军用 4 辆汽车把武器物资缴送到石马大埔围东江纵队部队驻地，计有迫击炮 4 门、轻重机枪 25 挺，步枪 100 余支、子弹 3000 余发、炸药 500 千克，还有医药、布匹、军毡等军用物资一大批。

第六节 抗日根据地建设

一、根据地的民主政权和党组织建设

1944年1月31日，中共中央书记处发出《中央关于东江游击区建立抗日民主政权问题给林平的指示》，指出：东江游击区的抗日民主政权的基本精神应该是新民主主义的，"三三制"的；但在实践上不必照抄华中和陕甘宁边区的办法，而要因地制宜，根据当地的具体情况，采取某些便于游击发展和军队转移的政权形式；选出的各级政府应实行民主集中制。

遵照中共中央的指示精神，东江纵队政治部向全队发出普遍建立抗日民主政权的指示：凡是部队所到之处，立即宣布废除国民党统治时期一切不合理的制度和苛捐杂税，发动群众组织起来，建立民主政权。在老区凡未成立民主政权的地方，立即成立民主政权，有计划地组织地方武装，积极大胆提拔地方干部。以民主政权为杠杆，进行抗日根据地的建设，使根据地成为有武装、有政权、有广大群众基础的抗日根据地。东江纵队和中共东江前线临工委为加强领导，统一指挥，将广九铁路两侧地区划分为路东区和路西区，准备分别建立路西、路东抗日民主政权，并分别建立中共路西县委和路东县委。

1944年4月，东江纵队第三大队在东莞县东马乡搞民主建政试点，成立东莞县第一个抗日民主乡政府——东马乡抗日民主政府，乡政府设在东坑，东马乡包括东坑、长安塘、塘唇、丁涌、新围等 20 多个自然村。5 月以后，第三大队把建政工作重点放在梅塘，建立大坪、黄猄坑、梅塘、长山口 4 个乡政权。5 月 15 日，东莞新一区民主政府成立，这是抗日战争时期东莞地区最早成立的区一级民主政府，赵督生任区长，辖东坑、梅塘、大朗等地。区政府下设 3 个委员会：抗日自卫委员会、生产建设委员会、联乡委员会。6 月，新一区政府梅长塘办事处成立，辖梅塘、长江、塘厦等地。梅长塘办事处有武工队 5—7 人、常备队 50—70 人。7 月 1 日，路西抗日民主政府——东宝行政督导处成立，谭天度为主任，何鼎华、王士钊为副主任，同时发布施政纲领。

7 月，路西地区党、政、军负责人在嶂阁村举行联席会议，成立中共路西县委员会，由东江纵队第一支队政治委员陈达明兼任书记。

1945 年 5 月，东江解放区路东行政委员会路东新三区、新四区抗日民主政府同时成立。新三区由张松鹤任区长，全区 8 万人。新四区由路东行政委员会副主席李恩（后为莫瑞）兼任区长，全区 14 万人。

在根据地边缘地区和游击区，还有一些"两面政权"，如水乡地区、莞太线地区等。这些地区由于日伪军重兵把守，频繁"扫荡"，很难建立巩固的根据地，也很难公开建立抗日民主政权。因此，游击队和地下党组织通过统一战线工作，建立一些"白皮红心"的两面政权，表面上应付日伪军，实际为游击队服务。但是在有条件的地方，仍尽可能建立抗日民主政权。其中路西第四区在莞太线范围内，虽然未能建立区一级抗日民主政府，但在白沙、白濠、涌口、桥头、石鼓等乡村，相继成立乡或村级抗日民主政府。

抗日民主政权是在中国共产党领导下，按照"三三制"的原则，联合一切主张抗日的人士组成的统一战线的民主政权。这个政权由占人口80%以上的群众参加，是代表广大人民利益的民主政权。民主政权为适应战争环境的需要，组织机构力求精简，人员配备注意精干。区政府设区长1人，委员5—7人，分民政、生产、武装、宣教、总务5个部门，由区委分区主持工作。乡政府设乡长1人，委员3—5人。村政府设村长1人，委员2—3人。抗日民主政权的根本任务是组织群众，武装群众，支援部队，对汉奸和反动派实行专政，保卫人民的民主权利，保卫根据地的建设。1945年春，东江纵队政治部颁布《东江纵队政治部对于惠东宝路东区的施政纲领》，对于政治制度、人民生活、文化教育、妇女问题和对敌斗争等方面均作出具体的规定。

二、根据地的经济和文化建设

经济建设　首先，开展生产运动。由于连年战争的破坏，日、伪、顽军以及土匪的掠夺，东江地区的生产遭受严重破坏。据不完全统计，谷物比战前减少1/3，耕地面积减少7%，加上严重的灾荒，群众生活十分困难。面对这种严峻局势，中共路西县委提出"增加生产、保家卫国"的口号，发动群众掀起大生产运动。为迅速恢复和发展生产，东宝行政督导处采取一系列措施：一是积极领导生产，组织生产合作总会，指导全区生产；二是成立生产基金会，发行公债；三是组织变工队、助耕队，实行互助生产；四是制定有利于生产的各项政策，鼓励开荒，谁开谁种，谁种谁收，并免征田税；五是发动群众造土肥，并组织人力筹集现款到外地购买肥料，解决肥料不足困难。

其次，开展减租减息运动。东江地区的"双减"运动，于1944年上半年首先在黄田、梅塘、黄猄坑等地开展。1944年秋收后，东莞县各个根据地普遍开展"双减"运动。"双减"的基本原则是：

在减租方面，凡 1943 年以前（即东江纵队成立前）农民欠地主的租谷，一律免交；1943 年后的租谷，则将原来要交地主的田租减少 25%，称为"二五减租"。经过二五减租后，佃农劳动所得一般占全部收获的 62.5%，地主所得一般占全部收获的 37.5%，至少不低于 30%。在减息方面，原则上月利不超过 4%，若历年所付利息超过原本一倍者，停息还本；超过原本两倍者，本息停付。12 月 19 日，东江纵队政委尹林平、政治部主任杨康华联名发出《关于展开减租减息运动的指示》，强调在"双减"运动中，既要反对无原则迁就地主，不重视和不敢发动"双减"的右倾偏向，又要反对那些过左的偏向，要正确执行抗日民族统一战线的土地政策。1945 年 3 月 9 日，东江纵队政治部公布东江地区的《减租减息暂行条例》。同年 4 月 29 日，又颁布《东江解放区土地租佃条例》和《退租退息实施条例》，对减租减息、交租交息、地权与佃权等政策作明确的规定。为团结地主抗日，不得拖欠利息。"双减"运动，提高了农民的阶级觉悟，树立了农民的优势，农民的负担有所减轻，生活有所改善，政治热情空前高涨，踊跃缴交公粮，热情拥军劳军。

再次，做好财经工作。在路西根据地，中共路西县委指定东宝行政督导处副主任何鼎华分管财经工作，主要任务是征收公粮和开展税收。1944 年，东江纵队政治部颁布《征收抗日公粮与田赋暂行条例》，规定抗日公粮与田税征收总额为土地出产总收获量的 9%，其中公粮占 4%，由地主与佃农平均负担；田税占 5%，由地主负担。自耕农、自耕土地者，公粮与田税统一征收，其征收额为土地出产总收获量的 6%，凡接近敌占区之处，地主与农民有两面负担者，公粮与田税减半征收。受灾（包括天灾人祸与战争）的乡村，按其损害的程序，予以免征或减征。种杂粮的土地，可将杂粮产量由时价折成谷量作为标准进行征收。对鳏寡孤独、残疾、赤贫者及抗日军人家属，酌情照顾减免。由于政策合理，人民群众踊跃缴交公粮和田税。

工商业实行单一税制，凡已纳税的货物，都可在东莞县抗日民主政权控制的地区通行。一般税率为：日常必需品5%，奢侈品10%，屠宰和烟酒税则由各区乡自定。凡根据地急需的物品，可优惠免税。小贩和非商业性的买卖，一般免税。如果商人在根据地遗失货物，抗日民主政府负责追回或赔偿。由于政策公平合理，商人都乐意到根据地经商，从而促进根据地的经济发展。

经过努力，东宝地区的生产逐步得到恢复和发展，渡过灾荒。1945年夏收时，日伪军准备到根据地抢粮，抗日民主政府得到消息后，立即组织群众抢先收割。宝太线是路西地区的主要粮产区，中共路西县委和东宝行政督导处布置东莞新二区区委和区政府，组织数百名民兵，到莞太线参加抢割抢收工作，并派路西县委委员兼政权部部长、东宝行政督导处副主任王士钊前往统一指挥。经过一个星期的日夜奋战，胜利完成宝太线的夏收工作。

文化建设 抗日民主政府的施政纲领明确规定，要在根据地实行战时教育，普及农村文化，加紧培养干部，提高人民群众的文化水平与政治水平。县级抗日民主政府设立宣教科，区级设文教股，负责文化教育工作。东宝行政督导处在领导群众恢复生产的同时，恢复被战争破坏的小学教育，并在各乡村举办夜校、识字班，普及文化教育。东宝行政督导处接受各界人士捐款办学，于1945年春在宝安县公明墟水贝村创办一所新型的战时中学——东宝中学。1944年冬，东宝行政督导处出版机关报《新大众报》，宣传党的政策，公布政府法令，报道战斗胜利消息，歌颂抗日英雄人物和先进事迹。中共路西县委还抓好对党员和政权干部的学习教育工作。中共七大闭幕后，县委号召全体党员，特别是县区乡民主政府干部，学习七大文件，用七大精神指导工作。东宝行政督导处成立一个以"天府"为代号的政工队，与东江纵队政治部的政工队一起，在东宝地区组织群众文娱体育活动，在重大节日开展文娱、体育比赛。在东宝行政督导处建政一周年时，他们编演《路西一年》《太阳照耀大岭山》《模范军人》等话剧。这些活动，加强了对群众的思想教育，活跃了群众的文化生活。

三、根据地的统一战线工作

建立各种抗日群众团体。东江纵队和各级党组织及抗日民主政权，先后派出大批工作队、民运队到乡村去，发动群众、组织群众，在抗日根据地普遍建立与健全抗日自卫队（民兵）、妇抗会、青抗会、农抗会、妇权会、儿童团、生产救济会等各种抗日群众团体。各个抗日根据地都有群众抗日自卫武装，村有民兵小队，乡有民兵中队，区有民兵大队，有条件的区、乡还组织民兵常备队。至 1944 年 12 月，路西抗日根据地有民兵 7000 人。这些民众抗日武装（民兵、自卫队），负责维持社会秩序，打击汉奸、土匪、特务的破坏，配合部队作战，向部队输送兵员。

推行民主建政。抗日根据地执行"三三制"的建政基本原则，挑选社会贤达、开明绅士和支持抗战的地方实力派参加抗日民主政权机构。各级抗日民主政权先后召开国事座谈会，商讨民主建政等问题。1945 年 3 月，路东和路西地区分别召开国事座谈会。出席路西国事座谈会的各方面代表 248 人，有东宝解放区的党政军民代表和各阶层代表，还有来自沦陷区、宗教界和国际友人的代表，其中妇女代表占 17 人。在座谈会上，中共广东省临委的代表黄康作政治报告，东宝行政督导处主任谭天度作关于东宝地区形势和政府工作总结报告。代表经过讨论，一致通过东宝行政督导处的施政纲要。路东国事座谈会有 350 多人参加，其中包括各阶层各党派及名流学者的代表，还有港九区的代表、渔民和青年妇女代表。路东国事座谈会由中共广东省临委书记、东江纵队政治委员尹林平和东江纵队司令员曾生主持。尹林平作国际国内形势报告，着重介绍东江人民抗日武装在抗日斗争中发展壮大，解放区日益巩固扩大的大好形势。路东国事座谈会讨论通过《东江解放区路东委员会草案》。国事座谈会发扬民主，听取和征求各界人士对根据地政权建设、减租减息以及对游击队的意见、批评和建议。参加座谈会的代表，为中国共产党的热情、诚恳、尊重各界人士、尊重民意的精神所感动。到会代表一致拥护中国共产党在解放区施行的方针政策，不仅在原则上赞成，而且对具体执行也提出宝贵的意见。如对土地政策和减租减息的问题，他们提议由地方政权主持成立有农民和地主参加的仲裁委员会，采取调处、照顾、团结的原则，仲裁双方意见，以利于团结一致，共同抗日。

开展拥军优抚活动。拥军方面，主要有五项内容：第一，动员广大青年踊跃参加东江纵队和民兵组织。战争需要时，不脱产的民兵立即成为基干民兵，基干民兵可作为游击队员。第二，为东江纵队提供情报。在敌占区和蒋管区建立情报站，深入日伪军内部，或打入蒋政权内部，收集日、伪、顽情报，并把情报及时送给部队。第三，帮助部队购买武器弹药和运输军粮，建立军械厂、皮革厂，为部队修理枪械。第四，战时帮助部队带路和抬担架，必要时配合部队作战。第五，组织群众慰劳军队，动员群众为部队缝制衣服、军鞋，捐献食品、物品等。优抚方面，一是组织变耕队，帮助军烈属解决劳动力不足的困难；二是对抗日军人家属减征公粮；三是节日组织慰问，平时教育群众尊敬抗日军人家属等。

根据地民主政权建立以后，社会治安日趋良好，生活得到改善，群众踊跃参加东江纵队。在根据地内，出现父母送儿子、妻子送丈夫参军的感人场面。由于群众踊跃参军，部队得到不断扩大。1945 年春，东江纵队成立后的半年多时间里，就由 3000 多人发展到近 5000 人。根据地的人民群众，与部队结下鱼水之情。当时流传着一首名为《军民齐合作》的歌谣："你在前面打，我在后面帮。挖战壕、送子弹，不怕流血汗。抬担架、送饭菜，大家齐心干。军民齐合作，定把鬼子消灭光！"

路西根据地东莞几个区的群众，在纪念东江纵队成立一周年时，踊跃慰劳部队，捐助大批现款和物品，计有现金和储备券 17 万多元、步枪 4 支、子弹 400 余发、手榴弹 8 个、毛巾 583 条、牙刷 232 支、生猪 13 头、烧猪 9 头、鸡鸭 94 只，还有烟酒和其他日用品一批。

四、根据地人民拥军支前

在抗日战争时期，东莞革命根据地人民群众拥军支前，出粮出钱、出人出力，其中革命根据地缴交的公粮数占根据地财政收入的 40%—70%。另据篁村、附城、寮步、大朗、樟木头、东坑、横沥、企石等地区不完全统计，民兵民工参战 2057 人，筹集粮食 86.85 吨、柴草 34.4 吨，各种药品价值 2500 港元、大洋 10 万元，枪支 346 支、子弹 2 万余发，现款 1000 元大洋。正是依托革命老区，东江纵队坚持在华南敌后进行艰苦卓绝的斗争，部队从无到有，从小到大，发展成为有 1.1 万人的人民抗日武装。据不完全统计，东江纵队对日伪军作战 1400 余次，毙伤日伪军 6000 余人，俘虏、投诚 3500 余人，缴获各种枪支 6500 余支、炮 25 门。

抗日战争时期大岭山根据地民兵（配合部队）作战简记

时间	战斗名称	地点	日伪军	参战部队及民兵	伤亡情况	备注
1940年6月18日	葵衣队打日本仔	大沙桥头山、白公山、白波山、杨家陂	驻东莞日军长濑大队60多人	大沙、太公岭、梅林等12村联防自卫队	殷林灿、殷松喜牺牲	打死日军2人，缴枪支弹药一批
1940年11月5日	白坜田战斗	杨屋白坜田	日军70余人，后增援200余人	杨屋、颜屋民兵和村民	村民、民兵3死2伤	打死日军1人，伤未详
1940年11月初	黄潭战斗	厚街大迳村黄潭村	日军1个加强中队和1个炮兵分队共200人	第三大队翟信手枪队、彭沃中队、陈其禄二中队和大环村兄弟会	何光、陈定安牺牲，受伤4人	日军伤亡30多人
1941年1月	对伪军伏击战	大环	伪军陈禄大队	第三大队和吴庚稳自卫队40多人		消灭伪军一部
1941年3月初	自卫队打"呵呵鸡"	连平墟	国民党顽军保八团一营	第三大队和吴庚稳自卫队及连平各乡各村民兵80人		
1941年3月	袭击桥头伪军	桥头	伪军陈冠大队	第三大队石龙队和连平、大沙自卫队及各村民200多人		俘伪军头目陈冠小老婆
1941年5月24日、28日，6月6日	三打伪军刘发如	杨西乡，上、下山门	伪军刘发如大队200余人	第三大队石龙队和连平、大沙自卫队及民兵150人	陈特等5人牺牲	毙反动地主张玉衡等
1941年6月1日	大岭山反击战	油古岭、矮岭岽	国民党顽军刘光、杨参化、黄文光500人	第三大队石龙队300人和大沙、连平自卫队及各村民兵200人	曾志强牺牲	顽军死伤十余人，被俘十余人

（续上表）

时间	战斗名称	地点	日伪军	参战部队及民兵	伤亡情况	备注
1941年6月10—11日	百花洞战斗	百花洞	日军长濑大队400余人，后援兵1000多人，并出动飞机	第三大队石龙队、铁路队300多人和大沙、连平自卫队及各乡村民兵400多人	黄添、张兴、吴统等7人牺牲；张秀华、吴蛇妹受伤	击毙日军大队长长濑，毙、伤日伪军五六十人及马多匹
1941年6—8月	三打锦厦	锦厦	伪军李庆部200人	第三大队西征队、虎门队、大华队和连平、大沙自卫队及各村民兵200余人	李兆祥牺牲，郭智受伤	活捉伪军1人
1941年9月21日	鞋岭伏击战	大塘鞋岭	国民党顽军刘光、杨参化部400余人	第三大队及连平民兵100人		俘顽军30人，缴步枪30支
1941年10月5日	大王岭保卫战	大王岭更鼓楼	国民党顽军保八团1000多人	第三大队和瓮窑村民兵12人	颜金榜、杨仰仁等5人牺牲	顽军伤亡20多人
1941年11月底	再战大王岭	大王岭	国民党顽军杨参化、刘光部1000多人	第三大队邬强、翟信部队，石龙队、惠阳队300人和民兵20多人	李长娘、苏福、叶其胜及军医李占芬牺牲	毙、伤顽军十余人
1941年12月初	夜袭大石板	大石板炮楼	国民党顽军李积仓联防队700人	第三大队翟信中队、石龙队和民兵30多人	庄刘胜、叶某丙牺牲	
1942年6月26日	大环战斗	大环	国民党顽军杨参化大队200余人及增援的保八团	第五大队、惠阳大队和民兵20多人	中队长符东牺牲	毙、伤顽军50余人

（续上表）

时间	战斗名称	地点	日伪军	参战部队及民兵	伤亡情况	备注
1943年7月5日	篁村战斗	篁村	伪军三十师八十九团1个营	第三大队和大沙、连平、环治民兵200多人	江水安牺牲	
1943年11月17—20日	粉碎日伪军"万人大扫荡"	莲花山、大岭山	日伪军近万人合围大岭山，有飞机配合	第三大队彭沃、王作尧、邬强、黄布部队分别由民兵张七稳、李金腾、林苏仔带路分三路突围	第三大队张喜班战士全部牺牲	毙、伤日伪军30余人
1944年3月13日	伏击伪军	百花洞、大环交界处	伪三十师八十八团（驻金桔村）	东江纵队东莞大队小鬼班和民兵17人		击毙伪军刘团副
1945年8月13日	夜袭官涌坳	北栅官涌坳	伪军1个连	东江纵队第一支队猛虎、猛豹大队和连环、大沙、杨西、河田4个民兵常备大队		歼敌1个连，俘虏数十人
1945年8月19日	新基歼灭战	篁村新基	伪四十五师1个营	东江纵队一支队和连环、大沙、杨西、河田4个民兵常备大队、工人中队		歼敌1个营、俘连长以下50余人
1945年8月19日	解放翟家村	翟家村	伪四十五师1个连	东江纵队一支队和连环、大沙、杨西、河田4个民兵常备大队、工人中队		俘敌1个连
1945年8月20日	解放厚街	厚街	日军1个小队及伪军1个营	东江纵队一支队和连环、大沙、杨西、河田4个民兵大队、工人中队		
1945年8月22日	赤岭受降	赤岭	伪四十五师1个营	东江纵队一支队和连环、大沙、杨西、河田4个民兵大队、工人中队		俘敌1个营

第三章

武装抵抗　迎接解放

　　解放战争时期，中共东莞地方组织发动和组织人民群众，开展保卫解放区、恢复解放区、扩展解放区的革命斗争，并配合人民解放军野战军南下，最终解放东莞全境。东莞人民特别是革命老区人民，在解放战争中付出巨大牺牲。据不完全统计，从抗日战争胜利后至东莞解放的 4 年多时间里，东莞有 300 多名优秀儿女牺牲在解放战争战场上，他们以鲜血和生命的重大代价，换来了东莞的解放，他们的光辉业绩，彪炳千秋。

保卫解放区

一、解放区遭受国民党军大规模进攻

抗战胜利后，国民党立即准备发动反人民的内战。1945年10月25日，国民党广州行营下令，限期3个月要将共产党领导的华南抗日游击队"清剿"完毕，并收编伪军作为内战先锋。11月，国民党美械"王牌军"新一军、新六军、五十四军以及徐东来保八团进驻东莞县、宝安县，对解放区发动大规模进攻。11月底，国民党军队先后占领大朗、杨西、连平、金桔岭、燕川、乌石岩、龙华、鸡啼岗、观澜等地，并采取"网形合围""填空格"战术，封锁村口、道路，对东江纵队重重包围，然后逐个村庄、山头进行"清剿"。国民党军队重兵把守莞太线、莞樟线、宝太线的重要墟镇及乡村，并封锁虎门一带和广九铁路广州至宝安段，防止东江纵队向珠江口和东江以北、广九铁路以东突围。

国民党军队对解放区采取"拔根政策"，一方面封锁村庄道路，断绝解放区的粮食、物资接济，实行"五家联保"，强迫百姓交军粮，对无力交粮者杀人烧屋；另一方面实行血腥屠杀，凡捉到游击队员便杀，对抗日有功的士绅、知识分子及农民群众，或关押或屠杀，不少村民全家惨遭杀害。大岭山解放区更是受到国民党反动势力的重点迫害。1945年11月，连平乡遭到国民党新一军的"清剿"，凡当过民主村长、入过农会或妇女会的群众都被说成是"匪民"，一律要缴交"自新费",凡参加过人民自卫队或做过民主乡长的,都遭到毒打、勒索或杀头。大沙乡民主乡长殷添赐被国民党保安团杀害。在路东,清溪反动分子配合国民党军进攻解放区,扬言要捉拿中共清溪基层组织领导人。1945年冬,保八团"围剿"东江纵队第一支队政治处主任赵督生的家乡塘厦蛟乙塘,抄家放火。在樟木头石马墟,地方反动势力成立"剿共委员会",配合国民党新一军"围剿"革命力量,杀害石马乡农抗会主席蔡群光等人。

二、东江纵队分散坚持斗争

东江纵队原在路西地区第一支队主力于9月间调海(丰)、陆(丰)、惠(阳)、紫(金)以东活动,并改为第四团。留下的部队重新成立第一支队(支队长何鼎华,政委古道,副支队长鲁风,政治部主任赵督生),下辖活虎大队(大队长黄介,政委吴江)、雄狮大队(大队长莫浩波,政委史明)和一个重机枪中队(中队长莫志强)。路东地区的凤岗、清溪、谢岗有第二支队的第二、第三大队。这些部队在群众支持下,分散坚持斗争。

消灭伪军,打击反动势力 1945年10月,东江纵队第一支队集中2个大队首先攻打大朗张屋水口伪联防队张凤池部,歼灭数十人;接着攻打驻赤岭叶屋的伪联防队刘发如部和驻锦厦的伪军李庆部,歼敌百余人。11月,雄狮大队攻打驻良平、下岭贝村的伪联防队李潮部,将敌击溃,杀伤一部。11月中旬,第一支队集中2个大队及民兵攻打驻沙井伪护沙队陈培部,激战3天,杀伤其一部。12月中旬,第二次攻打伪军52分团,缴获大批粮食财物,伪军利用黑夜自海上逃走。以上一系列战斗,打乱了国民党军发动的大规模进攻部署。

抗击国民党军进攻 1945年12月中旬,国民党军对解放区采用所谓"梳篦战术""填空格战术",企图一举消灭人民武装。

东江纵队第一支队决定主力转移到铁路以东。21日晚，雄狮大队与敌激战后，转移到路东（以后转隶第七支队）。但支队部及1个警卫排被敌包围在宝山。22日，敌军调集重兵搜山，到处鸣枪放火，支队领导分散突围，支队政委古道负伤被俘后牺牲。

1946年2月，鲁风指挥黄介大队及第二支队黄克大队在清溪三坑村抗击国民党军大规模进攻。敌在路东"填空格"时，部队又跳回路西。路东黄锡良大队、黄克大队也多次到路西，时而到东莞县，时而跳到宝安县，并选准机会对敌实施夜袭反击，打击反动联防队，威压叛徒，粉碎国民党军的"填空格"战术。

为胜利北撤而斗争 1945年10月，国共双方签订"双十协定"。1946年1月，成立北平军调部，并派出第八小组到广东省落实中共武装人员北撤问题。但国民党反动派违背协议，拒不承认广东省有中共武装，千方百计阻拦东江纵队北撤并加紧"进剿"，意图将中共武装消灭。1946年3月，国民党新一军包围驻路东土桥村李培中队，中队长李培等十多人牺牲。4月21日，黄介大队1个中队在东坑正坑村隐蔽时，叛徒带国民党五十四军一部围攻，黄介大队伤亡20多人，后突出重围。5月间，黄锡良大队在白花洞被国民党军刘光大队围攻，黄锡良受重伤牺牲。第二大队为反击敌人，夜袭清溪肥仔安伪乡府，给敌以部分杀伤。东莞地区部队一面抗击敌人进攻，一面随谈判进展进行北撤准备。6月21日，东莞县路西、路东部队分别秘密突破国民党重重封锁阻挠，陆续到达大鹏湾葵涌集中。6月30日，东江纵队在沙鱼涌登上军调部派来的美国登陆舰，7月5日到达山东烟台。

解放区恢复武装斗争

一、东江纵队北撤后东莞地区的局势

1946 年 6 月，国民党反动派撕毁停战协定和政协决议，悍然向解放区发动全面进攻，全面内战因而爆发。此时，正值东江纵队主力北撤山东，东江纵队留下的人员大部分复员，中共东莞地方组织也暂时停止活动的时期。

从 1946 年 6 月底开始，国民党广东军政要员先后在全省各地召开"治安会议"，成立"清剿"机构，部署"绥靖""清乡"，限期"肃清"各地的中共武装。东江纵队北撤不久，国民党广东军政当局不断派遣部队突袭东江解放区，背弃北撤协议中所作的"保障解放区人民生命财产的安全，不歧视复员人员与家属，继续进行民主建设，改善人民生活"的诺言和保证，采取各种反动措施和残酷手段，迫害东江纵队复员人员和进步群众，以实现其摧毁解放区和扑灭革命力量的阴谋。

8 月初，国民党东江南岸"绥靖"指挥部设立东宝地区"清剿"委员会。国民党广东当局调集 4 个旅正规军和 8 个保安团的兵力，对东江纵队活动地区尤其是东江南岸和北岸地区进行"清剿"，并把大岭山、梅长塘等地作为进攻的重点地区。国民党部队进驻东莞后，一方面加紧进行"三征"（征兵、征粮、征税），强迫各地成立"自卫队"，推行保甲制度，采取"联防联剿,联保连坐""强化治安"等措施，实行残酷的反动统治；另一方面疯狂迫害共产党员、东江纵队复员人员以及进步群众，强迫他们登记"自新"，肆意搜捕和屠杀他们。在大岭山区，中共大岭山区委负责人李牛被反动地主施以酷刑后杀害。大环村人口 295 人，被捕的就有 70 余人，其中被抓到广州坐牢的 16 人，只有 3 人生还；全村被烧毁房屋 32 间，群众几乎逃光。杨屋村 1 名东江纵队复员人员和 3 名军属，被国民党反动派枪杀在村前，曝尸 3 日。大雁塘村被捕 50 多人。在梅长塘地区，被拘捕的民兵有 16 人，其中 1 人死于狱中，1 名共产党员遭到杀害。在水乡，国民党军队到东向、谷涌、鹤田等村大肆搜捕共产党员和革命群众，1 名东江纵队复员战士因拒捕而被杀害。在路东，凤岗官井头村的共产党员和东江纵队复员人员，遭到国民党特务和反动联防队围捕，幸及时脱险。樟木头洋凹村 2 名东江纵队复员人员和 1 名军属，被同村汉奸捉去杀害，曝尸数日；全村数十间房屋被烧毁。石排莆心村民兵全部被抄家，被迫逃到香港当苦力。东宝惠 3 县因被国民党反动派迫害而逃亡香港的达数万人。一些恶霸地主也趁机反攻倒算，威逼佃农退还抗战时所减租息。

从东江纵队北撤到 1946 年年底，由于国民党当局的迫害和镇压，东莞大批党员干部遭到逮捕和杀害，解放区的党组织几乎被摧毁。

面对严峻局势，中共广东区党委发言人先后于 7 月 22 日和 8 月 23 日发表谈话，强烈抗议国民党广东当局破坏北撤协议，迫害东江纵队复员人员和人民群众的反革命暴行。中共广东区党委还以东江纵队北撤人员曾生、王作尧、杨康华、林锵云等人的名义发表通电，对国民党广东当局迫害东江纵队复员人员的罪行，表示极大的愤慨，号召复员战士和人民群众行动起来，采取同一步骤，严肃自卫，不能束手待毙。

二、隐蔽待机方针的贯彻和自卫斗争的开展

鉴于全面内战爆发和东江纵队北撤后的严峻局势，中共广东区党委根据中共中央指示精神，提出长期打算、分散隐蔽、积蓄力量、以待时机的总方针，把各地党组织领导机关再次由委员会制改为特派员制，布置党员分散隐蔽，保持单线联系；同时布置各地留下部分武装骨干坚持自卫斗争，保护复员人员和人民群众。

1946 年 7 月，中共江南地委及东莞县各级组织撤销，改为特派员制。蓝造为江南地区特派员、祁烽为副特派员，领导江南地区各县党的工作；东（莞）宝（安）地区党组织则设指导员制，祁烽兼任东宝县指导员，分为 8 个区：水乡北区、水乡南区、莞城区、太平区、大岭山区、常平区、清溪区、宝安区，共有共产党员 333 人，其中有联系的 245 人。中共东宝县委副指导员杨培负责清溪区、宝安区，副指导员容克负责太平区、大岭山区，副指导员卢焕光负责莞城区、水乡南北两区、常平区。这时，东宝地区党组织根据解放区的党组织受到严重破坏、国民党统治区的党组织比较隐蔽不易暴露的实际情况，把组织工作的重心放在国统区，首先稳定国统区的党组织，然后逐步联系、恢复遭受敌人破坏较为严重的解放区的党组织，再向无法接收关系的地区推进。

莞城是东莞县国民党的政治中心。中共东莞地方组织在莞城着重领导和开展文化战线工作及以学生、工人为主要力量的爱国民主运动。水乡地区是国民党县政府的后方，偏于一隅，党组织利用水乡地理位置的优势，接收和隐蔽未北撤的共产党员，掩藏北撤留下的枪支弹药，并安排共产党员打入国民党乡村政权，担任乡长、保长等职。党组织稳定下来后，开展群众工作，团结和组织群众同国民党反动势力作斗争。在国民党地方势力比较强大的太平区，莞太区委书记方东以开茶楼为掩护，联系附近及厚街

河田的党员，布置他们以教师、农民等公开合法的身份隐蔽下来，秘密开展党的活动。

在大岭山区，容克派区委负责人罗金润联系、恢复该区的党员和党组织，但由于国民党控制严密，他无法进入大岭山，全区原有共产党员90多人，仅联系到16人。在清溪区，杨培联系留下的共产党员，在艰苦的环境中坚持斗争。在常平区活动的共产党员，以公开职业为掩护隐蔽下来。宝安区能联系的共产党员有29人，由黄永光、刘贵就负责，在平湖、木古、羊尾、雪竹径、南头、赤尾、蔡屋围等地坚持秘密活动。在莞太、宝太、宝深线，党组织也利用各种社会关系，安排一些党员以教师身份为掩护，隐蔽下来。

1946年7月20日，中共中央发出《以自卫战争粉碎蒋介石的进攻》的紧急指示，号召全党全军动员起来，以自卫战争彻底粉碎蒋介石的进攻。中共广东区党委也号召广东人民起来自卫，反击国民党的军事进攻和政治迫害。

隐蔽在东莞、宝安县的武装人员和复员战士，逐步公开活动，反对国民党的迫害和"清乡"。同年8月，东江纵队干部何棠从东莞县前往香港，与原东宝行政督导处莞樟线政治特派员谢金重商议组织"东莞东纵复员同志自卫会"，回东莞县开展武装自卫。经江南地区副特派员祁烽同意后，谢金重、何棠返回东坑，联系当地党员，收集一批东江纵队撤退时留下的枪支，组织1支有十多人的武装小分队，以东莞东纵复员同志自卫会名义开展活动，镇压反动分子。东莞东纵复员同志自卫会的活动，揭开东莞地区恢复武装斗争的序幕。

三、武装斗争初步恢复

1946 年 11 月，中共广东区党委根据中共中央关于开展南方游击战争的指示，决定全面恢复武装斗争，提出"实行小搞，准备大搞，从无到有，从小到大，稳步前进"的方针，号召各地党组织领导留下坚持斗争的武装人员，重新拿起武器，建立武装队伍，打击地方反动势力，保护人民群众利益，发展和壮大武装队伍。

同年 11 月底，尹林平在香港主持召开江南地区干部会议，传达中共中央和广东区党委关于恢复武装斗争的决定，要求江南地区迅速重建武装，恢复武装斗争。12 月初，江南地区党组织抽调部分党员干部，动员东江纵队复员人员归队，重建武装队伍。

在路东地区隐蔽的路东三区党员干部张生，到香港接受任务后，于 1946 年 12 月返回路东三区，动员东江纵队复员人员归队，接收一批由香港返回的共产党员，组建清溪武工队；随后，路东三区又相继成立凤岗武工队、塘厦武工队。张生把这 3 支武工队整编为路东武工队，张生任负责人，活动于清溪、凤岗、塘厦一带。武工队打击横行乡里的地方反动势力，镇压地主恶霸，袭击反动武装，开展反"三征"斗争。

1947 年 1 月初，在路西地区坚持自卫斗争的谢金重和何棠，奉命前往香港，接受恢复武装斗争的任务。谢金重、何棠返回东莞，收集东江纵队北撤前留下的一批武器，集结一支有六七十人的队伍，称为东莞队，何棠任中队长，谢金重任政治负责人，下辖 1 个连队、2 个武工队。东莞队以梅塘地区为中心开展活动。同年 2 月 2 日，何棠、谢金重率领东莞队袭击国民党梅塘乡公所和乡联防队，俘国民党乡长以下官兵十多人，缴获长短枪十多支、弹药物资一批。战后，东莞队转移到寮步良平，隐蔽在黄沙河北岸的古村。27 日，东莞队遭国民党东莞县保安警察第三大队 2 个中队袭击。东莞队边打边撤,战斗中 4 名战士牺牲,排长钟水等 4 人负伤(后钟水被捕牺牲)。随后,队伍分散转移,部分转到大岭山、东坑一带活动,部分秘密潜回莞城。5 月,何棠等人前往水乡活动。

3 月初,中共东宝地方组织进行调整,分为 7 个区:大岭山区辖大岭山、水濂山、莲花山;水乡区辖广虎片、麻涌片、莞龙片;莞城区辖莞城、石龙;太平区辖莞太线、宝太线;常平区辖广九路常平段、惠樟线;清溪区辖广九路东、清樟线;宝安区辖宝安广九路以西。

为适应斗争形势需要,中共广东区党委决定撤销各地区特派员制,建立新的领导机构。在东江南岸地区,建立地方工作委员会,以统一领导江南地区的党组织和武装部队。1947 年 4 月,中共江南地方工作委员会(简称江南工委)成立,蓝造任书记,祁烽任副书记。这时,隐蔽在各地的党员也重返各自的组织,参加党组织的活动和武装斗争,东莞率先在广东省恢复武装斗争。

四、惠东宝人民护乡团第三大队成立

1947 年 2 月初,中共江南地区特派员在惠阳县坪山召开干部会议,部署江南地区的武装斗争,决定以群众自卫组织维护治安的名义,在江南地区成立惠东宝人民护乡团、惠紫人民自卫队和海陆丰人民自卫队。从此,江南地区重建武装部队和恢复武装斗争工作。

惠东宝人民护乡团由蓝造任团长兼政治委员,曾建、叶维儒任参谋长。护乡团下辖 4 个大队,其中活动于路西东宝地区的为第三大队。1947 年 3 月,护乡团第三大队在东莞县凤岗乡官井头村成立,张军任大队长,杨培任政治委员,李和任副大队长,整个大队六七十人。此时,东莞队还未编入第三大队建制。

惠东宝人民护乡团第三大队成立后，在官井头村召开小队以上干部会议，研究制定武装斗争的方针策略。会议决定采取"统一领导，分散发展，逐步扩大"的战略方针，发动群众，组织武工队，打击国民党地方反动武装。在作战原则上，先打弱敌，后打强敌，先消灭分散的国民党区乡自卫队、联防队和地主武装，后集中力量打击国民党保安团。会议还决定大队部和主力中队西进宝安地区，以阳台山为中心，建立游击根据地，打开局面，支持各区斗争。

大队部和主力中队西进宝安之前，决定先打掉东莞凤岗之敌，推动清塘凤地区工作的开展。1947年6月，护乡团第三大队在副大队长李和率领下，袭击国民党凤岗乡公所和乡联防队，毙敌1人，伤敌2人。凤岗战斗后，护乡团第三大队大队部率主力中队进军宝安，开展武装斗争。

同年7月，东莞队根据中共江南工委的指示，开赴宝安编入护乡团第三大队建制。同月，第三大队在护乡团团部1个中队的配合下，攻打国民党塘厦大坪村联防队，毙伤敌3人。第三大队牺牲1名小队长，未攻下敌炮楼，遂撤出战斗。随后两次遭国民党观澜联防队袭击，弹药几乎耗尽。经历这几场战斗后，第三大队奉命到惠阳坪山集中整训，总结经验和教训。经过整训，部队重返东宝地区活动。

五、东宝地区游击战争的开展

惠东宝人民护乡团第三大队惠阳整训后，第三大队东莞队回到路西东莞，在国民党统治比较薄弱的梅长塘区活动。第三大队从路东三区抽调塘厦武工队，配合东莞队开辟梅长塘区游击根据地。东莞队进入梅长塘区后，以长山口、上下流洞、黄牛埔、巫屋村、黄猄坑等村为立足点，向梅塘、黄江、北岸伸展。先后打退国民党地方武装对长山口、梅塘以及黄狼坑的进攻，并镇压一些恶霸，责令反动地主把倒算的租息退还给农民。东莞队在驻地通过联系东江纵队复员人员和群众骨干，向群众宣传共产党的政策，发动群众反"三征"、反迫害，动员群众参军参战。这些地区，不仅建立武工队、民运队，而且恢复农会、民兵等群众组织。经过艰苦的斗争，梅长塘区游击基地初步形成。

在恢复大岭山老区工作方面，东莞队大岭山武工队首先联系地下党员参加武工队，又在虎门、大环村等地收集东江纵队留下的武器。随后，向大岭山南麓的河田、寮厦推进，建立莞太线武工队，并进入厚街、涌口、双岗一带活动。1947年10月下旬，大岭山武工队和莞太线武工队联合袭击国民党连平乡联防队，全歼守敌，缴获长短枪20余支。随着武装斗争的发展，大岭山武工队扩充为一个有30余人的武装排。年底，大岭山的队伍除留下1个武工队继续在大岭山活动外，其余到梅长塘区集中，与在梅长塘区活动的队伍合编为1个中队，称为铁鹰队。

1948年1月，何棠、谢金重率铁鹰队挺进大岭山，与大岭山武工队会合，开展游击战争。2月初，铁鹰队在莲花山迳口伏击前往大塘村催粮的国民党虎门守备总队1个大队，俘敌数名，缴获机枪1挺、步枪十余支。次日上午，铁鹰队转移到梅塘，在大朗乡犀牛陂迎击来犯的国民党县保警2个中队。谢金重在前沿阵地观察敌情时，中弹牺牲。为纪念谢金重，东莞队将铁鹰队改名为金重队。

同年3月初，东莞队从塘厦、长江（长山口、黄江）、大朗3支武工队中抽调人员组成1个中队，称为三龙队。3月11日，国民党广东省保安第八团1个连会同观澜、大坪联防队进犯长山口，塘厦武工队向梅塘突围，武工队队长赵应生在突围中牺牲。东莞队经过一系列战斗，把连平、犀牛陂两地连成一片，并打通梅塘经白花洞至宝安、下流洞经樟木头往路东三区的联系通道，扩大回旋余地；建立梅塘、长江2个乡民主政权。

在路东清溪区，各武工队分头向新区推进。塘凤武工队推向龙岗、沙湾、深圳附近，与护乡团第二大队联结起来；清溪武工队推向樟（木头）石（马）一带，组建樟石武工队，并向东江沿岸地区伸展；平湖也建立武工队。1948年春节，护乡团第三大队把路东三区的多支武工队合并，组成1个中队，称为华山队（后改为铁鸟队）。华山队打退南门山来敌，又在清溪豆腐阪伏击国民党联防队。武装斗争的连串胜利，逐步打开路东区的局面。

经过一年的艰苦斗争，惠东宝人民护乡团发展壮大武装力量，打击了国民党地方反动统治，为进一步建立和扩大东宝游击根据地打下了坚实基础。

第
三
节

解放区反"清剿"斗争

一、为反"清剿"做准备

国民党为确保在华南的统治，于1947年9月派宋子文到广东，任国民政府军事委员会广州行辕主任、广东省政府主席兼广东省保安司令。宋子文主政广东后，立即拼凑反动武装力量，扩编保安团队，制定"清剿"计划，设立"清剿"机构。从1947年12月开始，对广东人民武装力量发动"分区扫荡，重点进攻"的第一期"清剿"。1948年2月，中共中央香港分局发出《粉碎蒋宋进攻计划，迎接南征大军的指示信》（简称二月指示），针对宋子文的第一期"清剿"计划，确定"普遍发展，大胆进攻"方针。

根据中共中央香港分局的指示，江南地区的武装部队统一进行整编。1948年3月，广东人民解放军江南支队（简称江南支队）成立，蓝造任司令员，王鲁明任政治委员，祁烽任副政治委员，曾建任参谋长，刘宣任政治部主任，下设5个团。其中惠东宝人民护乡团第三大队扩编为江南支队第三团，张军任团长，黄华任政治委员，林文虎任副团长，杨培任副政治委员兼政治处主任，下辖东莞、宝安2个大队，1个主力中队和1个独立中队，活动于东莞、宝安地区。东莞大队（前身为东莞队）由袁卫民任教导员，何棠任副大队长，下辖金重队和三龙队（1948年8月合编为金龙队）2个中队。宝安大队由李和任大队长，周吉任教导员，下辖三虎队和活虎队 2 个中队。全团人数约 1000 人。江南支队第三团完成整编后，进行短期整训，随即参加反"清剿"斗争。

根据中共中央香港分局的决定，1948 年 4 月，中共江南工委撤销，成立中共江南地方委员会（简称江南地委）。同时，东莞、宝安地区成立中共东宝县委，黄华任书记，杨培任副书记。中共东宝县委下辖路东三区区委（张辉任书记）、莞太区委（方东任书记）、水乡区委（卢焕光兼任书记）、莞龙总支部（黎暖任书记）。东宝县委根据香港分局关于"放手大搞，粉碎蒋宋阴谋，争取华南彻底解放"的指示，提出"大力发展新区，巩固老区"的斗争任务，并积极扩军备战，为粉碎国民党军队的"清剿"做准备。

二、粉碎第一期"清剿"

1948 年 3 月至 5 月，驻广九线的国民党军第一五四旅、虎门要塞司令部 1 个团、广东省新编保安第十三总队，东莞、宝安两县团防及县警大队等 2500 多人，向解放军江南支队第三团进攻。江南支队第二团采取"以进攻粉碎进攻，巩固老区，开辟新区"的方针，展开反"清剿"斗争，取得一系列战斗胜利。

1948 年 3 月下旬，国民党军队首先向梅（塘）长（山口）（大）朗地区"清剿"。3 月 24 日，何棠率金重队和三龙队，在莞樟公路黄江路段截击进犯梅塘地区的国民党第一五三师 2 个连及东莞县警 300 余人，毙伤敌 26 人。5 月 7 日晚，黄华、林文虎率江南支队第三团团部和钢铁队从路东到达长山口，准备与东莞大队会合。8 日晨，国民党军队和联防队出动 250 人分三路从大坪、塘厦、樟木头向梅长朗地区合围。钢铁队立即派出兵力占领有利地形迎击来敌，其余队伍向长安墟转移。战斗打响后，金重队和三龙队登上梅塘一带山岭，在梅塘、黄牛埔、巫屋村民兵的配合下，阻击由公明墟前来增援之敌。此战，钢铁队冲破敌包围，毙伤敌 19

人。钢铁队牺牲 2 人，负伤 2 人，被俘 1 人。

同年 5 月 16 日，钢铁队和金重队在屏山水口，伏击进犯梅塘的国民党虎门守备总队第二大队第五中队、县警第四大队第九中队及地方联防队 200 余人。经过近两小时激战，歼敌 1 个连，毙敌排长以下官兵 15 人，伤敌副大队长以下官兵 20 余人，俘敌 24 人；缴获轻重机枪各 1 挺、长短枪 32 支、物资一批。江南支队第三团牺牲和负伤各 5 人。当天，驻观澜、塘厦、公明墟的国民党地方武装也同时出动，配合进犯梅塘地区，均被三龙队及民兵击退。战后，参战部队受到江南支队司令部的通报表扬。至此，国民党军队对梅塘游击区历时一个月的"清剿"被打破。

钢铁队和金重队乘胜挺进大岭山区活动，并向莞太线一带拓展，伺机出击敌人。5 月 21 日，钢铁队和金重队在横岗联合攻击国民党东莞县警第四大队 1 个中队和赤岭乡联防队，将敌追至赤岭附近，毙伤敌 2 人，俘敌 2 人，迫敌溃退。5 月下旬，三龙队从梅塘增援大岭山，与金重队协同作战，再次击退国民党地方武装对大环等乡村的"清剿"。次日，将再次进犯大环村之敌击退，并驱敌至连平乡，将县警第四大队 1 个中队包围于连平墟，毙伤敌数人。金重队和大岭山武工队乘胜袭击厚街联防队，毙敌副队长以下官兵数人。5 月底，钢铁队和金重队夜袭并全歼驻金桔岭的国民党县警 1 个中队，组织大沙、太公岭、梅林和百花洞等地民兵、群众破仓分粮数万斤。

6 月初，江南支队第三团返回梅长朗地区短期休整，其间夜袭并连接攻克东莞、宝安两县的国民党据点楼村；奔袭驻大岭山新飞鹅的国民党联防队，捣毁敌据点，缴获物资一批。同月，国民党虎门守备总队第二大队第六中队班长余寿华率士兵 6 人，携轻机枪 1 挺、掷弹筒 2 支、步枪 4 支起义，被编入江南支队第三团。

在路东地区，江南支队第三团以开辟游击新区为目标，进行反"清剿"斗争。1948 年 5 月下旬，江南支队第三团独立中队铁鸟队奉命向东江沿岸地区推进。夜袭桥头大洲的国民党联防队，击溃守敌，缴获轻机枪 1 挺，长短枪约 10 支。战后，部队撤回路东三区。6 月下旬，铁鸟队再次进入东江沿岸地区活动。进驻大洲村后，因未及时转移，被当地地主告密，遭到桥头、樟木头和埔仔墟 3 路国民党联防队数百人夹击。在战斗中，副排长巫喜辉等 4 人牺牲，指导员张尔等 4 人受伤，1 人被俘，部队被冲散。

1948 年 3 月至 1948 年 6 月，江南支队第三团及东莞县的地方人民武装，采取积极主动的军事行动，灵活机动地打退国民党军队和地方武装的多次进攻，摧毁不少敌军事据点，粉碎国民党军队对东宝地区的第一期"清剿"。在反击第一期"清剿"斗争中，江南支队第三团进行大小战斗 40 余次，队伍从 800 多人发展到 1200 多人，部队在战斗中得到锻炼，战斗力提高，武器装备得到改善；开辟新区，巩固老区，游击活动地区比年初扩大 1/3 以上。

三、粉碎第二期"清剿"

国民党广东军事当局的第一期"清剿"被广东人民武装打破之后，继续调集兵力，发动以江南地区为重点的第二期"清剿"——"肃清平原，围困山地"。1948 年 6 月下旬，国民党军队第一五四师开至广九铁路东莞、宝安和大鹏半岛沙鱼涌一带，广东税警总队进驻东莞，虎门守备总队集结于虎门、深圳两地，广东省保安第八团、第十三团、独立第七营集结于惠州、淡水、平山一线。其集结于惠东宝地区的兵力 1.2 万余人，占其在广东总兵力的 1/5。除一部分负责广九铁路和重要据点守备之外，尚有六七千人的兵力用于机动作战。6 月底，国民党军队开始大规模对东莞路西地区进行"清剿"，重点放在梅（塘）长（山口）塘（厦）、犀牛陂、大朗、大岭山地区，总兵力达 3000 多人，仍沿用"肃清外围""分进合击"战术，企图将人民武装压迫一隅加以围歼。

针对国民党广东军事当局的第二期"清剿"，中共中央香港分局作出"积极出击，建立主力，坚持平原，掩护山地"的斗争策略，要求各地人民武装在普遍发展中，组织主力部队，集中优势兵力，逐步歼灭敌人有生力量。

6月中旬，在中共中央香港分局副书记、粤赣湘边区临时委员会书记尹林平主持下，中共江南地委在坪山召开干部会议，研究和部署反"清剿"斗争，制定"进一步对敌进攻，发展自己，扩大胜利果实，先发制人，粉碎敌人进攻阴谋"的军事斗争方针。同时根据敌我态势，作出部署。6月底，江南支队第三团在黄獐坑召开骨干会议，传达支队司令部反"清剿"的战斗部署，研究对敌斗争策略。会议决定，队伍分散活动，伺机打击敌人。在军事行动上主要采取两种方式：在敌人薄弱据点的外围活动，诱击或伏击敌人，迫使敌人放弃这些据点，收缩兵力于少数大据点之中；继续向新区发展，填敌人空格，开辟东江沿岸地区等新区。

第三团领导人对活动地区作了分工：黄华率东莞大队留在路西牵制国民党军队；张军、杨培率团部转移到路东；林文虎率钢铁队到江南支队队部集结；宝安大队继续在宝安地区坚持斗争。6月29日，黄华、何棠率东莞大队从黄獐坑转驻北岸岗，背靠宝山南麓，牵制国民党军队的"清剿"。次日晨，国民党广东省保安第八团、第十四团、第十五团共3000余人从塘厦、大朗、梅塘分三路向东莞大队合围。东莞大队与十倍之敌激战，至下午4时，突围转移到上流洞村附近。此战，毙伤敌近百人，东莞大队副排长王克仔等4人牺牲，6人受伤。随后，东莞大队分散到路东、莲塘头、大朗、东坑等地，与敌周旋。

7月7日，东莞大队夜袭犀牛陂国民党据点，击溃敌排哨。

14日，东莞大队在黄猄坑阻击国民党虎门守备总队2个连及县警大队共300多人，毙伤敌官兵18人。8月初，东莞大队开辟东坑新区。9月19日，夜袭梅塘龙见田村，全歼国民党县警1个中队，毙伤敌十余人，俘敌45人，缴获机枪3挺、长短枪及物资一批。9月26日，东莞大队攻打国民党大朗乡联防队，毙伤敌十余人，俘敌30余人，缴获枪支弹药一批，并破仓分粮。10月1日，袭击东坑墟，缴获国民党东坑警察分驻所全部枪械，并乘胜推进大朗，围攻大朗乡公所，缴获国民党大朗警察分驻所和乡公所自卫队的全部枪械。10月初，东莞大队驻东坑塘唇村，击退来犯的国民党县警1个中队，俘敌4人，缴获枪械6支。随后部队转移至宝陂，再次击退来犯的国民党县警，俘敌数人，缴获机枪1挺、步枪10支。10月7日，缴国民党黎村墟自卫队50余人的枪械。

11月28日，杨培率第三团独立中队（铁鸟队）从宝安转至东莞，与东莞大队会合，开往大岭山区活动。12月5日，为避开国民党军队"清剿"，从大岭山区大环村转移到石马乡蜢蛇坑村。12月6日晨，在蜢蛇坑村击退国民党东莞县警500余人的偷袭。此战，毙伤敌数十人；班长叶洪等4人牺牲，7人受伤。

12月14日，第三团独立中队和东莞大队在清溪乡柏朗村，遭到国民党广东省保安第十五团1个连和清溪联防队的袭击。独立中队和东莞大队将敌击退，毙伤敌十余人，缴获机枪1挺、步枪数支。

1948年下半年，江南支队第三团在反"清剿"斗争中，进行大小战斗十余次，毙伤敌200余人，俘敌350余人，缴获机枪9挺、长短枪300余支，打击和牵制了敌人，迫使进驻大朗、梅塘、田心、杨屋、西牛坡、横岗之敌撤走，巩固和发展了梅（塘）长（口山）（大）朗、大岭山等根据地，配合江南支队主力粉碎了国民党军队第二期"清剿"的斗争。

第
四
节

扩展解放区

一、粤赣湘边纵队东江第一支队第三团成立

为了加强和统一粤赣湘边区党组织和军事斗争的领导，适应新的斗争形势的需要，1948 年 12 月 15 日，中共中央香港分局报请中共中央批准，决定成立中共粤赣湘边区委员会（简称粤赣湘边区党委），尹林平为区党委书记，黄松坚、梁威林为副书记。粤赣湘边区党委管辖东江地区的九连地委、江北地委、江南地委及滃江地委、五岭地委、珠江地委。1948 年 12 月下旬至 1949 年 1 月中旬，粤赣湘边区党委在惠阳安墩（今属惠东）召开第一次全体会议。会议总结 1948 年的工作，传达中共中央主席毛泽东于 1948 年 11 月 15 日对南方游击战争的重要指示，根据毛泽东关于"我军主力现时宜集中在长江流域歼灭国民党主力，则将来南方各省之占领及发展甚为容易，且此种时机已不甚远，你们应依靠现有基础逐步发展，准备迎接主力的到来"的指示精神，对军事、经济、民运、统一战线，以及粤赣湘边区游击战争的发展战略、方向、任务等问题进行讨论，确定斗争的方针和任务，作出了《关于时局分析和今后工作任务的决定》。

1948 年 12 月 27 日，中共中央电复香港分局，批准成立中国人民解放军粤赣湘边纵队（简称粤赣湘边纵队）以及闽粤赣边纵队、桂滇黔边纵队。粤赣湘边纵队以尹林平为司令员兼政治委员、

黄松坚为副司令员，左洪涛为政治部主任，后增补梁威林为副政治委员、严尚民为参谋长。1949年1月1日，粤赣湘边纵队、闽粤赣边纵队、桂滇黔边纵队联合发表宣言，宣告这三支部队成立。

1949年1月17日，粤赣湘边区党委下令统一改编所辖部队。活动于东江南岸地区的广东人民解放军江南支队改编为粤赣湘边纵队东江第一支队（简称东江第一支队），活动于九连地区的广东人民解放军粤赣边支队改编为东江第二支队，活动于东江北岸地区的广东人民解放军江北支队改编为东江第三支队。其中东江第一支队由蓝造任司令员，王鲁明任政治委员，祁烽任副政治委员，曾建任参谋长，刘宣任政治部主任。随后，各支队所属部队也进行整编。东江第一支队下辖7个团和2个独立营。江南支队第三团改编为东江第一支队第三团（简称第三团）。新组建的第三团，由杨培任政治委员，麦定唐任副团长，黄永光任政治处主任。第三团辖2个营和1个税警连。第一营营长何棠，教导员刘辉，下辖3个连；第二营教导员周吉，下辖2个连。

东江第一支队第三团建立后，按照粤赣湘边区党委和江南地委的部署，主要在东（莞）宝（安）地区开展游击战争，参与创建和巩固以东江为中心的战略基地。

二、开展春季攻势

1949年春，粤赣湘边纵队所属部队，根据中共中央关于"1949年是南方游击战争和游击根据地大发展的一年"的指示精神和香港分局关于"全面发展，重点巩固"的方针，在粤赣湘边区党委的统一部署下，对国民党军队发动春季攻势。

1949年1月，余汉谋接任国民党广州绥靖公署主任，薛岳接任国民党广东省主席兼保安司令。余汉谋、薛岳上台后，整饬部队，调整部署，将原有的25个国民党保安团重新补充整编。其中 10 个保安团划为国防军，归余汉谋指挥，另外 15 个保安团编为 5 个保安师，由薛岳统领，策划向广东人民武装力量发动新的进攻。国民党广东军事当局将其主力置于粤赣湘边区的粤北和东江一线。其中保安第三师和第五师驻东莞、广九线及陆丰沿海。

东江第一支队第三团于 1949 年 1 月下旬展开春季攻势。1 月 20 日，第三团一营在东莞长山口伯公坳歼灭驻梅塘的国民党县保警 1 个排，并击退从梅塘增援的县保警 1 个中队，缴获轻机枪 1 挺、长短枪 20 余支。1 月 25 日，第三团一营营长何棠率领第一连（金龙队）和东坑武工队，夜袭国民党东坑乡联防队，俘敌队长以下官兵 15 人，缴获机枪 1 挺、步枪 11 支。30 日，第三团一营围歼连平石马乡大迳联防队，解放大迳。2 月 4 日，第三团出击驻寮步墟的县保警大队，俘敌 2 人，缴枪 3 支。2 月 4—7 日，第三团在榕树界、九里潭及牛园、古塘垄村一带连续作战，多次击退骚扰榕树界和张家山的莞城国民党驻军。

2 月 10 日，打入国民党怀德乡公所和乡联防队任乡长兼联防队长的共产党员邓奕光，在第三团手枪队的配合下，于怀德乡诱捕国民党虎门要塞司令部上校参谋及警卫员 8 人，缴获手提机枪和短枪各 2 支。接着，集合全体联防队员 30 余人，宣布起义。起义的怀德联防队，有重机枪 1 挺、轻机枪 2 挺、步枪 20 余支。并于当晚开到大岭山区大塘乡，与大岭山的独立排合编为第三团大岭山区中队，代号"镇平队"（后与黄龙队合编为镇龙队），邓奕光任队长。同日晚，麦定唐率第三团一营一连打击怀德乡田尾村的地主武装，缴枪数支；何棠率第三团一营二连攻打北山乡北栅村联防队，并打开粮仓，将 30 多吨粮食分给当地贫苦农民。

2 月 15 日，第三团在莲花迳截击国民党广东省保安第十五团二营及县保警一部，毙伤敌 20 余人，俘敌十余人，缴获机枪 1 挺、步枪 20 余支。16 日，第三团一举歼灭袭扰大塘乡的国民党县盐警中队，俘敌中队长 1 名并将其处决。同日，突入樟木头石马墟，占领乡公所和南炮楼，缴获重机枪 1 挺、冲锋枪 1 支、步枪 57 支、手枪 11 支、子弹 30 余发。17 日，再次突入石马墟，收缴步枪 6 支、手枪 2 支，并毁坏乡公所和南炮楼。

2 月 27 日，第三团袭击在怀德强征军粮的省保安第十五团 1 个营及县保警 2 个中队，毙敌 4 人，俘敌 13 人，缴获机枪 1 挺、掷弹筒 4 个、步枪 4 支、子弹 1000 余发。28 日，第三团打退进驻怀德的国民党虎门要塞守备总队第三大队，并迫其驻北栅的 2 个中队撤回虎门。此战，毙敌 7 人，俘敌 19 人，缴获六〇炮 1 门、重机枪 1 挺、掷弹筒 2 个、炮弹 2 箱、长短枪 10 支、子弹 5000 发以及手榴弹等一批。这一系列战斗的胜利，解放了怀德，打开了宝太线人民解放斗争的新局面。3 月 5 日，第三团召开军民祝捷大会，庆祝怀德、大迳解放。

3 月 6 日，第三团转移到水濂山大雁塘。翌晨，国民党军队第一九六师 5 个连、虎门守备总队 1 个大队、省保安第十五团 1 个营、东莞县保警 2 个中队共约 2000 人，分 5 路前来合击。第三团二连和镇平队集中击敌最弱一路，打退敌人多次冲锋，掩护主力部队安全转移到新飞鹅村。此战，毙敌 4 人，伤敌数人；第三团牺牲 2 人，负伤 6 人。

第三团在 1949 年春季攻势中，经历大小战斗十几次，共毙伤敌 100 多人，俘虎门要塞司令部上校参谋以下官兵六七十人，解散 2 个反动联防队，缴获六〇炮 1 门、重机枪 2 挺、轻机枪 4 挺、长短枪 100 多支；攻占怀德等一批国民党军队据点，控制（东）莞太（平）、宝（安）太（平）公路线，解除大岭山南面的威胁，解放怀德、大迳等乡村，巩固大岭山根据地。同时向宝安西路地区进军，袭扰宝安县城南头，占领敌军重要据点，将东宝根据地连成一片，从而使惠（阳）东（莞）宝（安）平原游击根据地进一步巩固，促进海陆惠紫五边战略基地的形成。

三、扩展大岭山游击根据地

1949年5月7日，中共中央华南分局发出《对大军渡江后华南工作的布置》，布置华南地区在军事斗争、政权建设、干部培养、城市接管、经济建设以及组织发展等方面的工作，并要求在大军未到以前，必须将农村完全解放，控制在手内，以便到时大军可集结力量解决城市工作及追歼残敌，不必分兵帮助下乡肃清残匪。同月，中共东宝县委进行调整，由杨培任书记。同时，东江第一支队第三团的领导人也作相应变动，麦定唐任团长，何棠任副团长。调整后的东宝县委，确定"加紧工作，做好准备，努力学习，赶上形势，迎接胜利，解放东宝"的总任务，具体工作是：积极扩军建政，大力发展新区，组织群众，发展经济；准备接收城市，收编国民党军队，建立革命的新秩序；扩党建团，大量培养干部；克服各种不正确思想；加强学习，提高觉悟，努力建设新东宝。第三团在东宝县委的领导下，对国民党军队展开全面攻势，巩固和扩展大岭山游击根据地，开展东江沿岸和水乡地区的游击战争，努力扩大东宝根据地。

4月初至9月下旬，第三团先后输送11个连又1个排到纵队和支队主力部队。由于人员大量上调，第三团加紧扩充。第一营、第二营上调纵队后，第三团先后组建新一营、新二营。第三团经过补充和短暂的整训，主动对敌出击，扩展以大岭山为中心的游击根据地。5月2日，第三团飞龙、飞虎两个武工队，联合黄沙、岭东两个文工队，夜袭霄边国民党锦厦乡公所，俘敌乡长、大队副以下官兵12人，缴获轻机枪3挺、卡宾枪1支、步枪19支。6月21日，李桂平、刘辉率第三团新一营第二连（黄龙队）从大岭山沿莞樟线破桥梁，剪电线，破坏敌人的交通通讯设施，当天夜晚在浮竹山村宿营，拂晓前被驻寮步的省保安第十四团和县警大队共 600 余人包围。第二连仓促应战，大部分突出重围，牺牲 13 人，被俘 6 人，负伤数人。7 月，第三团飞虎队会同宝太、莞太、黄沙等 7 个武工队，在地方党组织配合下，袭击虎门外围广济桥的守敌，毙敌十余人，缴获机枪 1 挺、步枪十余支。8 月 12 日，第三团新一营解放霄边。8—9 月，第三团猛虎队在厚街地区和莞太线频频活动，袭击国民党厚街联防中队和河田乡联防中队，活捉这两个联防队的中队长。在短短两个月时间里，猛虎队缴获敌人各种枪支 50 多支。9 月 1 日，第三团在新一区（辖大朗、常平）文工队、武工队及工作队配合下，包围国民党东莞县警察局大朗分驻所和大朗乡公所联防队，俘敌 20 人，缴获轻机枪 1 挺、步枪 20 余支，解放大朗墟。9 月，邓奕光率领留在宝太线活动的 3 支武工队伍，夜袭国民党锦厦村联防队，全歼守敌，缴获重机枪 1 挺、轻机枪 2 挺、步枪 20 余支。随后，他们组织群众烧毁北栅公路桥，剪断电话线，袭扰太平镇，使敌陷于困境。同月，第三团飞虎队、黄沙武工队推进莞城外围，登上金鸡岭，用机枪射击莞城西门楼和国民党县政府，烧毁莞樟汽车站。

在人民解放战争节节胜利的形势下，粤赣湘边区党委和江南地委先后发出指示，要求各地党组织和人民武装展开政治攻势，分化瓦解敌军。东江第一支队发出《告国民党地方官兵书》，敦促国民党官兵认清形势，争取起义。在强大的政治攻势和军事打击下，东莞地区国民党的党、政、军人员纷纷与人民武装联络投诚。四五月间，中共东莞蒋管区委通过统战工作，争取番禺自卫队第二中队副中队长尹达率队起义。起义队伍携重机枪 1 挺、轻机枪 1 挺、步枪 40 支以及短枪 10 支，奔赴大岭山根据地，整编为东江第一支队第三团主力部队。8 月，寮步横坑国民党乡长钟树怀解散联防队，向第三团交出轻机枪 2 挺、步枪 30 余支。国民党万顷沙自卫大队派人洽谈起义，但由于时机未成熟，中共东宝县委令其继续与第三团保持联系，伺机起义。东莞解放前夕，第三团团部派人收编万顷沙自卫大队，从中挑选 1 个连编入第三团。

四、东江沿岸、水乡老区人民配合开展游击斗争

东莞县谢岗、桥头、企石、石排一带的东江沿岸地区。自 1946 年东江纵队北撤后，成为国民党统治区，中共东莞地方组织和政权组织遭到严重破坏。

广东恢复武装斗争后，中共东莞地方组织先后派人到东江沿岸地区开展游击战争，但屡遭挫折。1949 年 4 月，根据中共东宝县委关于"大力发展新区"的方针，东江第一支队第三团再次派武工队进入司马、企石一带开展活动。武工队在当地党组织和群众的支持下，逐步开展游击战争。武工队得到不断壮大，并在企石、桥头附近设卡收税。8 月，第三团增派另一支武工队进入东江沿岸地区，统一领导这个地区的游击战争。同时，东宝县委派出组工队与之配合，以石水口为据点，向桥头、谢岗等地发展，恢复和建立党的组织及农会等群众组织。从此，东江沿岸地区的斗争局面逐步好转。

水乡老区的游击斗争同步开展。1949 年春节期间，中共东宝县委副书记卢焕光在河田乡主持召开水乡和莞太线主要领导人会议，到会的有黄永光、祝锦龄、王纪平、方东及罗金润。会议学习新华社 1949 年新年献词《将革命进行到底》，总结交流斗争经验，决定进一步发展水乡武装组织，把部分武工队扩编为连队。从 5 月至 8 月，水乡区委按照东宝县委的布置，先后建立 3 个连队和一批武工队。这 3 个连队分别称为蛟龙队、青龙队和过江龙队。蛟龙队上调第三团后，重新成立飞龙队（后改称生龙队）。

6 月中旬，蛟龙队在武工队配合下，在牛牯洲附近伏击县警

第三大队从黄埔开往莞城的电船。敌弃船而逃，退回卢村滘头。此战毙敌1人，俘敌3人，缴获电船1艘、步枪2支以及弹药一批。7月中旬，蛟龙队在半边围袭击县警第三大队1个中队。青龙队配合蛟龙队作战，在潢涌阻击增援之敌。8月30日，蛟龙队和过江龙队以及工作队30多人，由袁家涌转移到吴家涌。县警第三大队和东增联防队出动400多人包围袁家涌，在袁家涌扑空后，向吴家涌奔袭。蛟龙队和青龙队寡不敌众，大部分撤出战斗。敌人攻入村后大肆抢掠。此时，隐蔽在吴家涌村边树林中的蛟龙队一个排突然向村内之敌反攻，原已撤出的蛟龙队另一个排也杀回吴家涌，形成内外夹攻之势，打得敌人争相逃命。部队乘胜追击，毙敌4人，缴枪6支。经过一系列打击，县警第三大队从潢涌撤出。潢涌获得解放。

9月12日，水乡部队乘胜进击广（州）虎（门）公路的重要据点中堂墟。蛟龙、青龙、过江龙3个连队强攻中堂警察所，全歼守敌，毙敌3人，俘敌18人，缴获步枪19支、短枪2支、弹药及物资一批，解放中堂墟。水乡部队在中堂墟召开群众大会，宣传共产党的政策，并打开国民党县政府设在中堂的粮仓，把粮食分发给贫苦群众。13日，县警第三大队第三、四营由水路进犯中堂。水乡部队迎头痛击，打退敌人。第三团编印战报，张贴各处，公告潢涌、中堂解放。9月下旬，蛟龙队在稍潭伏击县警第三大队的电船，击毙县警副中队长及警兵各1人。

随后，水乡地区恢复和发展党组织，建立中共新四区区委和区人民政府；潢涌、低涌、新宁等乡也陆续建立乡人民政府。

第五节 解放区配合南下大军解放东莞

一、开展支前工作

1949 年 9 月，解放军南下野战军到达江西赣州，准备解放华南。同月，改组后的中共中央华南分局在赣州召开扩大会议，研究和决定解放华南等重要问题。会议讨论通过《华南分局关于支前工作的决定》，指出：南下大军即将进入广东，消灭蒋匪残余势力，解放广州，解放广东全省，这一大规模的作战行动，必须有巨大的有力的支前工作配合，因此，广东全省党、政、军、民应该紧急动员起来，以全力支持大军作战，争取这一战役的迅速胜利。根据华南分局关于支前工作的决定，中共江南地委成立江南支前委员会，统一指挥江南地区支援前线的工作。

9 月，中共江南地委对江南地区的支前工作作紧急动员，要求各地努力发动和组织广大劳动青年、妇女群众积极参加民工战勤、修桥筑路，磨军米，送军粮，设立茶水站，做交通向导，慰劳过境大军。中共东莞县委和东莞县人民政府积极做好迎军支前工作，于 9 月召开各区党政领导干部扩大会议，布置各区乡迅速筹集粮草，做好供应南下野战军粮草的工作；组织民工队伍，准备支援南下野战军作战。会议决定临时组建东宝支前司令部，杨培任司令员、祁烽任政治委员。10 月 6 日，祁烽在东莞屏山水口召开会议，进一步布置支前工作。10 月 7 日，中共东莞县委在大岭山瓮窑开会。县委书记卢焕光主持会议，研究发动组织群众迎接解放问题。在临时成立的东宝支前司令部和中共东莞县委的领导下，东莞各区乡党组织和人民政府积极发动群众，开展迎军支前工作。

迎军支前的一项重要任务是搭桥修路。新三区内的5条公路（包括清龙、清塘、清樟、惠樟、塘梅公路），长达四五十千米。中共新三区区委规定，各乡负责所在乡路段的抢修，以保证部队交通运输畅通无阻。

在支前工作中，东莞几乎村村成立民工队、担架队和宣传队。全县共出动长途民工近千人、短途民工1.28万人，其中出动民工协助部队抬担架、运输、抢修公路、桥梁达1.15万多人次。在铁路、公路沿线，普遍建立民夫队、担架队，成立茶水站、歇宿站、洗衣组、缝补组和代耕组，为南下野战军做好进军的一切准备。凤岗乡官井头村党支部组织30多人的支前队伍，协助南下野战军运送物资，最远运送到30多千米以外的惠阳坪山。

东莞各地成立征粮队，努力做好粮食、柴草和住宿的准备。东宝支前司令部估计南下野战军有15万人经过东宝地区追歼南逃之敌，共需组织7.5万名民工，加上地方解放军半个月的粮草，东宝两县需要准备5000吨粮食。东宝支前司令部按照这个数目积极筹粮。据不完全统计，1949年9月，东莞县新一、新二、新三区征得粮食4074.5吨；莞太线筹集稻谷900吨。10月中旬，到达石龙的第四野战军第十五兵团四十四军一三一师提出急需大米50吨时，东宝支前司令部立即组织7艘货船，将大米140吨和一批副食品及时运到一三一师驻地石滩。

两广纵队、粤赣湘边纵队第一、第三、第四独立团及粤赣湘边纵队第四支队到达石龙、莞城、太平一线后，略作休整。东莞县人民全力支援粮食物资，筹集船只，以便解放军继续解放南海、番禺、顺德、中山及沿海地区。

为配合解放军迅速解放万山群岛，1949年年底，中共东莞县委、县人民政府派出大批干部深入农村发动群众，组织和征调大量的电船和木船供解放军渡海作战演习之用，在解放万山群岛战斗中，东莞县出动6艘电船、77艘民船投入战斗，参战民工800余人，支持和配合部队解放万山群岛。

东莞县人民群众在党组织和各级人民政府的发动组织下，出色完成迎军支前任务，为解放东江乃至广东全境作出贡献。

二、东莞全境解放

1949年9月下旬，解放军突破国民党军队的"湘粤联合防线"，分三路向广州方向迅猛进军。左路军和右路军于10月7日攻占粤北重镇韶关，10日解放广州。

按照中共广东战役南路军前线委员会的命令，雷经天、尹林平、曾生率领两广纵队、粤赣湘边纵队5个团和第四支队，在粤赣湘边纵队东江3个支队支援下，分三路向广州东南方向挺进。第一路两广纵队第一师和粤赣湘边纵队独立第六团，于10月13日抵河源，10月15日直取博罗。第二路两广纵队第二师和粤赣湘边纵队独立第二团，先后在东江第一、第二、第三支队配合下，由河源直插惠州。10月14日，国民党军闻风逃离惠州城和东莞县城。同日，第三路粤赣湘边纵队第四支队，独立第一团、第三团和第四团，从平山、淡水进至广九线上的樟木头，10月15日直取东莞虎门，切断敌南逃之路。10月19日，南路军前线委员会率领两广纵队第一师进占石龙，迫使国民党税警团和粤汉路护路总队起义。同日，两广纵队第二师和粤赣湘边纵队第四支队占领虎门要塞。至此，国民党军队沿珠江南逃之通道被解放军切断。

10月1日，中华人民共和国宣告成立，东莞县解放区人民相继举行庆祝大会。10月2日，新三区全体区乡干部和区中队100

多人，到龙岗墟参加江南地委召开的庆祝新中国成立大会。10 月11 日，东莞县人民政府、第三团团部及第一营在黄江镇黄牛埔村举行庆祝新中国成立大会。黄江、大朗、大岭山等地的群众和支前民兵，地方政府工作人员、文工队和武工队队员参加庆祝活动。

东江第一支队第三团和武工队积极配合南下野战军，展开肃清残敌、保卫莞城的战斗。10 月12 日，第三团新一营进驻桥头司马乡，打垮田尾反动武装；13 日，又在田尾附近截击从江西逃窜而来的国民党第一○九军一五四师残部。新一营二连于13 日挺进石龙，与第四野战军四十四军一三一师会合，追击残敌，保护石龙南北两座铁路大桥。当晚9 时，新一营占领国民党石龙区公所和警察分局。14 日晨，解放石龙。同日，东莞新三区中队配合粤赣湘边纵队先头部队解放清溪；两广纵队先头部队和东莞新三区中队进占樟木头，第三团进占天堂围，樟木头、天堂围相继获得解放。15 日，第三团进占塘厦，塘厦获得解放。至此，清塘地区获得全面解放。同日，第三团在天堂围截击沿广九铁路南逃的国民党军队；驻厚街的国民党县警1 个中队，企图乘解放军抵达前洗劫厚街，第三团猛虎队迅速开赴厚街，在当地民兵的配合下，围歼县警中队，并占领厚街乡公所和厚街警察所，解放厚街；黄沙武工队占领篁村乡公所，解放篁村。

国民党驻东莞县城的武装及政府人员，大部分于10 月14 日至15 日逃离莞城。莞城守敌大部分从水路逃跑，驻守莞城的县警第三大队也于15 日下午逃离莞城。莞城处于"真空"状态。15 日晚，各路土匪企图乘机洗劫莞城。莞城商会组织一支有30 多人的自卫队，抵抗土匪的抢掠，结果被土匪缴械。鉴于这种紧急情况，中共莞城总支部负责人卢佳、冯华一面组织工人和商民保卫莞城，一面迅速将情况向县委反映，建议迅速派附近武工队进城维持治安。中共东莞县委接到这一紧急情报后，立即指示附城武工队和水乡武工队，迅速进入莞城控制局势。16日下午4时，黎柏芳率黄沙武工队和部分民兵进入莞城，到达西城楼一带。黄昏，陈成来率青龙队、过江龙队从江城洲直插莞城，在新河口遇到入城抢劫的土匪，即予以截击，缴获枪支一批、电船1艘。随后，青龙队、过江龙队陆续从万江过河，进入莞城。过江龙队进驻上清观，控制西城楼制高点；青龙队进驻陈氏家祠，控制省渡船码头；祁日升独立排进驻北隅关帝庙。这3支队伍构成"品"字形阵势，控制莞城，并派出巡逻队维持治安。

10月16日，粤赣湘边纵队司令部命令东江第一支队第三团，从宝安回师东莞，配合兄弟部队解决莞城之敌。第一支队副政治委员祁烽以及麦定唐、杨培、何棠，立即率领第三团从天堂围出发，连夜赶到寮步宿营。17日中午，第三团由寮步经莞樟路直奔莞城。部队从西门列队进入莞城后，数千名群众夹道欢迎，鸣放鞭炮。国民党县警第三大队的残余队伍投降，第三团迅速接收国民党军警武器弹药和军需品。当天，东莞县军事管制委员会成立，对东莞实施军事管制，并张贴第一号布告，宣告东莞解放。中共东莞县委、县人民政府机关从大岭山解放区迁到莞城。同日，南下野战军和粤赣湘边纵队主力部队开进虎门、麻涌、樟木头等地，清剿残敌。

11月2日，莞城各界在东莞中山公园举行庆祝新中国诞生暨东莞全县解放大会，有2万多人参加。县委书记、军管会副主任卢焕光，县人民政府县长兼军管会副主任杨培，副县长袁卫民分别在庆祝大会上讲话，号召全县人民行动起来，热烈支援前线，恢复生产，肃清土匪特务，巩固革命秩序，同心合力，在中国共产党和人民政府的正确领导下，努力建设新东莞。会后进行盛大巡行，队伍长达六七里，沿途观众人山人海，盛况空前。晚上还在东莞中山公园举行游艺晚会，军民联欢，同庆解放。

第
六
节

解放区建设

一、解放区的政权建设和群众团体的发展

东宝地区政权建设根据实际情况分两种方式进行。一种是在党组织和人民武装完全控制的地区以及已开展减租减息的地方，建立各级民主政权，这种政权称为"一面政权"。1948 年，东宝人民武装粉碎两期"清剿"后，在梅（塘）长（山口）（大）朗地区，先后建立乡级民主政权。在大朗的屏山水口、松木山和路东的官井头、铁场、三峰、土桥等村，陆续建立村级民主政权。在此基础上，中共东宝县委从地方组织中抽调一批干部，组成建政工作队，在大岭山区和莞太线的河田、桥头、厚街以及路东的清溪、塘沥、凤岗、雁田等地，开展区、乡、村三级民主政权建设。另外，派遣干部进入国民党统治区，把其基层政权改造成为"白皮红心"的"两面政权"。

区、乡、村级人民政权陆续建立起来后，中共江南地委决定在辖区内建立统一的人民政权。1949 年 5 月，在广九铁路以东地区成立路东县人民政府，管辖范围包括：惠阳县属的坪山、龙岗、秋长区；东莞县属的潼湖区和清塘凤区；宝安县属的大鹏区。同年 6 月，在广九铁路以西地区成立路西县人民政府，管辖东莞、宝安两县解放区大部分地区。路西县人民政府下设 3 个区政府：新一区政府，辖梅塘、长山口、大朗、东坑；新二区政府，辖大

岭山地区和莞太、宝太线部分地区；宝安区政府，辖宝安县路西游击区。路东县人民政府所辖的路东三区，为东莞县的清溪、塘沥、凤岗、樟木头、雁田一带。9月，根据形势发展的需要，东莞、宝安两县分开，分别成立东莞县人民政府和宝安县人民政府。清塘凤区重新划归东莞县。东莞县人民政府下设3个镇，即莞城镇、石龙镇、太平镇，以及4个区政府：新一区辖梅塘、大朗、东坑、常平，新二区辖大岭山、篁村、厚街，新三区辖清溪、塘沥、凤岗、樟（木头）石（马），新四区辖水乡。至此，全县有36个乡建立民主乡政权，约占全县58个乡的62%；有123个村建立民主政权。

东宝地区的农会、妇女会等群众组织，在东江纵队北撤后被迫解散。恢复武装斗争后，东宝地区党组织在乡村中发动和组织群众，重新建立农会、妇女会、青年会及民兵等各种群众团体。至东莞解放前夕，全县建立2231个农会。

1949年5月，中国新民主主义青年团东莞筹委会成立，开始在解放区和蒋管区开展建团工作。东莞解放前夕，东莞城乡都发展一批青年团员，建立团的基层组织。同时，东宝地区党组织做好青年妇女工作，在乡村建立基层妇女组织妇女会、青妇组，吸收青年妇女入党入团。

东宝地区的农会、民兵、青年团、妇女会、青妇组、儿童团等各种群众组织，在解放战争中发挥积极作用，为东宝地区的解放作出重要贡献。

二、解放区的财政和经济建设

东莞县党组织和人民武装在领导人民解放斗争中，积极开展经济建设，既解决游击战争的需要，又改善游击根据地内人民群众的生活。

1947 年 7 月，惠东宝人民护乡团按照抗战时期东江纵队征收税目税率条例，制定惠东宝人民护乡团进出口货物征收税目税率条例，在游击区内颁布施行。同年 8 月，惠东宝人民护乡团第三大队在樟木头樟坑成立宝安税务总站，主要任务是征收来往东江、香港之间的货物过境税。同年 11 月，在东莞长山口成立东莞税站。1948 年 2 月，东莞税站转移到黄牛埔。为保护税收，税站于同年 4 月建立税警班，后发展成为税警连。1948 年 6 月，宝安税务总站改为东宝税务总站，下辖东莞、宝安、路东 3 个支站，支站下设分站。同年 7 月，东莞税务支站成立，下设黄牛埔、松木山、霄边 3 个分站。至 1949 年 2 月，东莞税务支站发展到 7 个分站，有税务工作人员 50 多人。1949 年 6 月，东宝税务总站改为东宝税务处（代号亚洲）。下设东莞、宝安、路东 3 个税务总站。此时，东莞税务总站有 9 个分站和 2 个工作组，有税务工作人员 80 多人。税站不仅在游击区内收税，也到蒋管区的墟镇内收税，税收工作从山路、公路、水路的交通线扩展到铁路。由于税率合理，手续简易，税收取得较大成绩。1947 年 11 月至 1948 年 12 月底，东莞税站共收税款大洋券 43.2 亿多元、港币 9.1 万港元；1949 年 1 月至 7 月共收税款港币 15 万多港元。

1949 年 6 月 18 日，东江第一支队政治部发布《关于减租减息与征收公粮指示》。东宝县委、县人民政府根据这一指示，结合实际制定和实施《减租减息，征收公粮条例》。在减租方面，规定所有地主、富农及一切学田、公田等，不论何种租田形式，一律实行二五减租，即按原租额减去二成半。如果原租额过高，二五减租后，可按耕地正产物收获量对分后减二五；原租额低于对分者，不得借此提高，但可少减或免减。在清息减息方面，规定过去农民向地主和旧式富农所借旧债，一律按年利 20% 计算（谷价），债务人已付利息超过原本一倍者，停息还本；利息二倍于本金者，本息停付。减租减息条例公布后，东宝县人民政府派工作队在黄牛埔开展减租减息试点工作。路东三区的减租减息则以官井头为试点，取得经验后在全区普遍推行。在征收公粮方面，按每公顷征收干谷 45 千克。实行减租减息的地区，公粮由地主与佃农对半负担。未进行减租减息的地区，地主负担 2/3，佃农负担 1/3；自耕农（富农除外）和军工烈属按征收额八折缴纳；自耕农同时又是军工烈属者，可再打八折缴纳；赤贫和鳏寡孤独者则根据实情减收或免收；因自然灾害歉收或反动派摧残损失重大者，则按实情酌予减纳或免纳。

1949 年 4 月 1 日，粤赣湘边区党委发出《关于发行"公粮债券"致各地委的指示》。东江第一支队第三团和路西县人民政府贯彻这一指示，于同年 6 月联合发出《关于借粮解决南下大军的给养问题的通知》，要求东宝地区人民带头认购债券，并指出推行公粮债券的具体办法为：八成用以养兵，二成办农贷，保证有借有还有息，并可作夏秋两季缴纳公粮之用，每担每月息谷 1 千克，销债时九成收谷，一成作为预付之利息，认购者，可以现金或其他实物依时价折算。公粮债券推出后，群众积极拥护，东莞县很快完成认购任务。

三、解放区的文化教育事业

发展文化教育事业，是加强解放区建设的一项重要任务。中共莞太区委于 1948 年 10 月出版东宝人民解放大同盟机关报《盟讯》。《盟讯》共出版 6 期。同年 12 月，成立红星出版社，由莞太区委书记方东直接负责。红星出版社的主要任务是翻印小册子，印刷捷报、传单、标语，印发贺年卡、慰问信、统计表、入党申请书、党员登记表等。其中翻印《论共产党员的修养》《将革命进行到底》《向全国进军的命令》《目前华南时局及有关各项政策》《如何开展组织》《支部工作纲要》《李禾七天建团经验》《入城手册》等小册子，以及转载《华商报》、《正报》、《群众》周刊等报刊有关全国解放战争战场的报道。这些小册子、传单和捷报，成为及时发布消息、宣传党的政策的有力武器。1949年9月初，红星出版社与东江第一支队第三团团部油印室合并，组成新的红星出版社。1949年10月东莞解放后，红星出版社撤销。

在根据地（解放区）内，成立文工队、文工团、政工队，利用墟日、节日和群众集会的时机，到农村、部队、墟镇表演文艺节目，开展宣传鼓动和教育工作。这些文化工作团队，自编自演一批反映游击队、根据地斗争和生活的文艺节目。其中较有代表性的是《大岭山之歌》，歌词有："大岭山呀可爱的故乡，多年的磨炼你锻炼钢铁样，你唱出歌声破敌胆断敌肠。最使我兴奋和最使我难忘，这是你翻身的时光，我们歌颂你解放，歌颂你解放。"这首歌脍炙人口，在东莞游击根据地（解放区）广为传唱。

1948年12月，粤赣湘边区党委发出指示，要求各个根据地必须保护文化教育机关、图书仪器、历史文物、名胜古迹、电影戏院、卫生机关和宗教团体，发展各种文化娱乐事业，普及并提高人民的文化、政治水平；保障文教人员的生活及工作，尽量给予失学失业青年以就学就业机会；欢迎国民党统治区的文教人员及青年投奔根据地参加学习及为人民服务，加紧进行各种教育培训，培养大量战时工作人才及战后建设人才。根据这一指示，各游击根据地分别成立文教委员会，抓好中小学教育和各项社会教育工作。

为了迎接人民解放军野战军南下，争取早日解放广东，中共中央华南分局向各地党委多次发出指示，要求各地准备大批城市干部，开办青年训练班，培养财经干部，做好接管城市的准备工作。

1949年6月20日，中共东宝县委举办东宝地区干部学习班。

中共江南地委组织部部长、粤赣湘边纵队东江第一支队副政治委员祁烽，在学习班上作《关于接管县城的几个问题》的报告，对东莞县城接管的目的、方法及要注意的问题进行详细阐述，要求与会干部总结经验，认真学习，出色地做好接管工作。同年7月，中共东宝县委在东莞大岭山区大环村开设江南青年公学第二分校，培养入城接管干部。于8月下旬开学，学员58人，其中党员7人，团员12人，大部分来自虎门、莞城等地，部分来自广州和香港。学习内容有社会发展史、新民主主义论、论人民民主专政等课程，还有其他专题报告，如祁烽作《关于知识分子的改造问题》的报告，黄永光作《目前形势和我们的任务》《东增宝三年解放斗争史》的报告。1949年9月底，江南青年公学第二分校学员毕业前夕，祁烽、张如分别向学员作《关于接管城市的政策》和《入城守则及各部门分工职责》的报告。同年10月初，由于人民解放军野战军南下到达广东，广东即将获得解放，因此学校让学员提前毕业，全部编入粤赣湘边纵队东江第一支队第三团。10月17日，东莞解放，这批毕业学员被分配到东莞县各部门工作，成为入城接管工作的骨干。

4

第四章

艰辛探索　曲折前行

　　东莞县全境解放后，东莞县委、县政府立即带领人民群众开始政治建设、经济建设，医治战争创伤。其中革命老区的建设，尤其得到重视。这些革命老区基本上地处山丘，为传统农业耕作区。经过土地改革，后走上互助合作道路。在1958年10月成立公社后，经过多次体制调整，至1961年年底，公社、大队、生产队体制基本稳定下来。30年艰苦奋斗，30年艰辛探索，东莞革命老区在曲折中向前发展。

支援抗美援朝运动

1950 年 6 月，东莞县革命老区群众积极响应中共中央发出的"抗美援朝，保家卫国"号召，从政治上和物质上以实际行动支援抗美援朝。到是年年底，全县各阶层人民召开各种大小座谈会1020 次。1951 年 4 月到 7 月，全县在世界和平理事会关于要求五大国缔结和平公约宣言上签名的达 20 万人以上。5 月 1 日全县有30 多万人参加声讨美帝的游行活动，占全县总人数的 40% 以上。6 月 1 日，全国抗美援朝总会发出号召，要求各地普遍开展订立爱国公约活动，以实际行动支援中国人民志愿军打击美国侵略者。全县各行各业在县抗美援朝支会的安排和组织下，开展订立爱国公约活动。

作为革命老区，东莞县积极响应中国人民抗美援朝总会向全国人民发出捐资购买飞机大炮的号召，通过各种方式宣传捐资的意义，动员全县各界同胞深入开展爱国增产、自愿认购、捐献钱物活动，支援志愿军购买飞机、大炮。全县人民爱国热情高涨，积极踊跃捐献钱物，按期完成捐献任务。其中工人群众捐献 8.86亿元（旧币），农民群众在一个月内完成全县 2.5 万吨夏粮任务；莞城镇各界人民捐献 5.81 亿元（旧币）。1951 年 10 月，完成捐献 1 架战斗机 25 亿元（旧币）任务。

具有光荣革命传统的革命老区人民，懂得和平环境来之不易。为加强国防力量，支援抗美援朝斗争，广大青壮年积极踊跃报名参军，奔赴前线参战杀敌，东莞县为抗美援朝先后组织两次参军运动。至1954年，全县共有500余名青年参加中国人民解放军（包括中国人民志愿军）。另外，全县还有千余名学生投考军干学校，被录取581人。

为了解除参军战士的后顾之忧，让他们放心在前线抗战杀敌，东莞县各级党组织、各级政府和人民群众发扬老区精神，响应中国人民抗美援朝总会关于做好优抚工作的号召，把优抚作为抗美援朝的具体爱国行动，主动热情地帮助解决烈军属和残疾军人困难。

中华人民共和国成立初期，东莞县按照1950年11月中央人民政府政务院发布的《革命烈士家属、革命军人家属优待暂行条例》，制定出具体的优待政策和措施，对烈军属和残疾军人除给予国家补助、抚恤外，对无劳力或缺乏劳力的烈军属实行代耕。帮助有困难的烈军属解决生产工具和生产资料，以保证烈军属的基本生活。1950年，由区、乡人民政府发放优抚粮照顾烈军属和工属。这一年全县有烈属1766人，军属5222人，工属5956人，发放优抚粮19.98吨。1952年全县有军属3447户，需要帮助解决生产工具和生活资料的1345户，给予解决722户，共计大米10.50吨，稻谷250千克，耕牛33头，土地0.93公顷，房屋2间，现金7499万元（旧币）。从1955年开始，东莞县对烈军属实行优待劳动日的办法。当年全县有烈属694户，优待128户，优待劳动日1.3万个，兑现8927元，解决了烈军属的生活困难。这些多形式、多渠道的优抚活动，不仅使全县烈军属感受到党和政府的关怀温暖，而且使在前方战斗的志愿军战士备受鼓舞。

第二节

曲折发展的农业

一、恢复发展经济

中华人民共和国成立后，党和政府把恢复和发展农业生产摆在重要位置。1950 年，国家发放农业贷款，帮助农民购买耕牛、肥料、种子、农具等生产资料。东莞县共发放农业贷款 77.96 万元。当时，东莞的革命老区村以农业为主，兼有渔业生产。村里的水田以种植水稻为主，每公顷产量 1.73 吨。旱地和山地则种植果树与其他经济作物。经济作物主要有花生、甘蔗、大豆、番薯、木薯等，果树有荔枝、龙眼、沙梨、柿子、杧果、香蕉、李子、黄桃、菠萝、橘子等。每家每户还养一两头猪和一些鸡、鸭、鹅，少数人家饲养耕牛。

1951 年 2 月，东莞县在革命老区连平乡试点开展"清匪反霸、减租退押"的"八字运动"。5 月，在全县铺开。对债务凡付息超过本金的，停付利息，分期还本；所付利息超本金两倍的，本息停付；出租土地，按原租额减收 20%，所付押金全部退还佃户。全县共退回谷物 1.24 万吨。是年，东莞县开展土地改革。县政府组成一支 2000 余人的土改工作队，分 9 个区由点到面，分 3 批进行。同时，工作队进乡清理旧基层组织人员（即审理中华人民共和国建立初期的基层干部），按照"依靠贫雇农，团结中农，孤立富农，打击地主"方针，通过诉苦挖根，划定阶级，开展与地主、恶霸进行斗争，追缴余粮，没收地主土地、房屋、财产，征收富农多余土地、房屋，实行土地还家，物归原主。按照"填坑补缺，满足贫、雇农，适当满足鳏寡孤独，照顾中农"方针和"以产量计算，中间不动两头平"土地分配原则，分配财物和土地。革命老区的"清匪反霸，减租退押"运动历时年余，随后进行土地复查。

1953年4月，全县革命老区土地复查工作全部完成。各村以农会为核心，成立丈田发证委员会，丈量土地，登记发证，以乡为单位召开群众大会，集中焚烧旧田契，颁发新土地证。至此，全县革命老区村全部实现耕者有其田。

经过土地改革，农村生产力有较大发展，全县扩大耕地2666.67公顷。农业生产单造改双造，大大提高耕地的利用率。1952年，全县农作物种植面积16.77万公顷，比1949年增长18.61%。其中水稻播种面积13.57万公顷，比1949年增长14%；水稻每公顷产量1905千克，总产量25.85万吨，分别比1949年增长10.4%和26.2%；花生种植面积3153.33公顷，比1949年增长21%；甘蔗种植面积4046.89公顷，比1949年增长88.5%；黄麻、木薯、果树等经济作物的播种面积、单位产量、总产量都有大幅上升。

土地改革后，由于耕牛、农具和劳动力缺乏，农民迫切要求生产上互助合作。东莞县最早的互助组是土地改革期间建立的谢岗革命老区大山乡谢锦轩等10户农户组织起来的农业生产互助组。1953年春，东莞县委组织工作队到附城同治乡革命老区村横岭村搞农业合作化试点，县委常委林若任队长。不久，横岭村办起互助组9个，有49户350多人参加。同年春，还在第四区的革命老区大山乡竹山村组织互助组，并以谢锦轩等10户人家的互助组为试点，相继在全区铺开，到1953年年底，第四区的革命老区村共组织161个互助组。之后，全县各乡掀起办互助合作高潮。至是年年底，全县先后建立为数众多的农业生产互助组。其中附城 21 个乡办起互助组 1800 多个（包括 35 个革命老区村），大岭山革命老区办起互助组 61 个，参加农户 214 户。1954 年 2 月 26 日至 3 月 3 日，县委召开的第一次全县互助合作、生产模范代表大会，推动互助合作的健康发展。会后掀起一股参组热潮。农业生产互助组，有临时互助组和常年互助组。互助组的建立一般是从临时互助组转到常年互助组。临时互助组是在农忙季节时，几户农民临时帮助，以工换工，没有生产计划，不固定形式。常年互助组是由若干农户组织起来，常年互助，设正副组长，有简单的计划安排，评工记分，年终结算。互助组可以调剂户与户之间劳力、畜力的余缺，有利于抢耕抢种，还可以分出一定劳力发展副业生产，增加收入，很受农民欢迎。至 1955 年春耕前，革命老区厚街区建立互助组 541 个，参加农户 4105 户，劳动力 9233 个，占总农户数的 44%。

同年 5 月，召开全县第二次农业生产、互助合作代表会议时，常年互助组发展到 1473 个，临时互助组达 1.01 万个，组织面达 26%，发展较快的沙田乡达 59%。6 月中旬，县先后两批举办"临转常"互助组长训练班，训练班中有临时互助组长 1731 人要求转为常年互助组，占到会临时互助组长的 92%。1954 年冬，全县参加互助组的农户 9.26 万户，占全县总农户的 56.3%，其中常年互助组 7608 个 3.29 万户，占全县总农户的 20%，联组 1268 个 2.48 万户，占全县总农户的 15.1%，其余为临时互助组。其中，大岭山革命老区共有常年互助组和大联组 310 个，参加农户 4200 户。

1954 年年初，东莞县委根据中共中央《关于发展农业生产合作社的决议》精神，并在总结互助组发展经验的基础上，进一步领导农民成立初级农业生产合作社，首先在第四区革命老区竹山村搞试点。2 月，以谢锦轩、谢淦平两个常年互助组为基础，组成全县第一个初级农业生产合作社——竹山社。接着在各乡村相继成立初级社，全区共有初级合作社 168 个，农户 6720 户。4 月，第一区革命老区横岭社、第十一区穗隆围社相继建成。春耕前后，第十区虎门寨村和第十五区潢涌杜温村农户自发组织成立初级社。夏收前通过总结第一批试点社建设经验，又建立 9 个初级社。秋，附城革命老区同沙乡坊边村连续打了 3 次报告给区委要求建立初级社，革命老区犬眠岭村未待区委部署就酝酿好干部、入社户数、耕牛、农具、田地、劳动力等，订好计划连同报告交区委审批；革命老区同沙乡的下园村提早完成夏粮征购任务，8 天内超购粮食 18 吨，以实际行动要求办社。冬，县农业合作化试点革命老区村横岭村成立初级农业合作社，先由 18 户骨干农民参加，年底发展到 49 户。是年，全县分两批共办起 14 个初级社，入社农户 225 户 1045 人，入社耕地 212.47 公顷。其中大岭山革命老区建立大环、畔山、新塘、新飞鹅、元岭、金桔 6 个初级农业社，入户农民 217 户。初级社成立管理委员会，由社员大会选举若干人组成，其中设正副主任各 1 人，下设若干个生产队或生产组，各设正副队长或正副组长 2—3 人，以队或组组织生产劳动。初级社拥有一部分公有生产资料，社员土地实行评产入股，统一经营，年终分配按土地劳力比例分红。土地和劳力分红比例一般是四六、对半或三七，保留社员对土地的所有权；对耕牛、大农具（犁、耙、禾桶、水车等）实行折价入社或保本付息，小农具则由社员自带、自用、自修。初级社坚持自愿互利，入社人员生产积极性高。同时初级社实行统一经营，集体劳动，因人因地制宜做法，既搞好农业生产，又发展副业，年终普遍获得增产增收。

1955 年春，全县建立初级社 226 个，入社农户 8221 户，占总农户的 4.84%。半年多时间，附城 7 个初级社共积肥 1.39 万吨，兴修水利 345 宗，扩大耕地面积 6.87 公顷；横岭村初级社改良土地 18 公顷，粮食生产比上年增产 27%。同年夏，掀起参社热潮。漳澎乡互助组长和联组组长集体签名向区府递交办社申请书，樟洋乡 410 户，80% 以上农民盖章或按指模要求全乡办社。至 1956 年年底，全县共建初级农业合作社 2099 个，入社农户 6.82 万户，占总农户的 41.42%。

1955 年冬，东莞县又以革命老区竹山农业合作社为点，率先扩社升级，转为高级社（全村建 1 个社，计 217 户 857 人，耕地 90.53 公顷）。随后，各区乡纷纷转社。其中石龙召开社主任会议时，167 个初级社全部要求办高级社；塘厦石彭乡党支部收到转社申请书 15 份；水南乡干部组织社员连夜抽干 7 口鱼塘水，挖淤泥积肥，以实际行动办高级社。东莞县委为抓好这一变革，于 1956 年 1 月底发出《关于转社、并社工作的指示》，反复宣传解释办高级社"入社自愿、退社自由"政策原则，做好耕牛、果树、鱼塘、自留地、私养牲畜、青苗等互利处理和对鳏寡孤独者及残疾军人的照顾工作，消除群众的顾虑和误解。同时，县委贯彻"书记动手，全党办社"方针，于 10 月初召开全县干部扩大会议，具体布置秋前转、并社工作：以区为单位训练骨干；成立筹委会；发动申请，选举社委，健全领导机构，调整生产队责任区，组织秋收、冬种生产高潮。至 1956 年末，全县农村的社会主义改造基本完成。其中大岭山革命老区共建高级社 12 个，参加农户 4159 户；大朗革命老区建立高级社 21 个，吸收农户 6720 户，占农业总户数的 74.37%；厚街革命老区建成高级社 56 个，吸收单干农民 1000 多户，入社农户 9657 户，劳动力 23825 个，占总农户的 100%。

建立高级社后，全县大多数高级社获得增产增收。但是，由于生产关系改变过快，干部的领导能力和管理水平跟不上，有些上中农认为入社吃亏，一些并社的遗留问题未解决，新老社员间在经济上有矛盾，有些社经营管理混乱，生产搞得不够好，出现部分地区社员闹退社的情况。1957年夏收后，县委从机关和企事业单位抽调170余名干部到"三类型"社驻社，帮助各社搞好巩固工作。经过帮助，这些农业社经济状况普遍有了好转，社员情绪稳定下来。

1958年4月，东莞县开始合并合作社。6月，革命老区竹山社与邻近的大井头、高英、巷头、求富路、长塘、圣堂等高级社合并为1个大朗高级社，共2000余户1.11万人，是全县最大的高级合作社。至1958年夏收前，全县727个高级社合并为302个高级社。

从1953年至1957年，实行第一个五年计划。东莞县逐步建立和健全农业技术推广机构，贯彻"三推五改"（推广良种、推广新式农具、推广小科密植和单造改双造、挣稿改翻耕、撒播改条播或插秧、冬闲改冬种、荒地改耕地）为主要内容的耕作技术改革。掀起以水利和积肥改土为中心的农田基本建设，改变生产条件，使大部分单造田改为双造田。第一个五年计划期间虽仍有水、旱灾害袭击，但粮食仍逐年增产。1957年，全县粮食总产量28.8万吨，比1952年增加1.85吨；稻谷总产量26.04万吨，比1952年增加0.15万吨；花生种植面积3533.93公顷，比1953年增加656.87公顷，总产量3279.85吨，比1953年减少366.8吨；甘蔗种植面积5538.8公顷，比1953年增加2009.8公顷，总产量16.03万吨，比1953年增加1.58万吨；黄（红）麻种植面积3120.47公顷，比1953年增加2481.07公顷，总产量7124.5吨，比1953年增加5446.05吨；水草种植面积1407.73公顷，比1953年增加542.13公顷，总产量12101.5吨，比1953年增加3661.9吨。是年，大岭山革命老区水稻种植面积3643.33公顷，总产量6958.76吨；厚街革命老区水稻种植面积5264公顷，总产量13160吨；东坑革命老区水稻种植面积871.87公顷，总产量

2685.36 吨。

1954 年开始，东莞县革命老区为增强抗御自然灾害的能力，保证粮食增产增收，发动农民兴修水利。其中大岭山区域先后建大小山塘 54 宗，总库容 100 万立方米。塘厦区为解决大坪、田心、沙湖、蛟乙塘、莆心湖、振兴围、清湖头、平山等村的农田灌溉，集中全区 80% 的劳动力，土法上马，在大坪村土名为虾公岩的地方建水库主坝，历经半年多的艰苦奋战，于 1958 年 4 月建成虾公岩水库。随水利条件的改善，革命老区粮食生产大幅提高。其中大岭山公社当年水稻播种面积 3580 公顷，每公顷产量从 1949 年的 0.975 吨提高到 1.875 吨，总产量 0.67 万吨；甘蔗种植面积 41.73 公顷，每公顷产量从 1949 年的 15 吨提高到 21 吨，总产量 876.33 吨；花生种植面积 157.93 公顷，总产量 158.85 吨；番薯种植面积 420.2 公顷，总产量 1574 吨。

在基本完成农村社会主义改造以后，东莞县农业得到稳定发展。

二、经济困难时期

1958 年 8 月，东莞县按照上级指示，在农村开始酝酿建立工农商学兵政社合一的人民公社。9 月 14 日，东莞县第一个人民公社在园洲乡成立。10 月 1 日，全县人民公社化运动一哄而起，在高级社基础上建立附城、寮步、石龙、企石、大朗、常平、樟木头、塘厦、厚街、虎门、道滘、麻涌、中堂、莞城 14 个公社。每个公社设立管理委员会，以公社为基本核算单位，公社统一安排生产，统一调动劳动力，分配上实行"一平二调"（平均主义和无偿调拨）。

1958—1962 年，由于分配制度实行平均主义，社员自留地被取消，农民私养的猪全部折价归公，鱼塘归集体经营，农产品全部上交公社，严重挫伤农民生产积极性。同时，加上生产指挥失误，虚报产量，无可避免地致使农业减产，经济陷入困难。其中 1961 年全县农业总产值 6600 万元，比 1957 年减少 15.7%。其中，革命老区大朗公社水稻种植面积 4325.4 公顷，每公顷产量 2.37 吨，总产量 10251.2 吨；花生种植面积 286.07 公顷，每公顷产量 0.795 吨，总产量 227.42 吨；甘蔗种植面积 210.93 公顷，每公顷产量 34.82 吨，总产量 7344.6 吨。革命老区东坑公社水稻种植面积 1213.27 公顷，每公顷产量 2.69 吨，总产量 3263.7 吨。

三、农村经济调整

公社初期出现的"生产瞎指挥风""共产风""浮夸风"，严重影响生产的发展。1959 年，东莞县委召开生产队以上干部大会，传达贯彻中共中央郑州会议精神，实行"统一领导、队为基础（指大队，相当于原来的高级社）、分级管理、权力下放，三级核算（三级即公社、大队、生产队）、各计盈亏，分配计划、由社决定，适当积累、合理调剂，物资劳动、等价交换，按劳分配、承认差别"方针。同年冬，将 14 个公社划分为 23 个，下设 608 个大队 3515 个生产队，实行以大队为核算单位，基本上恢复高级社所实行的办法。

实行体制下放后，干部群众努力恢复生产，局面有所好转。1960 年 11 月，中共中央发出《关于农村人民公社当前政策问题的紧急指示信》（即"十二条"），规定三级所有、队为基础是公社的根本制度。东莞县委分批开展以贯彻中央"十二条"紧急指示为纲的整风整社运动，主要是反"五风"（共产风、浮夸风、生产瞎指挥风、命令风、干部特殊风），对"一平二调"进行算账退赔。其中，革命老区大岭山公社共赔款 23.24 万元。根据中央"十二条"指示，下放自留地给社员经营，允许社员发展"三鸟"

（鸡、鸭、鹅）及家庭副业，群众的生产积极性逐步提高。全县整风整社运动历时7个月，于1961年6月结束。

1962年2月，根据中共中央发出的《关于改变农村人民公社基本核算单位问题的指示》，决定以生产队为基本核算单位，并规定至少30年不变，把4949个生产队划分为6360个，打破生产队之间的平均主义，保障生产队自主权。是年，农业生产和农业收入显著回升，粮食总产量达33.13万吨，其中稻谷31.34万吨，为中华人民共和国成立以来的最高年份。农业总产值7608万元、集体经济总收入1.36亿元、人均分配145元，分别比1961年增长15.3%、27.8%和27.5%；人均每月口粮18千克，比1961年增加4.9千克。

1962—1965年，东莞县委加强对农业的领导，建立一批农业科研机构，开展以高产田、种子田、试验田为中心的创高产活动，并进行大规模治水、增肥改土，建设高产稳产农田，推行耕作技术和制度改革，农业连年丰收。1965年，全县农业总产值1.28亿元，粮食总产量43.71万吨，创历史最高水平，比1962年增长31.9%，成为广东省14个主要商品粮基地之一。其间，革命老区村还开展大规模群众性植树造林运动，大面积绿化荒山。由大队划分地段，分配任务给各生产队植树造林，落实造林绿化责任制，主要种植松树、马尾松、细叶桉、大叶桉、油加利树木。1963年，革命老区同沙村造林28.27公顷，全大队有林山100公顷，荒山60公顷，林业建设投资470元。

1965年，革命老区大朗公社种植水稻面积3904.67公顷，比1961年减少420.73公顷；总产量14642.51吨，比1961年增加4391.31吨。种植番薯505公顷，总产量1893.75吨。种植木薯564.53公顷，总产量2308.93吨。种植大豆160.53公顷，总产量174.98吨。种植花生462.33公顷，比1961年增加176.27公顷；

总产量 377.95 吨，比 1961 年增加 150.53 吨。种植甘蔗 357.73 公顷，比 1961 年增加 146.8 公顷；总产量 16791.84 吨，比 1961 年增加 9447.26 吨。种植黄麻 76.8 公顷，总产量 178.94 吨。饲养生猪 4.36 万头，饲养耕牛 3315 头。

同年，革命老区大岭山公社种植水稻面积 3142.33 公顷，比 1961 年减少 233.8 公顷；总产量 8892.79 吨，比 1961 年增加 1634.11 吨。

同年，革命老区东坑公社种植水稻面积 1633.33 公顷，比 1961 年减少 420.07 公顷；总产量 7717.48 吨，比 1961 年增加 2189.73 吨。种植木薯 53.4 公顷，总产量 676.04 吨；种植甘蔗 191.67 公顷，总产量 9681.25 吨；种植花生 150.6 公顷，总产量 201.05 吨；种植黄麻 18.93 公顷，总产量 55.24 吨；另有荔枝 94.93 公顷，总产量 58.15 吨；橙柑 0.2 公顷，总产量 0.35 吨；饲养生猪 4000 头，饲养耕牛 883 头，饲养家禽 3.3 万只；水产养殖面积 85.67 公顷，总产量 179.5 吨。

四、"文化大革命"时期

"文化大革命"开始后，"三自一包"和定额管理受到批判，不准在自留地种经济作物，不准劳力外流。1977 年，一些大队再次实行粮食供给制，对生活福利实行"十包""八包"。其中大岭山革命老区连平生产队、畔山生产队于 1969 年开始实施"三供给"（即粮、油、糖免费供给，因为不符合多劳多得的分配原则，于 1977 年停止）。

1966—1976 年，受"文化大革命"的干扰，虽然推广三季连作，扩大冬种小麦面积（1976 年达 1.41 万公顷）等增产措施，1976 年年总产量也达到 47.45 万吨，比 1965 年增加 4.65 万吨，11 年增加 10.9%。但该时期，人口增加最快，农业人口净增 21.2 万人，平均年产稻谷 46.57 万吨，按农业人口 82.8 万人计算，平均每人产稻谷仅 562.4 千克，加上 1970 年比 1969 年每公顷减产 0.3 吨（总产量减少 3.25 万吨），1972 年和 1973 年又连续两年减产，1976 年人均生产稻谷 301.03 千克，比 1961 年人均生产稻谷 303.48 千克少 2.45 千克。其中，革命老区大岭山公社农村每人月均口粮（稻谷）从 1965 年的 20.4 千克，下降到 1970 年的 18.85 千克。革命老区大朗公社 1976 年稻谷种植面积 4533.33 公顷，比 1961 年增加 207.93 公顷；总产量 15005.32 吨，比 1961 年增加 958.58 吨。

方兴未艾的社队企业

一、对个体手工业改造

中华人民共和国成立前，东莞县革命老区大部分工业是手工加工业，且数量很少，涉及的行业单一，主要有纺线织布、草织、竹木藤器制作、裁缝、酱料制作、腊味加工、建筑、打制谷磨、打铁、补锅及修理、饼食制作等。稍具规模的主要有榨糖、榨油、酿酒、制壳灰及制砖。砖窑为露天平顶的小土窑，一般在冬天少雨季节开窑，以木柴为燃料，每窑装坯 8000 块至 1 万块，烧透成砖时间一星期左右。榨油用大槌捶打，将花生压榨出油。酿酒用大米做原料，一般酿制双蒸及三蒸两个品种。其中，1950 年，革命老区潢涌村有制糖作坊 30 多家。

1952 年，全县有个体手工业 3363 家，总产值 632 万元；有私营工业 136 家，总产值 1003 万元。1955—1956 年，开始将个体手工业组织为集体手工业，私营工业实行公私合营。1956 年，国家开始对农业、手工业、工商业全面实行社会主义改造（统称三大改造）。是年 1 月 15 日，东莞县召开手工业劳动者代表大会，成立县手工业生产合作社联合社，年底全县建立手工业合作社 112 个，基本完成手工业的社会主义改造。1957 年，全县集体手工业有 186 家，从业人员 7538 人，产值 837 万元，其中属农村集体手工业的有 94 家，职工 1300 余人，产值 104 万元。当时，农村私营工业有 77 家，均实行公私合营。农村集体手工业一般是机缝社、竹器社、铁器社等，这些是社队企业的前身。其中，潢涌村将编织、木匠、打铁、建筑、造船、缝纫等个体私营工业分行业实行互助合作，进行集体经营。公社化后，潢涌大队建立综合组，打铁、木工、建筑、编织和酿酒等工业均归属大队综合组，成为大队集体企业。

二、社队企业发展

1958 年成立公社后，东莞县部分手工业生产合作社转为公社企业。据统计，1958 年东莞县有社办工业企业 108 个，产值 409 万元，占全县工业产值的 5.18%。在 108 个工业企业中，有冶炼厂 11 家、农修厂 5 家、化肥厂 11 家、石灰厂 4 家、耐火材厂 2 家、砖瓦厂 12 家、陶瓷厂 1 家、造纸厂 3 家、纺织厂 1 家、缝纫厂 1 家、碾米厂 6 家、调味品厂 3 家、肉类加工厂 10 家、食品厂 14 家、木材加工厂 3 家、文教艺术用品厂 1 家和其他工业企业 20 家。此外还有手工业生产合作社 10 家，职工 812 人；合作工厂 19 家，职工 2499 人。这些手工业合作社主要生产农具、草织品和机缝产品等。其中，革命老区潢涌村集体兴办有粮食加工厂、麻厂、米机厂、船厂和手工制砖厂等。这些企业开始以手工业为主，20 世纪 60 年代逐步发展为以机械为动力，产值大为提高。1961 年，大岭山公社向银行贷款 5 万元，将原小五金厂修理部扩建为农械厂，改名为大岭山农具修配厂（厂房面积 450 平方米），增设大批铁器加工工具，从业人数 37 人；1966 年 5 月，改称为大岭山农械厂，有职工 57 人，厂房面积 2230 平方米，年产值 25 万元，利润 8000 元。1966 年全县社队企业有 631 家，其中社办 116 家，大队办 515 家，总收入 1610 万元（其中社办企业收入 741 万元，队办企业收入 869 万元），占农村三级（公社、大队、生产队）

经济总收入的 10.43%。

　　"文化大革命"时期，社队企业在"以阶级斗争为纲"极左路线的影响下发展缓慢。1976 年，全县社队企业 1906 家，其中社办 358 家，大队办 1548 家；从业人员 6.49 万人，其中社办企业 2.25 万人，大队办企业 4.24 万人；总收入 9640 万元，其中社办企业 4732 万元，大队办企业 4908 万元。是年，社队企业中工业企业 1337 家，占企业总数的 70.15%，其中社办工业 305 家，大队办工业 1032 家；工业企业总收入 6086 万元，占企业总收入的 63.13%，其中社办工业企业 3792 万元，大队办工业企业 2294 万元。

　　革命老区潢涌村从 1974 年起，集体工业进入快速发展时期。先后办起 5 家轮窑机砖厂、1 家造纸厂及 1 家水泥厂，生产机械化程度大大提高。其中，制砖业成为潢涌工业的龙头产业。1978 年，潢涌村工业总产值达 76.49 万元。

　　革命老区大岭山公社于 1961 年成立，曾开设机械化木薯加工厂，后改为粮食加工厂。1965 年，社办工业职工 79 人。随着农电输电网络的建立，各村先后办起小型粮食加工厂、半机械化糖厂，此时的工业，以"三就地"（技术、原料、销售）为主。1965 年工业总产值 18.3 万元。1966 年春，在东莞县轻工业局的支持下，先后办起农械厂、副食加工厂、糖厂等，各村办起砖瓦窑。"文化大革命"期间，由于工厂、企业生产管理混乱，在"以粮为一"的思想指导下，村办砖窑由 1970 年的 61 家减少到 1975 年的 34 家，工业生产发展缓慢。1975 年工业总产值 115.6 万元。1977 年成立大岭山公社工交办公室，对社办工业、企业加强领导。1978 年，社办工厂有 6 家，队办工厂、工场有 8 家，共有职工 328 人，年工业总产值 126.58 万元，占当年工农业总产值的 14.69%。1979 年后，贯彻中央调整、巩固方针，对原材料来源困难或管理不善，经济效益低甚至亏本的饭罗围砖厂、金鸡咀石场、大地电木厂、连平化工厂、大沙竹器厂等社队工厂进行改停并转，先后增加草织厂、烟花爆竹厂、岭泉汽水厂、自来水厂等社办企业。

革命老区大朗公社于50年代曾办起机榨糖厂、化肥厂、陶瓷厂、酿酒厂等，后因原料不足而相继停办。1955年酿酒联社由县糖烟酒公司接收。私商办的碾米机厂于1956年参加公私合营，改为粮食加工厂。随后各大队自办碾米机厂。对手工业进行社会主义改造后，成立手工业联合总社。同年成立大朗公社农械厂。1958年在"大跃进"中开始兴办集体工业，同年开办大朗油脂加工厂。这些工业基本上是公社集体投资自行设计、土法上马，设备陈旧落后，有的近似家庭作坊、规格很小，多以加工为主，产品内销。1978年，大朗公社的社办工业有农械厂、副食厂、油厂、农机厂、建筑厂等，设备、技术等生产条件比较落后。大队办工业40家，都是一些从事编织、打铁、建筑方面的手工业。到1980年，大朗集体工业有所发展，先后兴办汽水厂、烟花爆竹厂等，但不久，这些集体工业企业大部分因为设备、技术、产品、资金、管理等与市场不适应而被淘汰。大朗镇（公社）和各村（大队）集中精力、财力改善投资环境，筑巢引凤，建厂招租，大规模招商引资，大力发展外向型工业，引进一大批技术先进、设备优良、高科技、高附加值的外资企业，取代集体工业。

革命老区厚街公社于1956年对私营手工业进行社会主义改造，将17户草织加工业（涌口、厚街、新塘）组成厚街草织厂，投资7万元（包括固定资产），从业人员260人，有织席机100台；将"东生""广合祥""植利"席庄和中小席馆17户组成涌口草织厂，有资产4.3万元（包括固定资产），从业人员504人，织席机200台。此外，还有社队草织行业和个体家庭织机。以后，草织行业逐渐转入国营领导。70年代中后期，因东引工程建成，引淡驱咸，草区缺少咸水灌注，部分草田改种水稻或改种香蕉、柑橘，造成草织原料短缺；另一方面，草席在世界市场滞销。基于上述原因，厚街草织业开始衰退，大厂逐渐转行，只留下大队的草织厂。除草织业外，厚街还有碾米厂3家，榨油厂1家，壳灰厂3家。1956年，碾米厂、榨油厂全部由国家粮食部门接管合营；壳灰厂由厚街农会接管开办。手工业参加社会主义改造的主要有竹、木铁、缝纫、白铁、修理、雕刻等7个行业。所有人员分别统归公社办的农械厂、机缝社、五金厂。另有分散在农村、由生产队或个体经营的制木薯粉手工业十多家，制红糖的蔗寮10家。1957年东莞县由解放军投资100万元在厚街建立八一拖拉机站，支援农业合作化；1963年公社创办白石坑石场；1973年冬，涌口草织厂改营烟花爆竹，更名厚街烟花厂；1976年厚街草织厂分办成厚街食品厂和厚街工艺厂。

革命老区黄江公社于1961年成立后，陆续开办农械厂、竹叶编织厂、打石厂、藤厂、爆竹厂、杏饼厂、凉果厂等。当时的工业规模较小，产品较单一，以生产农业产品为主，为当地农业经济服务。如农械厂为当地农业生产提供农机建配套产品，竹叶编织厂生产编织农用箩筐，藤厂等就地取材，为当地农民提供生活用品，爆竹厂生产烟花爆竹销往市外等。之后，先后发展食品、粮食加工、金属制品等工业，初步改变黄江工业以手工业为主的状态。工业门类增多，生产机械化程度提高。但直到1977年以前，黄江95%的劳动力仍从事农业，工业企业不足20家。1977年7月，黄江陶瓷厂建筑竣工，开始投产，年产陶瓷约30万件。

第四节 革命老区的水利与道路建设

一、治涝工程

东莞县地处水乡区域的革命老区村，时常受到东江暴潮和海水咸潮的侵害，形成涝区。中华人民共和国成立初期，东莞县有低洼易涝面积153.33平方千米，其中寒溪涝区96.67平方千米。潼湖涝区多属惠阳县，东莞县只占14平方千米。挂影洲围26.67平方千米，潢新围5.33平方千米，五八围3平方千米，大洲围3平方千米，山洲围2平方千米，其余零星分散的2.67平方千米。1951年1月东莞县即兴建能捍卫农田38.87平方千米，被省列为重点工程的福燕洲围。1954年春，东莞县发动袁家涌、吴家涌、泊洋等村庄800名民工对原有的潢新围进行整治，用3天时间堵塞60米宽的豆豉洲头，对三粒骰（方言地名）实行裁弯取直，计完成土方1.7万立方米，北堤抛石护岸0.36万立方米。潢新围西北靠东江北干流，南临中堂水道，东靠潢涌水道。北堤自东向西从潢涌头起经鹤树下、袁家涌、吴家涌、泊洋、斗朗；南堤由潢涌头经潢涌村、三冲南面、湛翠、凤涌、旧鹤田、新鹤田、东滘湾、中堂墟、小东向、大东向、新田至斗朗；西与槎滘隔河相望；堤长31千米。全围集雨面积30.8平方千米，捍卫耕地16平方千米，人口2.5万人。耕地占全中堂镇的71%，其中革命老区村6个。

从1957年冬起对寒溪涝区进行综合治理，收效显著。1957

年冬发动群众开凿东莞运河，1958 年 5 月 1 日运河通水。运河从峡口起经莞城至厚街石鼓水闸出东江南支流，全长 19.5 千米，底宽 20 米。当寒溪内涝达峡口内水位 5 米时，运河过水流量 190 立方米每秒。1960 年 9 月建成南畲塱、芦村等 8 座电排站。1966 年增建博厦船闸 8 座，总净宽 53.5 米，沿河各闸均能排水。1970 年东引工程施工，把运河与沙田引淡渠沟通。1975 年扩建东莞运河，将原有河底宽 20 米扩至 35 米，各级流量增加约 90%。在开凿东莞运河结合新筑东莞大围时，自上而下兴建峡口、樟村、北门、莞城、海口庙、新基、周溪 7 座水闸。

在对寒溪水治理中，先后动工整治河道，圈筑内围。在圈筑小围时，结合挖土筑堤，裁弯取直，并使河道有足够的宽度，以利排泄。干流 28.61 千米中，新挖、拓宽 14.5 千米，其中清理旧河道 4 千米，使干流基本顺直，中游以下河道均可通航。从 1958—1973 年筑起千亩（0.67 平方千米）以上的内围 25 条，堤长 103.35 千米。围内集雨面积 221.52 平方千米，占流域面积的 30%，捍卫耕地 42.47 平方千米。又在堤外滩地筑千亩以下的小围 42 条，堤长 83.35 千米，捍卫面积 25.33 平方千米。规定堤顶高程在 4.5 米以下，以保证千亩以上堤围安全。完成上述圈围任务，投放劳力 1795 万个工日，完成土方 2005 万立方米，用去工程费 1132 万元。其中 1959 年横沥公社建成位于革命老区水边村的水边围，堤长 2.9 千米，建涵洞 1 座，达到 5 年一遇防洪标准，捍卫耕地面积 0.67 平方千米，人口 2456 人。1962 年，附城公社建成温塘围，堤长 7.2 千米，建水闸 2 座，达到 5 年一遇防洪标准，捍卫耕地面积 2.56 平方千米，人口 9076 人。

至 1987 年年底统计，全市共建成电排站 159 座，装机 332 台，容量 27256 千瓦（其中 100 千瓦以上电排站 69 座，装机 194 台，总容量 23201 千瓦）。全市治涝面积 143.07 平方千米，占易涝面积的 93.3%，其中达 10 年一遇 24 小时雨量 197 毫米 2 天排干的 89 平方千米，4 天排干的 54.07 平方千米。

二、灌溉工程

东莞县革命老区村大多数地处山区，常常受到春秋干旱的威胁。为解除威胁，1953 年开始东莞县陆续修建一些小水库、小水陂，其中：沙溪水库集雨面积 4.3 平方千米，总库容 289 万立方米，还兴建南坑、乌石坑、畚箕窝等山塘工程，在大岭山革命老区建成 30 多宗小山塘。

1956 年秋，凤岗区田心围村旅英华侨曾子保捐资兴建黄牛坑水库；1957 年又捐资兴建深坑山塘。从 1957 年冬至 1958 年冬，全市兴建中小（一）型水库 27 座，并在 1960 年前相继建成。这批骨干工程发挥效益后，改变了山区"望天耕田"的局面，激发了群众兴建水利的积极性。1961 年，革命老区东坑公社建成水库山塘 29 个，总面积 19 公顷，受益面积 106 公顷。革命老区大岭山公社在 1963 年至 1969 年，大搞农田水利建设，先后建成小（一）、小（二）型山塘水库十多座。

为更好地支援地处山区的革命老区经济建设，1961—1970 年，先后建成长湖、金鸡咀、老虎岩、打鼓山、簕竹排、三坑、黄洞、牛眠埔、石鼓等小（一）型水库。1973 年又建成大溪水水库。至 1987 年，共建成中型水库 7 座（另雁田水库 1964 年划归东江—深圳供水工程管理局管）；小（一）型水库 31 座（石鼓水库，由惠阳地区管）；小（二）型水库 80 座；塘坝 305 座。蓄水总库容 34941 万立方米，灌溉库容 22931 万立方米；控制集雨面积 546.33 平方千米，占山地面积 677 平方千米的 80.7%。设计灌溉面积 253.93 平方千米，至 1987 年灌溉面积达 228.87 平方千米。

怀德水库　位于虎门镇东北部革命老区怀德村，是东莞县最早兴建、当时全省最大的水库。该工程由邑人王应榆倡办，由李一柱（广东省建设厅技工）主持查勘、测量、设计、施工。水库集雨面积 6.14 平方千米，总库容 140 万立方米，正常库容 110 万立方米，设计灌田 8 平方千米。

该工程由东莞明伦堂给怀德乡贷谷 8000 司担，于 1946 年 3 月 29 日动工兴建。至 1949 年冬，除隧洞外，其余各部工程基本完成。隧洞全长 230 米，南北洞口合计进尺只有 72 米，但有 158 米未凿通。

开始施工之日，在隧洞北口开挖渠道的民工，被国民党军队当作共产党游击队而开炮攻击，民工死 7 人，伤 5 人。同年 8 月，疟疾流行，民工离开工地者达千人，卧病者 500 人，病死 2 人。

1949 年 10 月，东莞县军事管制委员会接管东莞明伦堂董事会，隧洞工程仍按原东莞明伦堂与广州市日成营造厂签订的工程合同，以总造价工程谷 579.22 吨承包给日成营造厂，继续用机械施工，至 1950 年 7 月完成剩余工程并通水，实际受益农田 466.67 公顷。

1954 年冬，工程全面维修加固。1956 年在溢洪道进水口加筑实用堰，把蓄水位升高 1.6 米，使正常库容增达 181 万立方米。1964 年 9 月 11 日受 6416 号台风影响，降雨量达 300 多毫米，出现建库以来最高水位 65.18 米，相应库容 190.9 万立方米。放水涵出口上方 1 米多处喷射泥浆，下午 3 时 25 分垮坝，使下游的横岗水库水位骤涨 0.4 米。是年冬进行复修，弃旧涵，另选涵址新建 1 米内径的钢筋混凝土压力水管 1 座。修复后的土坝长 240 米，最大坝高 16 米。

1972 年 10 月，于怀德水库下游约 1.3 千米处兴建大溪水水库，集雨面积 8.5 平方千米（含怀德水库），总库容 520 万立方米，土坝长 132 米，最大坝高 32.2 米。从此，怀德水库属大溪水水库统一管理，当高水位时，怀德水库基本上被吞没，当低水位时则可分级蓄水，有高水高用、低水低用之利。

松木山水库　位于大朗镇革命老区松木山村，为拦截松木山水而建，集雨面积 54.2 平方千米，按 1000 年一遇洪水校核，总库容 5750 万立方米，调洪库容 1180 万立方米。于 1958 年 5 月动工，1959 年 9 月建成，是以灌溉为主结合蓄洪的中型水库。库内淹浸耕地 640 公顷，移民 450 户、1956 人。库内有主坝 1 座，长 220 米，坝高 20.2 米；副坝 6 座，共长 770 米；主坝顶高程 26.2 米；输水涵管 2 座。1972 年建 1 座 3 孔、净宽 10 米、最大下泄量 166 立方米每秒的泄洪闸。1975 年又把主坝加高至高程 27.2 米。

1972 年由大朗公社自筹资金兴建的明渠式水力发电站，造价 12 万元，装机 2 台，每台 160 千瓦。年发电量在 30 万千瓦小时。1981 年和公社协商按原造价由水库管理处接收。

水库设计灌溉常平、大朗两镇，受益面积 26.67 平方千米。大朗建高渠全长 8 千米，其中不少是泥炭土，容易崩塌造成淤塞。1979 年逐年进行浆砌石渠，至 1985 年已砌 2400 米，减少渠道渗漏，灌溉效益达 30.93 平方千米；还在库内设电灌站，装机 9 台，容量 306 千瓦。当低水位时，提水入高涵灌溉大朗农田，又可利用渠道供大朗镇及大井头村民饮用水。

茅輋水库　位于清溪镇革命老区铁场村，1957 年 12 月动工，1958 年 5 月竣工，集雨面积 19.3 平方千米（含船坑水库，2 座共 5.64 平方千米）。按 1000 年一遇洪水校核，总库容 1160 万立方米，灌溉库容 681 万立方米，是中型水库。库内淹浸耕地 26.67 公顷，移民 100 户 468 人。初建土坝顶高程 67.72 米，1963 年加高至 70.72 米，1965 年 8 月把迎水坡原铺石护坡改为干砌石水泥砂浆勾缝。1968 年在坝顶设浆砌石防浪墙，1974 年再加高土坝，使坝顶高程达 71.02 米，坝顶长 248 米，宽 3 米，最大坝高 19.8

米。副坝顶高程 70.22 米，长 30 米，高 5 米，溢洪道原设在副坝，1963 年移建于主坝右端，进水口为 12 米就宽式溢洪道，最大泄流量 101 立方米每秒。有输水涵管 2 座，设在主坝同一坝端，高涵管径 0.6 米，涵底高程 57.22 米；低涵管径 1 米，涵底高程 53.72 米。主坝低涵有坝后式发电站，装机 1 台 160 千瓦。库区共完成土方 35 万立方米，石 6500 立方米，混凝土 2500 立方米，灌区有干渠 1 条长 8.5 千米，支渠 4 条共长 10 千米。设计灌溉面积 5.5 平方千米，1985 年达 5.02 平方千米，受益有铁松、重河、清厦、大利、大埔、九乡 6 乡，革命老区村 9 个。

黄牛埔水库　位于革命老区黄江镇黄牛埔村，1959 年 11 月动工兴建，1960 年 7 月竣工。水库集雨面积 33.8 平方千米（含打古山、石水口、南山坑、大石坑 4 座水库共 7.6 平方千米），按 1000 年一遇洪水校核，总库容 1423 万立方米，灌溉库容 684 万立方米。设计灌溉面积 6.67 平方千米，至 1987 年实灌 8.73 平方千米。库内淹没耕地 0.47 平方千米，移民 278 户 1588 人。

初建坝顶高程只有 23.3 米，且坝身单薄，迎水坡为不规则的干砌石护坡。1975 年主坝加高培厚，主坝高程 24.8 米，最大坝高 18 米；坝长 560 米，坝顶宽 6 米，并改为 40 厘米厚浆砌石护坡。副坝长 140 米，坝高 6.5 米，用浆砌石护坡厚 0.35 米。主副坝都是均质土坝。泄洪闸设在副坝的中部，共 5 孔，每孔净宽 2.5 米，总净宽 12.5 米。闸底高程 19.1 米，最大下泄量 184 立方米每秒。1973 年改手动葫芦开关为电动卷扬机启闭，输水涵为钢筋混凝土压力水管，管内径 1.4 米，长 75 米，涵底高程 15.8 米，最大输水量 8.6 立方米每秒。库区完成土方 31.52 万立方米，石方 1.75 万立方米（其中浆砌石 0.95 万立方米），混凝土 782 立方米。总工程费 100.6 万元。灌区有干渠 1 条长 9 千米。支渠 4 条，共长 10 千米。受益有田美、鸡啼岗、北岸、黄牛埔、巫屋等 5 乡 7 村。

　　黄牛埔水库修建前，革命老区人民用水困难。每当天大旱，农民就从蚬壳海调水种禾。同时，黄江公社还发动农民日夜挖井，找水源。结果还是完不成公、余粮，农民生活半粥半饭。以鸡啼岗大队为例，当时鸡啼岗有 388 户 1409 人，水稻包干面积 506.67 公顷（单造计），总产量 1451.6 吨，公余粮任务 87.35 吨，人均负担公余粮 0.062 吨。但，由于黄江地区缺水，很多年份产量达不到任务要求，每年交完公余粮后人均分配 150 千克左右，每人每月不到 15 千克。大部分农民常年只有食粥、食米糊、食杂粮充饥。1959 年下半年，大朗公社成立修建黄牛埔水库指挥部。在该工程开始前，首先动员库区农民搬迁，另辟新村。黄江共涉及 5 个村庄 391 户 1466 人，由水利建设工程指挥部选点建村，统一建房，按人口分配到户。该工程于 1959 年 12 月 1 日动工。参加水库建设的有 8 个大队 4916 人。参加施工的农民发扬协作精神，夜以继日用锄头泥箕挑土上堤，在没有任何机械条件下，完全靠两只手、两只脚和肩头一担一担挑土修建，并且没有报酬。之后，采用耕牛拉车把泥拉上坝，提高工效几倍。另外，黄江 4 个大队还出动 91 人看管 504 头耕牛（因后来用牛车拉土上坝），出动 67 个保姆，在田头办托儿所幼儿园。这样，经 100 多个日日夜夜艰苦奋斗，到 1960 年 3 月中旬，黄牛埔水库基本完工。水库共水浸房屋 384 间、水浸菜园 11.67 公顷、水浸水田面积 220 公顷，其中黄牛埔大队 53.33 公顷，长龙大队 166.67 公顷。

　　1960 年 3 月黄牛埔水库基本完工，但由于当时没有完全按照标准完成，所以，之后黄江公社每年都组织人力加高加厚，连续干十多年才达到标准。黄牛埔水库建成后，解决了黄江公社近 1200 公顷农田用水问题，从此以后不用靠天吃饭，农业生产基本有保障；解决了 20 世纪七八十年代初约 1330 公顷橙柑橘种植的用水问题，大力发展橙柑橘种植，大大增加群众收入；解决了黄江人民饮上干净健康的饮用水问题，在没有黄牛埔水库前，黄江人民都是饮山泉水和自挖的水井水，有了水库，公社办起自来水厂，全镇人民喝上自来水；黄牛埔水库的优质的水资源，引来太阳神口服液公司在当地立足发展，极大地推动当地的经济发展和城市建设，之后，又引来香港裕元工业集团，在当地建成裕元工业园，该工业园的水也全部靠黄牛埔水库供给。

三、道路建设

中华人民共和国成立时，东莞地域内，连接革命老区与外界联系的公路仅有砂石公路2条：惠樟公路，于1927年兴建；莞龙公路（自莞城至石龙），1925年兴建。另有乡道7条，长53.6千米。革命老区村庄内，都是狭窄弯曲的土路或者田埂路。1950年11月，东莞县成立修筑公路支会，动员全县抢修公路。至1951年3月，除广虎公路（中堂至莞城段）和清龙（清溪至龙岗）公路县辖段外，全部修复通车。

20世纪50年代初，广东省人民政府重视革命老区的经济发展，在大岭山兴办金桔岭农场，将原来经金桔石仔屎、小松园、牛屎佛路段改为经蒲桥、伯公地、农场场部，在黄巢井与原线接通。1954年，寮步到金桔路段修复通车。同年春，在东莞县人民政府的支持下，修建莞太公路。该路起于莞城，经过大岭山的革命老区村髻岭、连平墟、连平埔、岭尾坑、长臂岭，至大沙墟止。1961年冬，曾生、尹林平回到他们当年战斗过的地方——大岭山公社视察，探望老区人民。在他们的关怀下，并得到广东省民政厅的支持，拨专款15万元续建莞城至大岭山农场墟公路。该路从髻岭始，经大地、龙岗、矮岭岽，至大岭山农场墟止，全长12千米，有6座桥梁、21个涵洞，完成土方15万立方米。按设计总工程费用需35万元。老区人民群策群力，艰苦奋斗，缩短工期，降低成本，仅用 15 万元即建成，于 1963 年元旦通车。之后，又相继修建通往各村的简易公路。到 1963 年，全公社可通汽车的村庄有 17 个。其间，广东省民政厅、东莞县人民政府先后拨款 12.5 万元兴建莞（城）大（岭山）公路；拨款 10 万元兴修大岭山至大王岭公路；其后又拨款 11.5 万元和杉木 15 立方米、水泥 200 吨、钢材 15 吨、汽车轮胎 16 条，给老区村兴建房屋、兴修水利之用。1973 年，大岭山公社大搞乡间道路，机耕道路建设，至 1978 年年底，以公社驻地为中心，共修筑通往各村的公路 15 条，计 39.4 千米。

革命老区大朗镇在 20 世纪 50 年代只有 1 条莞樟路通过，路面宽 9 米。60 年代中期，各乡村才建筑简易的泥基公路，高低不平，若阴雨连绵，则路面泥泞、车辆无法通行，农产品如荔枝、龙眼等水果无法及时运出，只能烂掉。其中革命老区村犀牛陂村地处山区，交通尤其闭塞，被称为"大朗的西伯利亚"。70 年代，大朗陆续修造大东公路（大朗至东坑）、大常公路（大朗至常平）、朗犀公路（大朗至犀牛陂）；乡村之间也逐渐修建公路。但通往各村、镇的公路均是砂石路面，晴天尘土飞扬，雨天泥泞难行，交通不畅。

20 世纪 50 年代，经过革命老区黄江镇的唯一道路是长达 3 千米的莞樟公路。1956 年常梅公路修复竣工，横跨境内 10 千米。60 年代，开始有汽车通往各革命老区村。1964 年，东莞县拨救济款 2.7 万元，建设黄江公社（巫屋）公路桥。1973 年，黄江公社大搞乡间道路、机耕道路建设，至 1978 年年底，基本形成以公社驻地为中心，通往各村四通八达的公路网。

1981 年后，革命老区公路建设进入一个新的阶段。这期间采用县（市）政府拨款，交通部门补助，银行贷款，区乡和受益事业单位投资，群众投资，港澳同胞和海外华侨捐助等方法，将原

有的县区乡公路改铺为水泥路，或新建乡村干道。其中，20世纪
80年代中期，大岭山镇又将部分公路改建为水泥路；1984年开始，
大朗镇、乡两级加大道路改造，实施砂石公路硬底化，铺设水泥
路面，路况大为改善，至80年代末，全镇水泥公路总长200多千米。
经过10年建设，东莞市道路交通日益完善，全市革命老区村基
本实现村村通公路。

革命老区社会事业发展与民生改善

一、支持革命老区建设

在革命战争期间，东莞县革命老区被敌人烧毁破坏的房屋达791户1236间。中华人民共和国成立后，东莞县人民政府采取动员自建、群众互助、国家和集体扶持相结合的方针，逐步帮助老区人民解决住房困难。1957年发放建房补助款2.03万元，帮助老区新（修）建房屋417间。至1962年修复667间，仍有282户569间房屋未修复。据1963年调查，还需要国家补助修建的老区房屋169户184间。1963年冬，东莞县下拨木材197立方米，帮助附城、篁村、厚街、大朗公社等革命老区村新（修）建房屋83间。1964年，惠阳地区拨社会救济款1万元，帮助老区建房21间。

二、文化事业

中华人民共和国成立前，东莞县革命老区群众文化设施极少，人们大多数不识字，民间娱乐形式单一，主要是唱歌、舞狮等。农忙时，村民常一边劳作一边编唱劳动歌曲。节庆期间，偶有舞狮子、舞麒麟活动，或请剧团在临时搭建的戏棚演出粤剧或木偶剧。

中华人民共和国成立后，国家重视文化教育工作，东莞县人民识字普及率逐步提高。之后，随人民物质生活水平的提高，老区文化活动渐渐增多，群众的文化生活亦发生较大变化。20世纪50—60年代，每一两个月，县电影队到农村巡回放一次电影。县电影队在各村进行电影放映时，还利用幻灯机、红布条、宣传栏等，宣传党的各个时期的中心工作和社会主义建设中出现的新人新事，开展科普教育。其间，革命老区各大队均装有广播喇叭，与县、公社广播站连接，定时收听新闻和文艺广播节目。1962年，革命老区东坑公社井美村建成戏院，设座位1000个。除惠阳地区、东莞县艺术团体到此演出外，还作为东坑公社的大型会议场所。

"文化大革命"开始后，革命老区各大队组织毛泽东思想文艺宣传队，唱语录歌，跳忠字舞，演革命样板戏等。60年代末，插队在老区的知青还成立宣传队，经常举行一些文艺表演活动。个别革命老区村组织有粤剧社，排演样板戏。

70年代，东莞县各公社文化站普遍购置电影机，成立公社电影队，与县电影队一起担负巡回下乡放映工作，让农村群众更多、更好地看到电影，享受业余文化生活。1976年年初，厚街公社革命老区村双岗村购置1台8.75毫米电影机，办起全县第一个村级电影队，利用业余时间免费为村民放映电影，深受乡亲们的欢迎。随后，厚街公社的革命老区村新塘、涌口、桥头、溪头、三屯及新围、大迳等村也相继购置电影机，办起村级电影队。

80年代初，随着经济的发展，电视机进入平常百姓家，各村电影队相继停办。人们的娱乐形式多样化，一些被禁止的传统娱乐活动逐渐恢复。每逢年节，比较活跃的传统娱乐活动有篮球、登山、拔河、打乒乓球、听唱粤曲、下象棋、打扑克等。

大岭山地区各革命老区村于1956年农业合作化时期就成立文娱组，排练戏剧，在各村上演。影响较大的有革命老区村旧飞鹅村文娱组排练的客家山歌剧《白蛇传》，除在大岭山客家村演出外，还应邀到厚街、附城等地区客家村演出。革命老区村大沙村文娱组排练的粤剧《奇袭白虎团》《沙家浜》也应邀到各村演出。革命老区村大岭村妇女张根有，参加大岭村文娱组，自编自演曲艺小品《回娘家》，代表大岭山公社到东莞县汇演，被选中到各公社巡回表演。革命老区村大塘朗村小学校长刘发球擅长唱粤曲，经常参加县、镇文艺表演且获奖。1977—1978 年，大岭山公社革命斗争回忆录编写小组，编写《大岭山革命斗争回忆录》（初稿），部分被《东莞文艺》刊用。1997 年，中共东莞市委党史研究室与大岭山镇委合编《大岭山丰碑》，由广东人民出版社出版。

革命老区厚街公社厚街村于 1956 年 10 月建成 7 间文化室，出版 24 期墙报，还组织业余文艺宣传队唱歌、跳舞、演剧，深得群众欢迎，因此被县、公社评为文化宣传先进单位。同年，厚街地区革命老区村溪头村也建立文化室，设立图书馆，丰富群众文化生活。1969 年厚街公社成立电影放映队，购置小型电影放映机，轮流到各大队放映。1965 年，革命老区村涌口大队组织文艺宣传队排演现代剧，出版宣传墙，组织篮球队、武术队，文体活动非常活跃。双岗、河田、厚街等大队文化室也搞得有声有色，博得群众好评。溪头村组织文艺宣传队，排演革命样板戏《沙家浜》《红灯记》参加县文艺汇演获得第三名。革命老区村桥头大队于 1965 年建立文化室，设流动图书箱，轮流到各生产队供群众阅读；成立文娱组，宣传毛泽东思想，演现代剧。其中《中秋之夜》风靡一时。由于演员演技好，扮相逼真，群众看后赞不绝口。后桥头大队文化室又到厚街公社的厚街、双岗等大队、长安公社霄边大队等地巡回演出，都受到群众好评。该文化室曾多次获得厚街公社红旗奖。革命老区村河田村的角元、四联等自然村和学校教师一起组成河田群众业余剧团。他们遵循"业余自愿，自力更生，配合中心，服务群众"的原则，筹集资金，捐献布票，缝制布幕、道具，自绘布景等，并邀请退休艺人柳如是辅导。20 年间，学艺排练从不间断。演出的剧目有现代剧《乡村防哨》，折子戏《葛麻》，大型古装剧《搜书院》《十五贯》等 17 个，还有自编剧目《送子参军》。除在当地演出外，还到莞太沿线各村、水库工地、三级干部会议上演出，县文化馆为此出版专刊报道。

大朗革命老区的大井头村于 20 世纪 50 年代初期组建业余粤剧团，同时成立少儿粤剧团，招录 20 多名儿童，最大的 11 岁，最小的只有 6 岁。此后，革命老区村长塘、蔡边、水口、沙步、竹山、高英、黎贝岭、松柏朗、佛子凹、巷头等村相继成立文娱组、曲艺社或粤剧团。1956 年，大朗墟文娱组编演的现代粤剧《海上渔歌》，参加全县文艺汇演获得一等奖。1958 年，大朗公社组建大朗中心业余粤剧团，演员 30 多人，排练的剧目有《望夫山上望夫归》《卖胭脂》，利用业余时间在乡村巡回演出。

70 年代至 80 年代，大朗地区共有 5 个业余粤剧团，其中较活跃的是大井头业余粤剧团，先后应邀到县工人文化宫、石龙、太平、厚街、大岭山、长安、塘厦、常平、横沥和宝安县等地巡回演出，其排演的古装剧《秦香莲》《拉郎配》《搜书院》和现代剧《山乡风云》较为有名。长塘业余粤剧团排演的现代剧《奇袭白虎团》、松柏朗业余粤剧团排演的现代剧《沙家浜》也经常到兄弟镇区巡回演出。

三、教育事业

中华人民共和国成立后，东莞县革命老区的教育事业有明显发展。20 世纪 50 年代初，农村群众强烈要求摆脱愚昧落后的状态，学习文化知识。各乡村都积极开展扫盲活动，夜校如雨后春笋般地兴办起来，扫盲运动取得很大成效。1952 年，县政府将全县学校转为公办，并有步骤地改革旧的教育制度、教学内容和方法，学校教育成为社会主义事业的一个有机组成部分。自此，教育事业稳步发展。1956 年，各村除健全民办夜校外，还建立起文化室。1965 年，全民大学毛主席著作，农民群众读书人数激增。1966 年开始的"文化大革命"，使教育事业遭到严重破坏，学校成为"重灾区"。

70 年代末，教育被列为社会主义"四化"建设重点之一。东莞县党政领导从经济发展的宏观目标着眼，重视人才的培养，调动社会各方面的力量，实行多层次、多渠道、多形式发展教育事业，使之得到迅猛发展。

革命老区厚街镇于 1952 年对区内学校开展"两整"（整顿经费和整顿教师队伍），将所有学校收归公办。当年，经过整顿，学生数量增加 70%，教师增加 95%。1956 年，在革命老区村开始创办夜校，有义务教师 12 人。1957 年贯彻中央"两条腿走路"（即公办与民办相结合）办学方针，各乡都开设民办小学。其间，扫盲工作搞得非常活跃，掀起学文化高潮。1958 年，厚街公社有两所夜校获共青团中央、省、地区、县先进文化单位奖。1965 年桥头大队开办夜校，有 6 个班，先后有 2000 多人参加学习。同年，溪头大队也办起夜校进行扫盲。涌口大队的各小队也办起夜校，大扫文盲，有 85％ 脱掉文盲帽子。1980 年 9 月，革命老区村沙溪开办初级中学；1983 年 9 月，相继开办前进、新迳、肇彝、桥溪 4 所初级中学；1984 年 9 月开办松筹初级中学。

大朗革命老区群众于 20 世纪 50 年代初积极创办小学，就连历来没有学校的小村，如屏山、仙村、新塘围、马坑等也相继办起学校。1952 年秋，所有小学收归公办。1954 年，在全面整顿小学的基础上，成立大朗中心小学，校址在革命老区巷头村祠堂。

1956 年，开展扫盲运动。扫盲对象主要是农村中 15—40 周岁的青壮年文盲，形式各种各样，有"识字班""培训班"，部分村设立"农民夜校"。由各村小学教师或村中有文化的人担任"扫盲教师"。学习时间多为晚上和农闲时的白天。学习内容，初时以识字为主，随后增设一些科普常识、农业常识、作物栽培常识等。1958 年，各村除有 1 所公办小学外，另办起"民办小学"，并大量招收初中或高中毕业的"知识青年"，充当民办教师。当时大朗公社有公办、民办小学 60 所（约各占 50%），学生 5460 人，适龄儿童入学率达 90%。其间，大朗公社的幼儿教育开始萌芽，于"大跃进"中，各村兴办幼儿园、托儿所共 60 多间，招收幼儿 1000 多人。1960 年，因经费问题，幼儿园、托儿所停办。"文化大革命"期间，取消中心小学，全部小学由公社教育组管理。1968 年，小学改为五年制，各小学附设初中班，学制两年。1976 年，各大队又相继办起幼儿园，招收幼儿 1000 多人，幼师 100 多人，办学经费由各大队负担。1978 年，恢复大朗中心小学。

　　早在抗日战争时期，大岭山革命老区的中共地下党员及抗日游击队的民运队员就在其活动的部分村庄开办以宣传抗日救亡为内容的小学校。中华人民共和国成立后，东莞县人民政府更加重视革命老区的教育事业。1952 年 8 月，大岭山 16 所村办国民学校及私塾被接收为国家公办小学，教员转为公办教师。同时，还着力在青壮年中开展"扫除文盲"运动。1950—1979 年，大岭山相继开展 5 次规模较大的群众性扫盲运动，摘掉文盲帽子。1957 年 9 月，革命老区村大片美村开办大沙乡第一所民办初级小学。1958 年，革命老区村内没有学校的村普遍兴办民办小学。是年 9 月，东莞县人民政府又帮助大岭山革命老区兴办连平初级中学。1961 年，革命老区村金桔小学改为大岭山公社中心小学。1964 年，大岭山公社共有公办小学 9 所,民办或民办公助小学 19 所,在校学生 2305 人。适龄儿童入学率 85%。"文化大革命"中,教育战线成为"重灾区",正常的教学秩序被打乱,教学质量严重下降。1979 年后,贯彻落实"调整、充实、整顿、提高"的方针,教育工作走上正常化,教育和教学质量得到提高。

四、卫生事业

中华人民共和国成立时,东莞县革命老区几乎没有医疗机构与卫生设施,农民生病要去县城就医。1950 年,县政府对私人开业的中医中药人员进行调查登记,在部分革命老区创办医疗站、卫生所,安排部分个体人员到医院及卫生所工作,为当地群众医治小伤小病。1965 年,开始建立大队卫生室。老区村所属大队各选派 2—3 名有志从医的青年,参加县卫生部门举办的卫生知识培训班,学习中西医的基本知识,学成后回到本大队,被称为"赤脚医生",在为村民免费看病的同时,还担负疾病预控的职责。是年,全县有大队卫生站 290 多个,卫生员 580 多人,接生站 200 多个,接生员 270 多人。1978 年,全县各公社均设有卫生院。革命老区的卫生防疫和妇幼保健工作也逐步健全,多种严重危害人民健康的传染疾病,得到有效的控制。

大岭山革命老区早在抗日战争时期,就有新加坡归侨陈艳莲在革命老区村大沙墟开设妇幼诊所,专看儿科和妇产接生。1954 年 4 月,乡政府在大沙墟洪圣公庙成立联合诊所。1960 年,革命老区村杨屋村成立合作医疗站。1961 年,成立大岭山公社卫生院。院址设在革命老区村金桔村的红花庙,使用面积 50 多平方米,设门诊部和留医部。之后,全公社 22 个大队都成立合作医疗站,有"赤脚医生"60 人,由各大队管理。1979 年,合作医疗站整顿合并为村级卫生站（还承担部分儿童免疫工作），均设有卫生宣传专栏，宣传党的各项卫生工作方针和预防保健知识。至 1979年年底，大岭山镇建成社区卫生服务中心（站）管理办公室，革命老区村的 4 个卫生站改称社区服务站，并增加新塘、颜屋、马蹄岗、大沙、太公岭等 8 个社区服务站。

革命老区厚街镇于 20 世纪 50 年代设立卫生机构，建立医疗队伍，积极为革命老区群众做好防病治病、妇幼保健工作。1968年 11 月，厚街公社卫生院举办"半农半医——赤脚医生"学习班，为革命老区培训卫生人员。1969 年 11 月结业后，各自返回大队兴办卫生站。当年全公社共设立卫生站 22 个，与卫生院办卫生所共同组成农村三级医疗网。1970 年 2 月，厚街公社各大队先后建立合作医疗制度，由社员每年交 1—3 元作医疗基金，大队补贴社员医疗费按成数报销。1981 年农村体制改革，各大队先后取消此制度。90 年代开始，厚街镇各村普遍实施农民医疗保险制度，人民的健康水平大幅提高。

革命老区大朗镇于 1950 年年底在一些革命老区村设立卫生站，方便老区群众看病。1951 年，在革命老区村大朗墟、保安墟、安和墟成立小型诊所，各由 2—3 名医生组成。1955 年，大朗墟、保安墟、安和墟诊所合并为"大安保联合诊所"，后改为"大朗区联合诊所"。1957 年，各乡村派人到大朗公社驻军学习医务。1958 年，在革命老区村松柏朗、松木山设卫生站。1959 年，大朗公社中心卫生院举办中医学徒培训班。其对象是"赤脚医生"，由老中医轮流讲课，采取传帮带的形式培训，经过 5 年学习，考试合格，才准结业。同时，培训护理人员、中西医药剂人员。1961 年，松木山卫生站改为联合诊所。从 1964 年起，还有计划地选送一些"赤脚医生"到东莞县参加医务班学习，不少"赤脚医生"经过培训和自学，成为半医半农的乡村医生。20 世纪 80 年代，一些学医的大中专生逐渐回村卫生站，卫生站的医疗水平不断提高。

五、人民生活

中华人民共和国成立初期，东莞县革命老区村大部分地处山区，水稻每公顷产量 1.73 吨。之后，经过土地改革，废除封建土地制度，解放农村生产力，农业生产有了较大发展，农民生活水平逐步提高。1956 年，东莞县农民年人均收入为 78.8 元（年人均分配加上年人均家庭副业收入），年人均口粮 256.2 千克。1961 年至 1978 年 18 年间，农民年人均收入一直徘徊在 100—200 元这个区间，人均口粮也停留在 165—307 千克之间。其中 1961 年，农民人均口粮仅有 158.4 千克，每人每月平均口粮 13.2 千克，是 20 世纪 50 年代以来口粮标准最低的一年。

据统计，从 1956 年至 1977 年，革命老区厚街公社的农民每人每月由集体分配的口粮（稻谷）一般都在 15 千克左右，最高的是 1977 年，为 24.5 千克，最低的是 1960 年、1963 年和 1964 年，只有 15 千克。革命老区大岭山公社的农民年人均分配徘徊在 80 元至 90 元之间，每人年均口粮（稻谷）240 千克至 260 千克之间。革命老区厚街公社从 1958 年至 1978 年，农民的经济收入增加缓慢，年收入一般在 100 元左右徘徊，农民参加农业生产劳动日值大多在 1 元钱以下，农民月均口粮一般在 15 千克左右。

中华人民共和国成立初期，革命老区村的人民群众以种田为生。由于生产条件的限制，生产力低下，粮食产量很少，加之自然灾害的侵袭，90%的农民吃不饱，常以瓜菜、番薯充饥，生活困难。1959 年黄牛埔水库建成后，黄江地区农田水利灌溉自流化，促进农业生产逐年增产，天旱亦丰年。1961 年 6 月，黄江公社成立，但受自然灾害和"左"倾思想的影响，社员收入水平低，大部分人仅能维持温饱。1962 年贯彻党的"调整、巩固、充实、提高"的方针，农业收入增加，生活虽有所提高，但每人月平均口粮也只有 15 千克稻谷，劳动日值也只有几毛钱。20 世纪 70 年代，集体经济不断壮大，但仍以农业为主，粮食产量虽然有所增长，但生活仍较困难。1978 年，黄江公社人均劳动日值最高工分 10 分为 1.5 元，最低只有 0.5 元。从 1961 年至 1978 年，农民年人均收入一直徘徊在 100 元至 200 元之间。

20 世纪 50 年代，革命老区大朗镇历经战争创伤，人民群众生活极端贫困。1951 年 5 月开展土改，农民分到田地、耕牛、农具，生活水平有了提高。1953 年春组织互助组，产品归各户收入。1954 年春在互助组基础上成立农业初级社，各户留下一部分自留地外，其余全部入社，耕牛农具折价入社作股金，果树、土地按 2∶8 与 4∶6 分红（前者归社，后者归社员），出勤的工分与股金到年终结算分红。1955 年冬组织农业高级合作社，社员留有小量自留地和果树外，全部土地、农具归社，社员按劳动等级分红。1956 年革命老区村人均纯收入 78 元。1958 年 10 月，成立大朗公社，实行"一平二调"，社员集中在饭堂吃大锅饭。结果 3 个月后粮食缺乏，大人每餐 4 两（16 两秤），小孩 2 两。1961 年，油、米、糖奇缺，社员只好用木薯、蕉茎充饥，有许多社员患上水肿病。1962 年各村分给农民少量自留地，让农民发展家庭副业。其中革命老区黄草朗大队首先实行每人多分 4 分养猪地，掀起养猪高潮，他们的做法最后在全公社推广。1964 年革命老区村人均分配 72 元，1965 年人均纯收入 150 元。"文化大革命"时期，实行以粮为纲，一个劳动日的分值只有 14.4 元，人民生活水平低下，经济发展缓慢。1976年大朗公社农村人均纯收入130元，13年间大朗农村人均纯收入在100—200元之间徘徊。1961—1978年农村年人均口粮在165—307千克之间徘徊。

从1979年起，农村经济迅速发展。由于实行家庭联产承包责任制，"三来一补"企业迅速发展，有三分之二劳动力"洗脚上田"，农民收入有较大幅度的增加。1979年人均收入251.2元，1987年人均收入升至1039元，比1966年增长7倍，比1976年增长6.3倍。年人均口粮为300千克以上。随着农村经济的不断发展和壮大，农民收入显著增加，东莞市农业人口人均收入由1949年的55元增加到1957年的68.1元、1978年的193.3元、1987年的1039元。1987年年底，全市农村储蓄余额达到12.32亿元，比1958年翻八番，比1970年翻七番，比1978年翻五番。1987年年底人均储蓄余额1267元，比1978年增长32倍。

六、优抚工作

据1982年东莞县人民政府编印的《广东省东莞县革命烈士名录》，共收录全县革命烈士884名。其中第一、第二次国内革命战争时期（1937年7月6日以前）牺牲的烈士10名；全面抗战时期（1937年7月7日至1945年9月2日）牺牲的烈士439名；解放战争时期（1945年9月3日至1949年9月30日）牺牲的烈士288名；社会主义革命和社会主义建设时期（1949年10月1日以后）牺牲的烈士147名。

1950年11月，中央人民政府政务院颁布《革命烈士家属、革命军人家属优待暂行条例》以后，广东省东莞市（县）各级人民政府又制定许多具体的优待政策和措施，对烈军属和残疾军人（除国家补助、抚恤外）实行群众优待制度，并根据各个时期经济体制的改革，不断进行调整、改革。

　　1956 年前，东莞县农村群众优待形式主要是帮助无劳力或缺乏劳力的烈军属代耕。在做好代耕的同时，还帮助有困难的烈军属解决生产工具和生产资料，以保证烈军属的基本生活。1950 年，由区、乡人民政府发放优抚粮照顾烈军属和工属。这一年全县有烈属 1766 人，军属 5222 人，工属 5956 人，发放优抚粮 20 吨。1952 年全县有军属 3447 户，需要帮助解决生产工具和生活资料的 1345 户，给予解决 722 户，共计大米 10.5 吨，稻谷 250 千克，耕牛 33 头，土地 0.93 公顷，房屋 2 间，现金 7499 万元（旧币）。从 1955 年开始，东莞县对烈军属实行优待劳动日的办法，解决烈军属的生活困难。当年全县有烈属 694 户，优待 128 户，优待劳动日 1.3 万个，兑现 8927 元。从 1956 年起，对烈军属和残疾军人实行优待劳动工分形式，这种形式直到 1958 年成立公社时为止。在实行"公社化"开始的一年里，全县推行对烈军属发放优待金的方式；1959 年至 1960 年，这种方式被取消，以国家救济形式代替。1961 年，开始恢复贯彻优待劳动日的政策，对烈军属和残疾军人实行"困难大多补助，困难小少补助，没困难不补助"的原则，坚持年初评定，夏收预分，年终兑现，大队统筹，送优待证款上门，这种优待劳动日制度一年比一年落实得好。1961 年受优待的有 1246 户，仅限于优待烈军属、残疾军人，占总户数的 37%，优待劳动日 6.85 万个，平均每户只优待 55 个劳动日，标准偏低；1962 年受优待的有 1715 户，占总户数的 52%，优待劳动日 14.17 万个，平均每户 82 个，比 1961 年增加 49%，优待对象扩大到老革命人员和"堡垒户"；1963 年受优待的有 2054 户，优待面为 65%。优待劳动日 19.47 万个，平均每户 95 个，比 1962 年稍增，优待对象扩大到带病回乡的复员退伍军人、年老体弱的复员军人、病故军人家属和失踪军人家属；1964 年的优待面和优待量，大体稳定在 1963 年的水平。"文化大革命"期间，群众优待工作一度受到干扰。1973 年，群众优待烈军属劳动工分工作得到恢复，并形成制度化。从 1981 年起，为适应农村经济体制改革，对现役军人家属的工分补贴改为现金补贴，个别无依无靠的烈属、"堡垒户"均享受每月定期生活补助。

第五章

改革开放　天下为先

　　改革开放后，东莞市包括革命老区在内的城乡解放思想，敢为天下先，充分发挥毗邻港澳，港澳乡亲、海外侨胞众多的地缘、人缘优势，以"三来一补"（来料加工、来样加工、来件装配、补偿贸易）为突破口，大力发展外向型经济，通过工业化、城市化，闯出一条适合当地实际、最终实现现代化的发展道路。由鱼米之乡脱胎成为工业城市，创造举世瞩目的"东莞模式"，被誉为"广东改革开放的一个精彩而生动的缩影，也是中国改革开放的一个精彩而生动的缩影"。

第一节 农村经营体制改革

一、推行家庭联产承包责任制

中共十一届三中全会后，农村集体经济逐步进入改革开放时期。随着 1982 年和 1983 年元旦先后发表的两个中央一号文件，即《全国农村工作会议纪要》和《当前农村经济政策的若干问题》的贯彻，农村逐步建立起多种形式的生产责任制，由联产到组、到劳、到户，发展到家庭联产承包责任制，使经济形势逐渐改观。

从 1979 年始，东莞县农村逐步建立多种形式的生产责任制。几年时间，生产责任制经历由包工责任制到联产承包责任制，由联产到组、到劳、到户，发展到家庭联产承包责任制。其中土地到户有两种做法：一是少数生产队因人多地少，按人口每人一份分到户；二是大多数生产队以一半土地按人口分配（口粮田），一半土地按劳动力分配到户（责任田）。在分配土地时，生产队先预留 5%—10% 作机动田，以便人口变动时调整使用。而预留的机动田，则采用投标到户耕作办法。生产资料的处理办法是：耕牛和中小农具折价或投标到户，按人口或田亩面积平均分配折价款或投标款，作为生产队投资给农民的资金，生产队设账登记，大型农机具和水利设施实行承包到户管理办法。

革命老区大岭山公社于 1980 年全面进行经济制度改革，推行联产承包生产责任制。12 月 24 日，大岭山公社召开第七届人民代表大会第二次会议，制定和通过关于"进一步落实和搞好生产责任制"的八项决议。是年年底，全公社农业实现联产承包责任制。农民掌握生产自主权，实行多种经营。社员在种好水稻、粮食大增产、完成粮食生产任务的基础上，在自留地、承包地种植荔枝、橙、柑、橘等水果。与此同时，部分社员还承包集体荒山开发果场，造林种果。至1987年，大岭山镇有林果专业户165户、种菜专业户15户、水产养殖专业户78户、养猪专业户169户、"三鸟"（鸡、鸭、鹅）专业户29户。是年，人均收入上升到731元。

革命老区大朗公社于1981年春在大冚村（后属犀牛陂村）最先实行联产承包责任制，其余大队相继执行。至1982年，大井头村、高英村、竹山村、杨梅岭村等村最后实行。其间，各大队开始将生产队的田地和果木分配到户，集体的耕牛、农具也放到各农户使用，其他农场、林场由敢于承包的人去经营。这种责任制极大地激发了农民的积极性。农民利用丘陵因地制宜，除抓紧粮食生产外，其余自行调整选地，大力种植橙、柑、橘、荔枝，发展农、林、牧、副、渔等业。至1987年，水稻总产量18559.3吨，比1971年增长19.9%。

革命老区厚街公社于1979年开始实行联产承包责任制。至1983年，全社的山林、果树、鱼塘全部由个人承包，其中承包山林的有49户，劳力121个，面积1047.33公顷；承包果树的有1926户，劳力2231个，面积359.53公顷；承包鱼塘的有239户，劳力433个，面积168公顷，总产量183吨（其中养鱼专业户共42户，劳力117个，养殖面积共48.87公顷）。承包后年总收入约20万元。此外，还有专业户：养鸡8户、养鸭5户、养母鹅17户、养蜂10户、种果木22户等。他们运用长短结合的方法，收到显著的经济效益。至1986年，农村总收入6283万元，纯收入40.74万元，农民人均收入726元。

二、股份合作制

农村股份合作制是对农村集体资产按股份合作制章程规定的办法折股量化到人，明晰集体资产归属，以资产合作为主的集体经济形式。从 2002 年起，东莞市着手探索包括革命老区镇（村）在内的农村股份合作制改革，解决农村社会面临的集体资产权属、经营和分配问题，以及人口流动与集体福利分配、农村管理体制与城市化建设之间的矛盾。是年，东城区结合"村改居"工作，率先开展农村股份合作制改革试点。主要做法是：对集体资产进行清产核资，原则上把经营性净资产划分为集体股和个人股；以一定时点的在册农业户口为基本依据，确定配股对象；把个人股一次性平均量化到人，发放股权证，明晰产权主体；实行"生不增，死不减；进不增，出不减"的制度固化股权；股份合作社内设立股东大会、股东代表大会、董事会、监事会等机构；留归集体这部分资产收益，作为社区公共管理和公益福利经费的来源。有的镇区结合自身实际，对改制模式进行调整和创新。南城区根据集体经济总量较少，并处于大发展阶段的情况，对集体资产在清产核资后暂不进行股份量化，只确定村民的配股资格，待条件成熟后，再将部分或全部集体资产折股量化给已确权的配股对象。

革命老区大岭山镇从 2004 年 8 月开始实行股份合作制，通过清产核资，成立董事会和理事会，划分集体股和个人股，农民按股分红，到 2006 年全面完成。

革命老区大朗镇人民政府于 2004 年 7 月 30 日制定下发《大朗镇农村股份合作制改革实施方案》，全面铺开农村股份合作制改革。7 月，镇、村两级都成立股份合作制改革领导小组，按照清产核资，制定章程，界定股东资格，设置股权，设置股东代表大会、董事会、监事会组织架构 5 个阶段，全面推进股份合作制改革。至 2008 年，全镇共建立经济联合社 27 个、经济社 115 个。村组两级净资产 28.69 亿元。其中革命老区村长塘村、求富路村、巷头村、巷尾村、高英村、大井头村、圣堂村、水口村、蔡边村、洋坑塘村、犀牛陂村、松木山村 12 个村，配股人口 59511 人。

革命老区厚街镇从 2004 年 8 月开展农村股份合作制改革工作，至 2006 年 4 月成立股份经济联合社 22 个，股份经济合作社 122 个、队级股份经济合作社 11 个。全镇共有股东 82139 名。

2015 年，东莞市稳妥推进包括革命老区在内的农村土地承包经营权确权登记颁证工作，制定市级及试点镇农村土地承包经营权确权登记颁证实施方案，提出"直接确地""确股确地"两种确权方式及相应的操作程序、保障措施等。出台集体经济组织股权管理的指导意见，建立健全股权内部有序流转机制。市编印出台《东莞市农村土地承包经营权确权登记颁证工作操作规范》和《东莞市农村土地承包经营权确权登记颁证问题解答汇编》。11 月 17 日，召开全市农村土地承包经营权确权登记颁证工作动员会议，总结交流试点经验，在全市全面铺开确权登记颁证工作。

2017 年，东莞市被确定为全国农村集体产权制度改革试点单位。10 月 25 日，召开全市农村集体产权制度改革工作会议，全面部署深化包括革命老区在内的农村集体产权制度改革工作。是年，东莞市将农村土地承包经营权确权登记颁证作为全市农业农村工作的头号工程，并纳入镇（街）党委书记年底向市委作基层党建工作述职的重要内容。建立市委常委挂片督导、层层约谈、排名通报等机制，落实方案表决、承包地确认、补签合同、颁发证书等确权工作关键环节各项举措。全市 32 个镇（街）完成镇（街）工作实施方案制订，基本完成全市承包地实测工作，颁证率超过 93%。

第二节 全面振兴革命老区农业

中共十一届三中全会后，东莞县推行家庭联产承包责任制，包括革命老区在内的农村极大地解放生产力，农、林、牧、副、渔业全面发展。之后，不断调整农业种植结构，并实现两个突破：一是产品经营向商品经济过渡；二是发展水稻规模经营，水稻生产趋于商品化，同时把大批旱地、荒坡、边远水田种上橙、柑、橘，并间种荔枝，提高土地的经济效益。1978 年，革命老区大朗公社农业总产值 1238 万元，其中种植业占 75%，林业占 0.9%，畜牧业占 21%，副业占 1.2%，渔业占 1.9%。是年，大朗公社水稻种植面积 4533.33 公顷，每公顷产量 3.55 吨，总产量 1.62 万吨。1985 年，大朗公社水稻种植面积 3393.33 公顷，比 1978 年减少 1140 公顷；总产量达 18.22 万吨，比 1978 年增加 2039.7 吨。革命老区黄江公社实行家庭联产承包责任制后，农业生产在一定时间内保持稳定和持续增长的好势头，粮食生产通过引进粮种、高产种，改进栽培管理技术，采用电脑配方施肥，实行病、虫、草、鼠害的综合防治，有效地提高单产。水稻生产从 1978 年每公顷产量 3270 千克提高到 1985 年的 4785 千克，总产量从 1978 年的 1.04 万吨提高到 1.16 万吨。

1986 年，东莞市大力推广优良品种，进行开发性、商品化、基地化生产。同时积极扶持村、联户、私人发展乡镇企业，使包括革命老区在内的农村经济发生巨大变化。1987 年市、镇加强对革命老区的投入，重点扶持农村农业的发展。是年，市政府拨出1200余万元用于发展橙、柑、橘和菠萝的种植，拨出4万元用于发展养殖业和加工业。1987年全市水果种植面积4.1万公顷，总产量36.3万吨，农业人均水果收入406元。其中革命老区大朗镇种植龙眼7.6公顷，总产量21.2吨；种植橙、柑、橘面积21.07公顷，总产量15.8吨。另外，开发种植荔枝及其他水果面积2466.67公顷。种植面积超过130公顷以上的革命老区村有：巷头村152.66公顷、大井头村202.66公顷、蔡边村160公顷、松柏朗村258.93公顷、黄草朗村183公顷、黎贝岭村148.46公顷、松木山村136.53公顷、石厦村214.73公顷。同年，革命老区黄江镇种植水果面积1713.33公顷，为历史最高年份。1988年，黄江镇有水果面积人均330多平方米，总产量9155吨，总收入1273.47万元，人均水果收入848.98元，其中橙、柑、橘总产量7975吨。产品销往全国各省市及港澳等地。革命老区大岭山镇鼓励个体户种，联户种，村、队、镇、单位集体种，与省、地、市单位联营种，引进外资联合种等形式发动全镇人民大种水果。至1988年，全镇投入水果种植的资金达到3000多万元，种植水果面积3026.67公顷，是1978年的12.9倍。其中优质荔枝（"糯米糍""桂味"等）1440公顷，是1978年的7.3倍；柑橘1193.33公顷，是1978年的49.7倍。在开发果场的同时，间种白花杧果、鸡心黄皮、三华梨、南华梨、泰国石榴、番荔枝、台湾杨桃、青梅等杂果303.27公顷，总面积是1978年的24.6倍，达到每人0.67公顷。

1989年，东莞市开展粮食创高产活动，开展"吨粮田""吨粮镇"建设。市、镇、村三级均成立创高产活动领导小组，推广优质杂交稻和配方施肥等生产措施，粮食产量跃上新台阶。经济作物以甘蔗、花生、蔬菜为主，水果种植橙、柑、橘、香蕉、荔枝、龙眼等，成为农民家庭经济收入的重要来源。是年，革命老区大岭山镇农业总产值 2106.8 万元，占工农业总产值的 41.5%，比值首次低于工业产值。革命老区大朗镇产业结构变化较大。1988 年，农业总产值 3276 万元，比 1978 年的 1238 万元增加 2038 万元。其中种植业产值 1370 万元，占 1988 年农业总产值的 42%，比 1978 年的 926 万元增加 444 万元；林业产值 11 万元，占 1988 年农业总产值的 0.4%，与 1978 年的 11 万元持平；畜牧业产值 660 万元，占 1988 年农业总产值的 20%，比 1978 年的 262 万元增加 398 万元；副业产值 1183 万元，占 1988 年农业总产值的 36%，比 1978 年的 15 万元增加 1168 万元；渔业产值 52 万元，占 1988 年农业总产值的 1.6%，比 1978 年的 24 万元增加 28 万元。

20 世纪 90 年代，由于第二、三产业的发展，东莞市耕地面积逐年减少。经济的快速发展，使市场对农产品的质量要求越来越高。农业从以产量为中心转变为以产量、质量和效益并重，从传统农业生产逐步向高产、高质、高效的"三高"农业转变。1993 年，市政府出台农田保护区实施方案，推广优质水稻品种、蔬菜新品种以及水稻抛秧技术、香蕉试管苗技术、蔬菜棚膜种植等新技术。1993 年，全市革命老区共有人口 310902 人，耕地 1.45 万公顷，粮食总产量 5.11 万吨，其中稻谷总产量 4.52 万吨。革命老区厚街镇耕地面积 1660 公顷，粮食产量 4662 吨，包括稻谷产量 4129 吨；革命老区东坑镇耕地面积 506.8 公顷，革命老区黄江镇耕地面积 592.93 公顷，粮食产量 1058 吨，包括稻谷产量 950 吨；革命老区大朗镇耕地面积 1693.33 公顷，粮食产量 7647 吨，包括稻谷产量 5022 吨；革命老区大岭山镇耕地面积 780 公顷，粮食产量 4286 吨，包括稻谷产量 3738 吨。1994 年，革命老区大岭山镇粮食种植面积 1140 公顷（含复种，其中水稻 953.33 公顷），总产量 4682 吨；生猪饲养量 5.93 万头，"三鸟"（鸡、鸭、鹅）饲养量 99.35 万只，水产养殖面积 144.2 公顷；水果种植面积 2066.67 公顷，总产量 1.9 万吨（其中荔枝面积 1000 公顷，总产量 1000 吨）。全镇农业总产值 7779 万元，占工农业总产值的 27%。

1993 年东莞市革命老区农业发展情况表

镇（街）	管理区	人口（人）	耕地（公顷）	粮食产量（吨）	稻谷产量（吨）
中堂镇	潢涌	7639	442.13	3193	3193
	四乡	2828	76.87	672	672
	中堂	1776	56.2	616	616
	一村	1487	31.27	329	329
	斗朗	2207	86.8	656	656
石排镇	下沙	1740	168.6	807	807
长安镇	霄边	2704	70.8	—	—
麻涌镇	大步	6563	345.47	2119	2119
凤岗镇	官井头	1447	139.06	25	5
	油甘埔	1595	123.07	33	3
	塘沥	1835	125.27	42	40
	黄洞	2138	167.07	60	40
	三联	1333	93.13	35	35
	竹尾田	618	34.33	24	24
望牛墩	锦涡	1139	60.67	481	481
	朱平沙	2433	141.07	1088	1088
	石排	474	19.6	179.6	179.6
	杜屋	1765	57.67	490	490
	上合	2139	45.8	271	271
寮步镇	泉塘	1276	37.8	225	225
	上屯	2580	145.13	970	929
横沥镇	水边	2534	123.73	825	821
	田饶步	1623	113.4	3	3
虎门镇	北栅	3512	148.67	140	140
	陈村	557	58.2	93	86
	怀德	4902	305.87	876	690
	黄村	435	29.47	62	50
	金洲	2776	108.6	204	204

（续上表）

镇（街）	管理区	人口（人）	耕地（公顷）	粮食产量（吨）	稻谷产量（吨）
企石镇	清湖	1711	115.47	740	627
	南坑	1092	61.13	419	402
	霞朗	682	47.4	140	98
桥头镇	桥头	1228	20.4	48	48
	迳联	1514	98.67	237	223
	石水口	3863	83.4	—	—
	大洲	2860	129.8	178	172
	岭头	1104	79.67	97	91
	田新	2007	70.6	385	337
	禾坑	892	50.87	175	175
常平镇	黄泥塘	744	47.8	71	55
	朗洲	504	58.27	288	276
	司马	2304	141.93	175	162
	沙湖口	744	51.87	228	132
	白花沥	542	45.6	238	124
	田尾	1181	95.4	320	312
樟木头镇	古坑	1445	109.33	535	19
	樟洋	1972	171.33	—	—
	石新	2033	73.33	203	195
	裕丰	1709	100	75	65
	官仓	919	48.6	—	—
篁村区	水濂	1481	57.33	341	320
	蛤地	1947	103.87	360	234
	西平	2426	29.87	228	216
塘厦镇	林村	4343	493.13	870	798
	田心	670	66.33	33	30
	大坪	1008	110.67	122	122
	龙背岭	679	69.4	21	21
	莆心湖	1832	200.07	92	83
	蛟乙塘	1207	99.4	64	64

（续上表）

镇（街）	管理区	人口（人）	耕地（公顷）	粮食产量（吨）	稻谷产量（吨）
清溪镇	浮岗	1644	92.8	5	5
	松岗	1116	63.67	3	3
	重河	2411	187.67	7	7
	铁场	625	66.67	336	336
	大利	2197	158.8	114	111
	三星	1014	91.87	2	—
	厦坭	747	47.47	—	—
	土桥	541	31	—	—
	谢坑	623	83.93	14	13
	三中	1659	112.33	3	—
	青皇	1011	65.07	39	29
高埗镇	上江城	1721	66.47	942	908
	护安围	777	55.33	526	488
	凌屋村	946	47.8	521	497
	高埗	2673	116	912	884
	低涌	2400	112.73	966	937
	保安围	1748	109.53	989	935
东坑镇	东坑	2670	71.47	150	150
	黄麻岭	1069	25.33	78	78
	长安塘	1659	34.2	83	83
	寮边头	1390	44.93	83	83
	新门楼	1472	35.33	—	—
	初坑	2249	91.47	392	392
	凤大	287	20.53	79	79
	丁屋	889	20	158	158
	角社	2904	97.07	618	618
	井美	2205	66.47	40	40
附城区	温塘	8148	452.2	2555	2526
	光明	1203	54.07	96	58
	同沙	2059	119.2	349	288
	立新	2344	175.73	361	335
	牛山	3259	210.73	220	174
	火炼树	976	64.27	—	—
	石井	1641	200.27	390	390

（续上表）

镇（街）	管理区	人口（人）	耕地（公顷）	粮食产量（吨）	稻谷产量（吨）
谢岗镇	曹乐	1682	99.47	441	426
	南面	1208	45.33	400	340
	窑山	500	20	200	195
	大龙	827	20	175	168
厚街镇	新围	3546	144.8	489	337
	大迳	2740	162.07	521	459
	环岗	1685	91.6	215	203
	汀山	1382	118.07	309	293
	河田	4793	304.53	954	760
	寮厦	1847	74.73	318	318
	厚街	7191	167.8	364	364
	双岗	5797	130.8	283	283
	涌口	4864	91.93	320	320
	桥头	5958	297.4	595	535
	南五	1111	59.73	132	104
	沙塘	1803	18.13	162	153
黄江镇	北岸	1178	55.07	8	8
	田美	722	12.93	12	12
	鸡啼岗	1188	90.13	3	3
	合路	683	31.33	105	105
	黄獠坑	739	40	60	12
	袁屋围	286	5.73	12	12
	大冚	781	48.33	48	34
	旧村	203	10.67	—	—
	龙见田	752	32	29	21
	田心	1424	71.27	753	721
	社贝	854	80.93	5	5
	黄江	608	39	2	2
	板湖	536	15	9	3
	黄牛埔	747	36.6	12	12
	居民管理区	756	—	—	—
	长龙	2114	28.93	—	—

（续上表）

镇（街）	管理区	人口（人）	耕地（公顷）	粮食产量（吨）	稻谷产量（吨）
大朗镇	竹山	1538	22.33	275	268
	巷头	3564	36.67	915	211
	巷尾	1628	73.33	250	192
	求富路	1213	57.73	107	107
	长塘	3811	104.47	121	111
	大井头	4552	97.8	190	146
	圣堂	1419	22	79	74
	蔡边	3581	92.07	306	296
	洋乌	1037	45.27	256	239
	洋坑塘	947	35.47	227	135
	松柏朗	3737	70.2	356	224
	黄草朗	2254	76.93	435	268
	黎贝岭	1960	76.67	734	546
	佛子凹	2074	107.13	270	235
	佛新	715	34.47	63	44
	松木山	2120	182.6	623	468
	西牛陂	2629	137.07	625	483
	水平	4599	139.07	660	453
	屏山	460	39.07	294	191
	宝陂	561	25.07	30	16
	石厦	2596	50.33	27	6
	杨涌	1198	20.93	76	61
	沙步	1934	64.93	493	37
	新莲	1369	83.93	235	211

（续上表）

镇（街）	管理区	人口（人）	耕地（公顷）	粮食产量（吨）	稻谷产量（吨）
大岭山镇	旧飞鹅	400	8.33	105	104
	连平	2262	60.67	219	195
	梅林	462	10.67	93	21
	太公岭	1221	36.33	116	142
	大环	451	24.67	113	105
	百花洞	1026	69.27	482	436
	大岭	1786	66.07	364	348
	水朗	1056	57.07	372	357
	大塘	2584	72.53	614	488
	颜屋	551	27.47	130	126
	杨屋	3916	132.4	619	488
	大沙	1369	33.53	156	142
	鸡翅岭	1038	55.73	256	236
	矮岭冚	2965	124.27	615	518
	农场	667	2.73	32	32

　　1995—2000 年，随着城市化进程的加快和第二、三产业的扩张，东莞市土地资源越来越少，水稻、花生、大豆等粮食和经济作物继续缩减，生产重点转向优质稻谷、新鲜蔬菜、特色水果和花卉，城郊型和出口创汇型农业格局初步显现。

　　1995 年，革命老区大岭山镇为进一步优化农业产业结构，调整布局，整合土地资源，积极引导农民向农业商品化、集约化、专业化、科学化转变，大力发展"三高"（高产、高质、高效）农业，按照"十分珍惜和合理利用每一寸土地，切实保护耕地"的基本国策，与 23 个村（居）委会签订建立农田保护区的责任书，并实行强化土地管理，拆除乱占耕地的违章建筑物 18 宗，全镇落实农田保护区 112 个，面积 880 公顷。是年，大岭山镇还制订下发农业生产奖励方案，对集体和专业户引进的"三高"农业项目，实行一次性每项奖励 2000 元，以及增加低息农业贷款的经济扶持，并组织农村干部到高州市和市内的大朗镇、寮步镇等地参观学习发展"三高"农业的经验，增强农民发展"三高"农业的信心，提高积极性。至 1998 年，大岭山镇"三高"农业发展成为水果（尤其是荔枝）、蔬菜、水产、畜牧（养猪）、"三鸟"（鸡、鸭、鹅）五大体系的特色农业。是年有林果专业户 165 户、蔬菜专业户 15 户（其中最大的两户各种植蔬菜 66.67 公顷）、水产养殖专业户 78 户、养猪专业户（场）169 户、"三鸟"养殖专业户 29 户。

革命老区黄江镇从 20 世纪 90 年代起，出现各种类型的专业户。其中种果专业户踊跃承包山坡地，总面积 100 多公顷，种植优质荔枝、龙眼等水果；还涌现出一批生猪、塘鱼、蔬菜等种养能手。1998 年，全镇有各种规模的养殖专业户 108 户，其中水稻种植专业户 11 户，经营面积 62.27 公顷；水果专业户 55 户；水产养殖专业户 10 户，经营面积 21.67 公顷，总产量 47 吨；蔬菜专业户 2 户；生猪专业户 24 户；"三鸟"养殖专业户 6 户。全午上市生猪 2420 头，塘鱼 47 吨，"三鸟" 35 万只，蔬菜 142 吨。

1998 年，革命老区厚街镇有农业专业户 1012 户，农业联合体 42 个，经营面积 1226.67 公顷。其中科达农业科技开发有限公司创建于 1995 年，首期投资 350 万元，通过自行设计、施工，在厚街镇白濠村建成实用面积 2.33 公顷的温室大棚，利用先进的无土栽培技术，大规模生产西瓜、甜瓜以及各类优质反季节瓜果、蔬菜。经过几年的磨砺，在品种的开发、生产技术领域、产品流通领域及大棚设计、安装方面形成自己独有的模式。该公司自主开发的有薄皮西瓜"绿之美"（即"美少女"）、"黑少女"，有抗病性极强的甜瓜"黄少女"，有水果型青瓜"绿少女"等一批优良新品种。从 1998 年开始，该公司先后在广东、江西、广西、海南、福建、湖南等地建立一大批生产基地，并以基地为中心，培训周边的农户，使其掌握安全生产的种植及管理技术，以"公司＋农户"的模式发展订单农业。公司的大棚及露地生产总面积达到 353.33 公顷，公司产品通过"无公害"认证，被东莞市指定为"'三高'农业示范基地"，被东莞市政府授予"农产品流通十强企业"称号。厚街镇赤岭现代农业示范点建立于"九五"期间（1996—2000 年）。当时，厚街镇为发展"三高"（高产、高质、高效）农业，推广农业规模经营，在革命老区村赤岭村建立现代农业示范点。农田总面积 86.67 公顷，经过两年的建设，投资 600 多万元，至 2000 年，完成两片 53.3 公顷农田的标准化建设，建成 9 个育秧大棚（面积 2350 平方米），水稻完全实行工厂化育秧抛秧。还配置手扶拖拉机 15 台、"珠江 1-5a"联合收割机 12 台、"久保田"联合收割机 3 台、谷物烘干机 3 台。全村 86.67 公顷水稻的收割工作只用 6 天就可完成，实现办田、育秧、抛秧、管理、收割、运输、烘干"一条龙"机械化生产。

革命老区大朗镇于 1992 年创办联益畜牧场，发展林果业和畜牧业。其间，在镇政府的支持下，广东省科协荔枝专业技术研究会、东莞市科协和叶钦海农场在大朗镇松柏朗村联合创办广东省荔枝科普基地。1998 年，大朗镇农业总产值 1.49 亿元，其中种植业占 21.5%，林业占 0.04%，畜牧业占 45.4%，副业占 18.6%，渔业占 14.5%。2008 年，农业总产值 1881 万元，其中种植业占 56.5%，林业占 0.3%，畜牧业占 5.6%，副业占 37.6%。至 2000 年，大朗镇水稻面积 3.1 万公顷，蔬菜面积 2.72 万公顷，花卉面积 1000 公顷，水果面积 1.98 万公顷，农业出口创汇 284 万美元。

革命老区东坑镇为促进"三高"农业的发展，于 1995 年投资近 1000 万元建立科学种养基地，引进水果、蔬菜、畜产品和水产品等优良品种，同时提高农科人员工资福利待遇，对有突出贡献的人员给予重奖。是年全镇"三高"农业产值 2750 万元，

占农业总产值的 63%；水稻总产量（早造）2147 吨，荔枝总产量
1300 吨。

2001—2005 年，随着工业化和城市化的推进，东莞市耕地面
积大幅减少，农业产值逐年下降。2005 年，东莞市继续调整和优
化种植业结构，推进农业产业化经营，加大扶贫开发力度，抓好
农产品质量安全管理，无公害标准化生产从点到面不断扩大。

革命老区大朗镇 2005 年农业总产值 30678 万元。其中种植
业产值 1805 万元，占农业总产值的 5.88%；林业产值 7 万元，
占农业总产值的 0.02%；牧业产值 28738 万元，占农业总产值的
93.68%；渔业产值 99 万元，占农业总产值的 0.32%；副业产值 30
万元，占农业总产值的 0.1%。是年，全镇农作物播种面积 2.74 万
公顷，其中水稻 0.23 万公顷、蔬菜 2.1 万公顷。随着工业化和城
市化的推进，全镇耕地面积逐年减少，种植业随之萎缩，农业在
工农业总产值中的比重不断下降。到 2008 年，农业总产值仅为
1881 万元，占工农业总产值比重的 0.08%，比 1978 年的 71.05%
下降 70.97 个百分点。

革命老区黄江镇自 2003 年以来，农田大幅度减少，农作物
种植面积也逐年减少，2012 年农作物种植面积只有 172.67 公顷。
革命老区厚街镇 2000 年全镇水稻面积 1853.33 公顷，总产量 1.25
万吨，至 2010 年，全镇稻谷总产量只有 467 吨。革命老区大岭山
镇自 1998 年以后，随着工业化、城市化建设以及 2002 年松山湖
科技工业园建设（征地）需要，大岭山镇耕地大幅度减少。2002 年，
仅有杨屋村、大塘村、水朗村三村种植水稻，全年水稻种植面积
减少至 43.33 公顷，总产量 217 吨，面积比 1988 年下降 98%，总
产量下降 97.6%；2005 年水稻无种植记录。

2006—2009 年，东莞市 5 个革命老区镇农业总产值 496.39
亿元。其中厚街镇农业总产值 5.41 亿元，大岭山镇 1.4 亿元，大

朗镇 1.17 亿元，东坑镇 2.89 亿元，黄江镇 485.52 亿元。

2010 年，东莞市加强农业基础设施建设，加大扶贫帮困工作力度，加强抚育农业产业化经营组织，为农业龙头企业发放贷款贴息 966 万元，为农民专业合作组织落实中央、省、市三级扶持资金 160 万元。全年新培育发展省级农业龙头企业 1 家，市级农业龙头企业 1 家，农民专业合作社 4 家。全市共有 20 家农业龙头企业和 30 家农民专业合作组织，其中省级以上龙头企业 7 家，国家级龙头企业 2 家。农业龙头企业销售收入 39.14 亿元，市场交易额 95.9 亿元，总资产 36.36 亿元。是年，新增包含革命老区村的东城街道温塘村都市农业示范园、谢岗镇现代生态农业产业园和清溪镇生态农业产业园。市现代农业科技园和东坑现代农业科技园 2 个园区分别于 10 月、11 月开园启用。市、镇两级财政共投入农业产业园建设资金 7000 多万元，新建成园区主干道路 13 千米、桥梁 0.17 千米、农田林网 23 千米、供电设施 5 座，标准农田 116.67 公顷、标准鱼塘 55.33 公顷、温室大棚 2.4 公顷、安装自动化灌溉设施 26 公顷，建成并投产运营的园区面积 733.33 公顷，年产值 1.5 亿元。园区招商引资力度加大，新引进农业生产经营合作项目 9 个，协议引资 3.7 亿元。其中东坑农业园引入东莞市金开喜集团公司投资经营，协议投资额 3 亿元，计划发展优质蔬菜、台湾水果的种植及加工物流项目。是年，5 个革命老区镇农业总产值计 2.61 亿元，其中厚街镇 1.55 亿元，大岭山镇 4638 万元，大朗镇 2333 万元，黄江镇 745 万元，东坑镇 2870 万元。

2014 年，东莞市委、市政府印发《中共东莞市委、东莞市人民政府关于全面深化农村改革加快发展现代农业的意见》，从创建全国农村综合改革示范试点、深化农村产权制度改革、完善农村社会治理机制、健全城乡一体化机制、提高粮食综合生产及保障能力、完善农业支持和保护体系、构建完善的农业经营体系、加强党对农村工作的领导 8 个方面提出 32 条具体改革发展任务，深入推动包括革命老区在内的农村改革发展，增创体制机制新优势，加快实现转型升级。是年，建成东坑园区石斛（二期）和葡萄种植项目、谢岗园区温室花卉培植项目。其中东坑镇东安农业园为全市首个小型农业园。

2016 年，东莞市培育发展包括革命老区在内的农村新型农业经营主体，发放农业龙头企业扶持资金 1568 万元，发放扶持农民专业合作社奖励资金 110 万元。2017 年，东莞市出台扶持次发达镇产业发展资金池政策，设立每年 10 亿元、3 年 30 亿元的专项资金；落实首批 10 亿元资金，扶持 8 个次发达镇发展直接建设类项目、产业园区类项目及基金类项目 47 个，带动投资约 130 亿元。全年发放农业龙头企业各类扶持资金 1462 万元。至年底，全市有各类农民专业合作组织 197 个，其中市级示范社 11 个、省级示范社 7 个、国家级示范社 2 个；农业龙头企业 32 家，其中省级以上 12 家、国家级 3 家，32 家农业龙头企业年销售收入 153.1 亿元，带动全市范围内 11.9 万户农户增收 4.3 亿元。推进农业品牌创建，全市拥有国家农产品地理标志登记保护产品 2 个，广东省名牌产品（农业类）51 个（含林业、渔业），广东省十大名牌农产品 2 个，广东省名特优新农产品 35 个，"三品"认证农产品 91 个。是年，全市 5 个革命老区镇农业产值 2.2 亿元，其中厚街镇 1.28 亿元，大岭山镇 3227 万元，大朗镇 2937 万元，黄江镇 1438 万元，东坑镇 1660 万元。

第三节

走在开放前沿的革命老区制造业

1978 年，莞籍港商张子弥在太平竹器社加工场原址，以香港信孚手袋制品有限公司名义兴办"太平手袋厂"，创建中国内地第一家"三来一补"（来料加工、来样加工、来件装配和补偿贸易）企业。该企业以香港进料、进设备，内地提供人力的形式，加工女装手袋，产品全部返销香港。从此，东莞市（县）包括革命老区在内的农村掀起招商引资、兴办"来料加工"企业的高潮。其历程大致分为几个阶段：

1979—1982 年，是开始招商引资、"借鸡下蛋"初级阶段。该阶段东莞县充分利用毗邻深港、交通便利、劳动力充裕的优势，大力招商引资，引进"三来一补"企业。他们为港商提供廉价厂房开办各类来料加工工厂，一方面安排闲散劳动力进厂做工，增加群众收入；另一方面通过收取工缴费，增加集体经济收入。革命老区大岭山公社于 1979 年 11 月引进第一家港资来料加工企业；革命老区大朗公社于 1979 年 5 月引进第一家来料加工厂——毛织一厂；革命老区东坑公社于 1979 年引进第一家"三来一补"企业——东坑新门楼五金塑料厂，该企业由香港文华金属制品厂投资兴建，承接五金、胶花、胶珠、鞋、服装等来料加工业务，后又不断发展扩建，先后独立建成鞋厂、服装厂、五金厂等。这个时期引进的企业主要利用旧饭堂、会堂、祠堂（被称为"三堂"）和仓库作为厂房进行生产。

1983—1985 年，为"借船出海"阶段。东莞市（县）通过为港商办"来料加工"企业，赚取工缴费，除获取经济收益外，还从工缴费当中扣除港商投资的设备（器材、生产机械、工具）价值，分期摊还。有的企业通过来料加工，逐渐掌握生产和管理技术，并利用外汇积累购置折价设备，再与港商合作，从香港市场采购原料制成产品出口香港，借助外力发展出口经济，寻求出口市场。革命老区大岭山镇于 1984 年设立对外引进加工办公室。1985 年 7 月在大岭山农场石灰窑附近兴建占地 6000 平方米的工业区，建有厂房 8 幢，并采取优惠措施吸引外商前来投资办厂。

1985—2008 年，为"筑巢引凤"阶段。这一时期，东莞市包括革命老区镇（村）在内的农村各管理区（行政村）经过多年的资金积累（包括场地租费、加工费、管理费等），开始大规模兴建厂房，以出租给港商开办来料加工企业，使来料加工企业数量迅速增长。该阶段，东莞市投资环境日趋完善，引进外资质量提高，工业结构得以优化，新兴产业比重不断上升，传统产业比重相应下降，形成门类比较齐全的工业体系，支柱产业逐步显现，全市工业总产值年均递增 28%。至 2000 年年底，全市共有"三来一补"工业企业 8767 家，"三资"工业企业 3615 家，"三来一补"和"三资"工业总产值（1990 年不变价）722.31 亿元，占全市工业总产值的 80.4%，外源型工业成为东莞工业经济的主要依托。与此同时，工业企业劳动者素质得到改善，技术装备能力明显增强，工业技术和管理水平大为提高，工业经济效益稳步增长。

1987 年，革命老区大岭山镇引进外资企业 13 家，职工 3704 人，其中来自外省、外县（市）1103 人。年收入工缴费 224 万美元。另有个体户开办的汽车维修、小五金、木器加工、无线电器维修、石料开采、砖窑、陶瓷制品等企业 78 家。1988 年年初，在黄巢井、龟地（方言地名）开办南区工业村，成为大岭山镇第一个外商投资的工业园，引入港资工厂 12 家。是年，全镇工业总产值 2972 万元。1989 年镇属的 39 家企业中，内联企业大华电子厂组装的产品"语言实验教室教仪"，被评为全国优秀产品。1990 年对基础设施大搞"三通一平"（通水、通电、通路、平整土地），实施"筑巢引凤"（自建厂房引入外商投资办厂）或"引凤筑巢"（引入外商投资建厂房办企业）战略，是年，全镇工业用地面积达 20 公顷，是 1987 年 2.6 公顷的 7.7 倍。1991 年下半年，镇委、镇政府提出"抓住一个重点"，大搞交通、能源、通讯建设，建设一个网络（成立对外经济办公室，管理区建立一个工业办公室，完善一个招商引资办工业的工作网络），把握机遇（把握加快改革开放步伐，大力发展招商引资和吸引台商对大陆投资设厂）的招商思路。1991 年新增外商投资企业 18 家。至 1992 年，全镇引进项目 55 宗，利用外资超过 3 亿港元，11 月，大岭山镇被广东省人民政府批准为"工业卫星镇"。是年，工业总产值 8138 万元。

革命老区大朗镇于 1983 年开始筹建工业园区，至 1993 年，全镇各村投入 21651 万元，兴建工业园区 61 个，占地面积 333.87 公顷，其中 1990 年 10 月至 1993 年 10 月投资的力度最大，3 年时间投入 19438.6 万元，年平均投入 6479.5 万元，建成工业园区 48 个，占地 316.13 公顷。

1994 年，据不完全统计，全市革命老区镇村有"来料加工"和"三资"企业 2675 家，其中"三来一补"企业 1215 家，外资企业 228 家，总产值达 20.58 亿元，从业人员 7.36 万人。当年全市革命老区村新签利用外资协议 468 家，其中"三来一补"企业 257 家，协议规定外商投资额 3.49 亿美元，实际利用外资 2.14 亿美元。是年，全市 135 个革命老区村有工业企业 2675 个，其中"三来一补"工业企业 1215 个，外资企业 228 个，总产值 20.58 亿元，年末从业人员 7.36 万人。是年，革命老区村有工业企业创汇额达

2.84 亿美元，其中"三来一补"工业企业创汇 1.23 亿美元。之后，革命老区村通过与外商不断合作，拉近与港澳地区及世界的距离，增进互信和了解，共同努力开拓世界市场，寻找更大商机。这个时期，革命老区的工业企业生产能力已经发展壮大至相当规模，具有较强的市场竞争能力。

革命老区大朗镇从 1995 年以后，为更有效地利用土地资源，把设园引资作为发展外向型经济的重要措施，在继续保留崩边岭工业区、长富工业村的同时，高标准规划建设富民工业园、象山工业园，为引进高精尖的工业企业提供良好的载体。其间，部分村办工业园区被纳入镇办工业园，由镇政府统一规划，统一管理，村办工业园数量有所减少，到 2008 年村办工业园约为 30 个。

革命老区大岭山镇于 1998 年对负债多、亏损严重的镇属企业，如工业贸易公司、火药厂、大顺钢铁厂、金山建材厂（轮窑砖厂）、金山汽车修理厂、大华木器厂、造纸厂、烟花厂等 38 家企业进行改革，并推出"大力建设工业园区"的工业发展方向。相继建成杨屋家具工业园、大岭山科技工业园、华侨城工业区和外经办的第六工业区。1999 年，出台《大岭山镇关于加快私营经济发展的意见》，提出有利于民营工业发展的意见和措施，是年，全镇工业用地达到 508 公顷。2000 年 1 月，镇委、镇政府制定"以工业立镇"的发展战略，随后兴建占地 200 公顷的湖畔工业园和占地 100 公顷的大岭兴昂鞋城。至 2008 年年底，全镇共建立大小工业园区 50 个，其中村级 44 个，工业用地 1200.47 公顷，各类工业企业 558 家。

2009 年起，为"转型升级"阶段。2008 年全球金融危机后，东莞市加工贸易出口比重大幅下降，受此影响，东莞市加快推进加工贸易转型升级。2011—2013 年，东莞市围绕"加快转型升级、建设幸福东莞、实现高水平崛起"战略目标，优环境、上项目、强统筹、抓改革，推进各项工作。全市工业经济稳中有进，结构持续优化，效益逐步改善，投资规模不断加大。2013年，在全市逐渐形成电子信息、电气机械及设备制造、纺织服装鞋帽制造、食品饮料加工制造、造纸及纸制品五大支柱产业。其中革命老区镇（村）中，革命老区大朗镇和含有革命老区村的长安镇是中国电子信息产业名镇，含有革命老区村的企石镇为广东省光电产业制造基地；革命老区大朗镇和含有革命老区村的虎门镇为纺织服装鞋帽制造产业区；革命老区厚街镇为食品产业集聚区；含有革命老区村的麻涌镇、中堂镇为纸品产业集群；玩具及文体用品制造业主要集中在革命老区厚街镇和含有革命老区村的东城、虎门、寮步、长安、石排、清溪、塘厦、凤岗、常平等镇街；家具制造企业主要集中在革命老区大岭山镇、厚街镇和含有革命老区村的清溪镇、东城街道，其中革命老区大岭山镇、厚街镇形成较为成熟的产业集群，大岭山镇以出口为主，厚街镇以内销为主。大岭山镇作为"亚太地区最大家具生产基地""中国家具出口第一镇"，拥有从贴面、中纤板、五金配件、涂料、木材集散市场等一批配套产业组成的完善家具产业链。厚街镇家具作为东莞市重要扶持的产业集群，除家具业外，与之相关的配件、涂料、材料等行业以及木板、皮料等专业市场也快速发展。化工制品制造业在革命老区大岭山镇和含有革命老区村的东城、虎门、麻涌等镇街也形成较大规模。

2014—2015年，东莞市相继出台《东莞市关于鼓励和支持企业兼并重组的暂行办法》，出台《中共东莞市委、东莞市人民政府关于实施创新驱动发展战略走在前列的意见》，引导企业做大做强。

2016年，东莞市以推进供给侧结构性改革为主线，积极培育新产业、新业态，促进包括革命老区镇（村）在内的全市城乡现代制造业不断释放发展潜力。2017 年，围绕政策、产业、土地等五大要素推出 20 条措施，推动实体经济发展。选取 214 家市级、1054 家镇级试点企业，"一企一策"解决企业个性难题。全年市级"倍增企业"主营业务收入超过 6000 亿元，比上年增长 27% 以上。全年为企业减负 370 亿元，全市规模以上工业企业实现每百元主营业务收入成本下降 0.96 元，利润总额增长 47.2%。是年，全市拥有工业企业 15.1 万家，形成涉及 30 多个行业的完整制造业体系，其中制造业重点行业包括五大支柱产业——电子信息制造业、电气机械及设备制造业、纺织服装鞋帽制造业、食品饮料加工制造业、造纸及纸制品业以及四个特色产业——玩具及文体用品制造业、家具制造业、化工制造业、包装印刷业。全年规模以上工业企业实现增加值 3316.97 亿元，增长 10.0%，比全国、全省水平分别高 3.4、2.8 个百分点，在全省排第三位，在珠三角排第二位。2017 年，东莞市革命老区村有全部企业及个体户数 152176 个，其中工业企业 25231 个，资产总额 406.98 亿元。

第四节

革命老区镇特色产业

一、黄江镇的果业发展

革命老区黄江镇历史上是一个以农业为主的山区镇，土地资源丰富，气候条件优越，发展农业生产有着得天独厚的自然条件，盛产稻谷、花生、木薯及橙、柑、橘、荔枝、菠萝等水果，堪称岭南粮果之乡。

中华人民共和国成立初期，黄江地区各自然村的村前、村后都种有一些龙眼、杧果、荔枝、香蕉等零星果树，屋前屋后种植有一些黄皮、石榴、杨桃、乌榄、菠萝蜜、富贵子等。

1978年，黄江公社有水果面积201.8公顷，总产量384吨。20世纪80年代，黄江地区大力发展橙、柑、橘和荔枝种植，面积不断扩大。至1987年，全镇水果种植面积达1713.33公顷，为历史最高年份。1988年，黄江镇有水果种植面积人均0.13公顷，总产量9155吨，总收入1273.47万元，人均收入848.98元，其中橙柑橘总产量7975吨。产品销往全国内地各省市及港澳等地区。1992年，总产量达1.88万吨，为历史最高年份。

从90年代起，由于工业建设占用土地和柑橘逐年老化，柑橘种植面积也逐年缩小。黄江镇适时调整种植业结构，大力发展荔枝生产。至2001年，全镇柑橘种植面积缩减到15.33公顷，而荔枝种植面积增加到593.33公顷。2012年，全镇水果种植面积为 933.33 公顷，总产量 418 吨。

荔枝生产 黄江地区荔枝种植历史悠久，但在计划经济时代，因受市场销路及"以粮为纲"等思想观念的影响，种植规模极其有限。1979 年，全公社荔枝种植面积仅 79.33 公顷，主要品种有"糯米糍""禾枝""黑叶""桂味""三月红"等。

20 世纪 80 年代，随着农村经营体制的改革，黄江公社积极引导、鼓励农民发展水果业，并以此为突破口形成水果种植热潮。广大农民积极承包开发荒山、荒坡及其他弃耕抛荒的山坡地，开发种植荔枝。至 1987 年，全镇开发荒山、山坡地种植荔枝 200 公顷，品种则以"糯米糍""桂味"为主。当年全镇荔枝种植面积达到 398.33 公顷，实现总产量 479 吨，产值 239.5 万元。

90 年代初，全镇荔枝种植业进入稳定发展期，种植面积一直在 200—333.33 公顷之间徘徊。1992 年种植面积 223.8 公顷，总产量 525 吨，实现产值 367.5 万元。1993 年，荔枝产量是黄江镇最低的一年，仅为 12 吨。当年的"糯米糍""桂味"等优质荔枝价格跃升到每千克 300 元。由于荔枝价格的飙升，刺激了农民种植荔枝的积极性。加上同时期柑橘滞销、一些柑橘树老化，果农亦多改种荔枝，全镇荔枝生产得到较大发展。1997 年全镇荔枝种植面积达到 425.87 公顷，年产量达 674 吨，实现产值 610 万元。1999 年全镇荔枝空前丰收，总产量达到 1969 吨。是年，为解决果农卖荔枝难的问题，防止"果贱伤农"，镇政府组织有关部门从福建省引进荔枝加工生产线 1 条，当年即加工荔枝 200 吨，所生产的"太阳红"牌荔枝干在"1999 年昆明世界园艺博览会"上展出并获银奖。2002 年，全镇荔枝种植面积 593.33 公顷，荔枝总产量 2654 吨，实现产值 1629 万元，销售收入创历史新高。2003 年，镇政府投资 800 多万元，在黄江镇新桥铁桥坑兴建厂房 1 万多平方米，出租给东莞市懋丰园农产品有限公司从事（经营）水果蔬菜加工贸易。此后，黄江镇每年荔枝总产量的40%以上由该公司组织出口，销往东南亚各国及欧美等地。

2004年9月，大冚村任钟棣组织成立黄江镇龙兴荔枝专业合作社，发展会员11人，办社宗旨是为社员提供生产、营销、技术等方面的服务，维护社员合法权益，增加社员经济收入，并逐步将全镇分散经营的荔农有序地引入农业产业化经营轨道，调节生产、加工、销售等环节的利益分配关系，实现产销结合。之后，由于受价格波动的影响，人们种植荔枝的热情有所下降。2007年全镇种植荔枝面积下降到最低，为159.8公顷，总产量720吨。2009年，因价格上升，种植荔枝面积又有新扩大。

为提高荔枝生产的整体效益，把分散经营的农户逐步引入农业产业化经营中，在镇政府部门的引导下，大冚、龙见田等村以任钟棣、梁洪就为首的10户荔枝生产户组建黄江镇龙兴荔枝专业合作社，于2009年1月进行工商登记，并向省有关部门申报认证无公害农产品。2010年该合作社生产的荔枝获"无公害农产品"称号，2011年12月又获"绿色食品"称号，进一步打出打响"龙兴荔枝"品牌。该合作社荔枝生产基地分布在大屏障森林公园内的石水口、打鼓山等水库周边山地，全程有省绿道贯穿，交通便利，环境优良，主要种植品种是"糯米糍""桂味""妃子笑"等，实行分户生产，统一施肥、打药等管理，基地荔枝种植面积共38公顷，每年生产优质荔枝约70吨，年销售收入约80万元。2011年，全镇荔枝种植面积上升为436.67公顷，总产量750吨。

橙柑橘生产　黄江地区历史上没有橙柑橘种植。1973年12月，田心、北岸、田美等村先行试种橙柑橘成功，并由潮汕地区的橙（柑橘）农传授管理栽培技术。

20世纪80年代初，黄江公社党委更新观念，更新发展思路，选准靠商品农业致富的发展道路。1984 年，黄江镇以市场经济为契机，调整农业种植结构，大力发展橙柑橘生产，制定"山地种荔枝、旱地种橙柑橘"发展战略，同时提出"不种橙柑橘　不是黄江人"的口号。至 1987 年，全镇种植橙柑橘面积达 800 公顷，种植荔枝 333.33 公顷，水果产量人均 1 吨，比 1982 年增长十多倍，农民人均橙柑橘种植面积达 0.07 公顷以上，橙柑橘生产成为当时全镇农民增收的主要项目。其间，由于部分柑园管理不当，单产始终徘徊在 1000 千克，并出现大、小年结果现象。对此，镇农技部门在省有关专家的指导下，在总结橙柑橘种植管理经验的基础上，大面积推广、应用高肥培育壮枝梢技术，科学环割促花保果技术，大胆疏剪、回缩、间伐、扩大立体空间挂果技术，柑园育草留草技术，病虫害综合防治技术和合理密植新技术，促进橙柑橘产量的大面积提高。1991 年全镇橙柑橘总产量达 1.75 万吨，创历史最高水平。当年镇内每公顷产量超 5 吨的柑园有 24 公顷，其中合路管理区李苟仔经营的定植 7 年的蕉柑平均每公顷产量 120.75 吨；板胡管理区梁惠炯定植 6 年椪柑平均每公顷产量 108 吨。全镇共有连片 0.67 公顷以上柑园 5 片，其中田心管理区岗上埔连片 13.33 公顷橙柑橘园，经市农委、市水果发展总公司等单位验收，平均每公顷产量 72.88 吨，另一连片 8.67 公顷橙柑橘园平均每公顷产量 73.13 吨。

90 年代中、后期，因橙柑橘树龄逐渐老化，产量及品质下降，销路不畅，兼之工业生产快速发展，种植橙柑橘的比较利益降低，橙柑橘种植面积逐年减少，由 1992 年的 6800 公顷减少到 2000 年的 127.53 公顷。2000 年，全镇橙柑橘总产量 1126 吨，实现销售收入 247.7 万元，仅及 1992 年的 6% 和 11%。

在新品种引进方面，黄江镇曾于 1983 年引种优质夏橙（"摩洛哥 6 号"）16.67 公顷，其中镇夏橙场 10 公顷，刁朗管理区夏橙场 6.67 公顷。定植 4 年后每公顷产量 15 吨，第六年增至每公顷产量 30 吨。所产夏橙主要供应港澳市场，一般收购价在每千克 1.6—2 元之间，经济收益较高。镇政府夏橙场 16.67 公顷夏橙盛果期年产在 400—500 吨之间，可创汇 100 多万港元。至 90 年代中期，镇政府及刁朗管理区夏橙场所植夏橙均因树龄老化、黄龙病等病害发生及经营管理不善而全部淘汰。2003 年以后，随着工业生产的发展和橙柑橘树龄的老化，橙柑橘种植面积进一步减少。至 2005 年，全镇成片种植的橙柑橘仅有从四会引进的砂糖橘 1.33 公顷，此外仅有个别零星种植。

二、大岭山镇的果业发展

革命老区大岭山镇地处丘陵，当地农民有种植水果的习惯。中华人民共和国成立前，农民多在耕地边和房前屋后种植荔枝、龙眼、黄皮、乌榄等果树。20 世纪 50 年代初，有果树面积 159 公顷，其中荔枝、龙眼 94.27 公顷；乌榄、白榄 62.93 公顷；黄皮、杧果、石榴、菠萝等零星水果 1.8 公顷。1957 年，农业高级合作社把私人果树收回集体所有，农民种果积极性受到挫伤，水果生产受到损害。"大跃进"时期，水果更是遭到破坏性砍伐。1958 年砍去荔枝 1885 棵（12.53 公顷），乌榄、白榄 5000 棵（43.93 公顷）。1966 年，大搞水电设施工程时，集体经济拮据，又砍去荔枝、龙眼 7650 棵（约 51 公顷），以每千克 22 元卖给太平、石龙、广州等地船厂。"文化大革命"期间，在"以粮为纲"思想指导下，不准私人在自留地、屋前屋后种果树，水果种植业发展缓慢。1972 年至 1977 年，大岭山供销社在商业支农工作中，先后引种一批果树，品种有"三月红"荔枝、橙柑橘、柿果、沙梨、青梅、三华梨、红枣、苹果、核桃等，但引种成功的品种很少。1978 年，有水果种植面积 234 公顷。其中荔枝、龙眼 197.67 公顷，橙柑橘

24 公顷，其他果树（杂果）12.33 公顷，是年，水果总产量 500 吨。

中共十一届三中全会后，从干部到群众，纷纷投资开发荒山、坡地发展水果商品生产。1986 年至 1987 年，全国各省市、县领导及港澳同胞，到大岭山镇参观、指导开发种果达 3 万余人次。

在发展水果生产过程中，大岭山镇鼓励个体户种、联户种和村、队、镇、单位集体种，与省、地、市单位联营种，引进外资联合种等形式，发动全镇人民大种水果。至 1988 年，全镇投入发展水果生产资金达 3000 多万元，水果种植面积 3026.67 公顷，是 1978 年的 12.9 倍。其中优质荔枝（"糯米糍""桂味"等）1440 公顷，是 1978 年荔枝、龙眼的 7.3 倍，柑橘 1193.33 公顷，是 1978 年的 49.7 倍，在开发果场的同时，间种白花杧果、鸡心黄皮、三华梨、南华梨、泰国石榴、番荔枝、台湾杨桃、青梅等杂果 303.27 公顷，总计面积是 1978 年的 24.6 倍。1989 年，水果总产量 6000 吨，是 1978 年的 12 倍，人均收入 242 元。镇还开办水果技术服务公司，成立荔枝协会、柑橘协会。镇政府设立林果办公室，配专业干部、技术员 5 人，与华南农业大学园艺系挂钩、建立水果管理技术指导站，加强对水果的技术管理。1992 年，全镇 6.67 公顷以上的果场有 25 个，2 公顷以上的果场 42 个。1995 年，水果种植业成为大岭山镇"三高"农业的"五大体系"（即水果、蔬菜、水产、生猪、"三鸟"）之一。

1996 年至 1997 年，随着工商业的发展，以及道路建设、村镇建设需要，部分果园被征用，部分柑橘树发生黄龙病，因之，大量柑橘被淘汰，水果种植面积逐年减少。至 1998 年，水果面积减至 2059.33 公顷，比 1988 年减少 31.9%，其中柑橘减至 133.33 公顷，比 1988 年减少 88.8%。由于荔枝是大岭山镇的名牌优质水果，在国内外市场享有盛誉，其种植面积则增到 1760 公顷，比 1988 年增加 22.5%。2001 年 7 月，中共东莞市委、市政府在大岭山镇东征用土地（这些土地多为种植水果的山坡地）创办"松山湖科技产业园"。至 2002 年年底，全镇水果种植面积减至 713.33 公顷，其中荔枝 440.67 公顷，龙眼 83.33 公顷，其他果树 189.33 公顷。到 2005 年，全镇水果种植面积 497.33 公顷，其中荔枝 375.13 公顷，龙眼 83.33 公顷，其他果树 38.87 公顷。2017 年，大岭山镇水果种植面积 760 公顷，其中荔枝种植面积 666.67 公顷。

三、大岭山镇的家具产业

革命老区大岭山镇作为广东省新兴工业镇，区域特色经济明显。改革开放以来，该镇以其巨大的发展优势吸引众多的海内外投资者。至 2017 年，全镇拥有各类型企业 1800 多家，形成以家具、电子、化工产业为龙头，造纸、纺织、玩具、食品等产业齐驱并进的工业集群，尤其是家具产业最为突出，被誉为"中国家具出口第一镇"。

家具产业行业发展始于 1984 年，当年 8 月港商投资的伟利木器厂率先落户大岭山镇。1988 年 3 月，国内的伟兴木器家具厂落户大岭山镇南区工业村，生产木器家具。1990 年，分别在大岭山镇落户的木器家具厂有香港木艺家私厂和张顺兴木器厂。1992年，在台湾地区颇有名气的台升家具厂、大宝家具厂均先后落户大岭山镇。1993 年，台湾地区老牌家具企业金石家具厂、振璇家具厂、大政家具厂也先后到大岭山镇落户。是年，大岭山镇政府提出"建设东南亚最大的国际性家具生产出口基地"的发展思路，利用该镇土地资源丰富的有利条件和靠近深圳、香港和莞长公路贯穿南北的地理优势，开辟"家具工业园"233 公顷，同时对用地给予优惠政策，组织家具企业老板参加各种商展会，多次与马来西亚、意大利等国家、地区进行技术商务交流；寻求国际合作伙伴，促使家具企业争创国际品牌。1996 年，台湾地区家具企业大量转移到大岭山镇办厂。在全镇 92 家大小家具企业中，台资就有 65 家。1998 年 3 月 16 日，台湾家具工业同业公会中国（大陆）总联络处落户大岭山镇。2000 年，在大岭山镇落户的台资家具企业和家具配套企业达到 200 家。2002 年，全镇家具产业包括木材供应、家具制造机械、家具化工涂料等配套业，达到 297 家，其中上规模的 180 家（包括上市公司 3 家，投资超亿元的家具企业 8 家）。2003 年，大岭山镇家具产业占全国两个五分之一，即：台湾地区在内地所设的家具厂数量占全国的五分之一；家具出口总值 14.5 亿美元，占全国总量的五分之一。2004 年，全镇有家具企业 310 家，其中 70% 为台资企业，18% 为港资企业，12% 为镇企业。每天有 200 个货柜产品出口外销。同年，大岭山镇先后被轻工业部授予“中国家具出口重镇”称号，获中国家具协会授予“家具出口第一镇”称号，于 2004 年 10 月 8 日在北京人民大会堂授牌。至 2017 年，全镇拥有家具及配套企业 500 家，其中上规模、上档次（产值 2000 万以上）家具企业 62 家。

据税务部门统计，2013—2017 年，大岭山镇家具产业税收分别为 5.73 亿元、6.48 亿元、6.89 亿元、7.09 亿元、7.92 亿元。2017 年，全镇家具生产总值 139 亿元，其中家具出口总额 13.56 亿美元，家具内销总额 49.41 亿元。

大岭山镇家具主要企业有：香港达艺家具公司，于 1990 年投资 1.2 亿元，落户南区工业村。台湾台升家具集团，于 1992 年投资达 3.2 亿元落户大岭山镇，2005 年又增资 5.5 亿元将厂地迁至金橘湴望山。振德家具公司（台资），于 2001 年 8 月投资 2 亿元落户杨屋村设厂，厂区占地 20 公顷，厂房面积 15 万平方米，全厂员工 800 人。运时通家具公司（台资），于 1996 年 3 月投资 1 亿元落户大岭山镇，厂区占地 15.5 公顷，厂房面积 5 万平方米，员工 720 人。富宝（沙发）制造有限公司（民营），于 1993 年 6

月投资 3000 万元，在莞长公路矮岭冚路段东侧设厂，厂区占地面积 7 公顷，厂房面积 1 万平方米，员工 370 人，生产的豪华沙发在中国 38 个城市设立专卖店，多次在深圳、东莞市参展均获奖。1997 年 8 月获"第四届国际家具木工机械（广州）展览会"软件家具系列冠军，1998 年成为中国首家获得国际 ISO9001 证书的专业沙发制造厂家。元宗家具厂（民营），于 1996 年落户杨屋第一工业区，投资 2000 万元，厂区占地 2 公顷，员工 320 人，主要生产"梦特卡罗"系列真皮沙发和布艺沙发，是 ISO9001 国际质量认证的厂家之一，产品销往国内及欧美、中东、东南亚等 30 多个国家和地区。

在大岭山镇落户的一批明星家具企业还有：马来西亚销量第一、第二的蒂卫家具厂、伟树家具厂，在国内及东南亚地区享有盛誉的富运家具厂、金石家具厂、大政家具厂、立富家具厂、大宝家具厂、鼎盛家具厂、明辉家具厂等企业。

大岭山镇家具制造业的迅猛发展，形成聚集效应，吸引各种家具制造业的配套企业在镇内落户。其主要产业种类有：木料供应及加工、烘干、家具化工油料、家具五金、家具机械、海绵发泡等。2002 年，在大岭山镇设立公司销售家具木料及半成品的商家有 82 家。其中上规模的企业有：吉龙木材市场，于 2002 年 10 月由大岭山人叶淦波投资兴建，位于莞长路龙江村路段北侧，2003 年 3 月 28 日开业，占地面积 20 公顷，首期投资 7000 万元，建有木材商铺位 800 间。入驻市场的木材商家主要有来自广州、上海、吉林、香港、台湾等国内木材商家和俄罗斯等国外木材商家，入驻率达 90% 以上。木材主要来自马来西亚、泰国、越南、缅甸、俄罗斯、加拿大、美国、巴西、瑞典等国以及国内的东北地区。大岭山旭日木业有限公司，坐落于大岭山镇环镇路，2003 年成立，主要销售制造家具及装饰用的中纤板、刨花板、夹板等国产及进口的板材 100 多种。鸿基木材厂，创办于 1995 年 5 月 28 日，位于大塘工业区，占地面积 6800 平方米，引进德国最先进的蒸气烘干设备，为大岭山镇各家具企业提供各种家具材料。怡丰木业有限公司，于 1996 年落户大岭山镇龙江莞长路边。专门为家具企业供应河南白杨木、桐木拼板、白椿木、东北白桦木及进口优质 MDF 级 PB 板、加拿大松木。原森木业有限公司，于 1997 年 10 月落户大岭山镇，主要经营各种家私板材；2002 年 12 月，扩大经营进口白木、白木莲、白沙木、白云香、王角枫、水冬瓜、西楠华、白杨木等，年销售量达 3 万立方米。大岭山荣峰木材干燥厂，于 1997 年落户颜屋村，采用电子低温除湿干燥、蒸气加热干燥和快速干燥等技术，对椿木、芸香、金不换、柞木、红木及易裂变形的（桉树）家具木料烘干，兼营木材批发、销售和家私半成品加工。另外，还有数十家家具机械生产企业，主要有瑞丰叉车、木工机械厂、黎裕木工机器厂、环宏木工机械厂等。家具生产油漆涂料企业有：阿克苏·诺贝尔涂料（中国）有限公司、丽利油漆有限公司、大宝化工有限公司、旭日化工油料厂、怡兴化工厂、春雷家具溶剂厂等。

大岭山镇家具制造业产品种类主要有：办公室家具系列、木制餐桌、餐椅系列、卧室家具系列、皮革制品系列。主要名牌产品有：美国的环美（UNIVERSAL）家具、蕾丝床垫，德国的美得丽名床，法国的伊莎贝拉名床，中国的富兰帝斯家具、宝格菲特沙发、蒙特卡罗沙发品牌。产品通过 ISO9001 国际质量体系认证的企业有几十家。至 2017 年，大岭山镇拥有国家高新技术企业 5 家、广东省技术工程中心 2 个，拥有自主自创家具品牌 300 个、中国驰名商标 5 件、广东省名牌产品 13 件、广东省著名商标 6 件。

大岭山镇家具产品中 90% 为出口，主要出口地是美国、欧洲、日本等。据统计，2005 年，每天有超过 200 个货柜（车）的家具产品销往世界各地，年出口值达 12.6 亿美元。在国际家具展览会上流行一个说法："大岭山家具不报价，国际家具定不了价。"

2017 年，全镇家具行业企业 500 余家，其中规模以上企业 62 家，总产量 1587 万件，总产值 139.29 亿元，出口值 13.56 亿美元，内销总额 49.41 亿元，主营业务收入 107.55 亿元。

四、厚街镇的制鞋业

革命老区厚街镇是国内重要的鞋材和鞋机生产贸易基地之一。从 20 世纪 80 年代始，厚街镇不失时机地承接世界鞋业的国际化分工和梯次转移，大力引进和发展鞋业产业，发展成为全球闻名、全国最大的鞋业生产基地、采购中心和鞋业总部基地之一。2010 年，厚街镇拥有数百家上规模的鞋厂、几百条生产线，年产鞋超过 6 亿双，并汇聚台湾、温州和广东几乎所有的鞋机厂商以及两三千家鞋材贸易商，堪称"中国鞋业名镇""世界鞋都"。

厚街镇的制鞋业从 20 世纪 70 年代末最初的几把锤子、几把剪刀、几台缝纫机起步，发展到 2017 年全球闻名、全国最大的鞋业生产基地之一，其发展历程为五个阶段。

引进阶段 1978 年，厚街籍香港商人在厚街公社珊美村租赁场地开办首家"三来一补"鞋厂——行乐鞋厂，雇用员工 60 余人，主要产品是来料加工皮革男装鞋。随后，看到实惠的港商逐渐把其在香港的制鞋生产端迁到厚街镇各村，有广进制品厂、珊美艾美皮艺厂、寮厦金鼎塑胶皮类制品厂等。其间，厚街镇通过提供优惠政策、营造宽松商贸环境、完善配套设施等措施进行"筑巢引凤"，大力引进和发展鞋业产业。由此吸引大批以台湾地区鞋业企业为代表的海外鞋业企业、商家落户。

吸收阶段 1980 年，厚街镇加工办牵头自筹资金兴建厂房引进开办利通鞋厂，主要加工生产运动鞋，员工 587 人，年总产值

370.8万元。之后，在港资企业、镇办企业双轮推动下，厚街镇村组三级纷纷开办鞋厂，部分农民也纷纷"洗脚上田"，联队、联户开办鞋厂。当时鞋厂主要生产男女装凉鞋、皮鞋，销往广州、珠海和成都、重庆、青岛、大连等地。

扩张阶段 从20世纪80年代中后期起，厚街镇承接以台湾地区为主的东南亚鞋业梯次转移机遇，引进开办皮鞋厂。其中有赤岭钜轮鞋厂于1988年落户厚街镇。在厚街镇地缘优势和人缘优势的带动下，外资鞋厂引进得到迅猛发展。至90年代末，厚街镇的制鞋生产企业发展到近500家，从业人员超过10万人。

整合发展阶段 在鞋业生产加工推动下，厚街镇鞋业产业内部分工日渐完善。整个产业从生产环节到原材料采购、机械设备、零配件加工及供应，再到产品的营销、配送、资讯收集、设计以及会展等，基本上实现产业化和专业化。厚街镇积极完善服务培育，扶持制鞋产业的发展。一是建设具有世界水平的原辅材料供应市场，如东莞濠畔鞋材广场、远隆皮料市场、南峰皮料鞋材交易中心等。二是为鞋成品的推广、鞋辅料的交易创建平台，2004年10月起举办"国际名鞋展"，为制鞋企业提供全新的交流服务及贸易平台。三是引导制鞋业提高生产和管理水平，强化科技创新，不断研发适销对路的产品。1992年厚街镇建成首个与鞋有关的专业市场——厚街皮料市场，专营成品鞋、鞋配件等。至2010年，厚街镇形成河田皮料市场、东风路鞋类五金配件一条街和省道S256线桥头路段、寮厦路段鞋机专营店，建成濠畔、远隆、鸿运、环球、南峰等鞋材鞋料专业市场近10个，经营面积45万平方米。

产业转型阶段 2006年，在招工难、原材料价格升高、房价电价上扬、人民币升值所带来的外销利润下降等因素影响下，厚街镇的鞋业企业迎来"大洗牌"时代。是年，厚街镇党委、政府广开言路,出台措施,积极开拓总部经济,引导企业就地转型升级,稳妥发展。2007 年 11 月,在第六届中国东莞国际鞋展—鞋机展期间举办首届"世界鞋业发展论坛",并立项建设"世界鞋业(亚洲)总部基地"。2008 年举办第二届"世界鞋业发展论坛",展开"世界鞋业(亚洲)总部基地"建设工作。通过总部龙头带动、基地辐射作用,推进厚街镇的鞋业转型升级。2010 年,厚街镇的制鞋企业有 1000 多家;其他皮革、鞋机、鞋材、五金配套生产企业 1000 多家,成品鞋、鞋材、皮革、五金、鞋业化工、贸易商家及商铺超过 1000 家,从业人员近 15 万人,年产鞋约 6 亿双,占世界鞋产量的 4%,年产值近 21 亿美元,占全镇工业总产值的 47.8%。鞋类出口 5.43 亿美元,占全镇出口总额的 11%,占全省鞋类出口产值的 1/4,鞋材、鞋机交易额占全省的 50%,建有鞋材、鞋业市场近 10 个,营业面积超 45 万平方米。形成中国外销鞋类及鞋材、鞋机最主要的贸易、研发中心之一。厚街镇鞋类出口产值占据广东省 1/4 的份额,被称为"世界制鞋工厂"。2017 年,厚街镇相继举办"第 37 届国际名家具(东莞)展览会"和"2017年中国(东莞)国际纺织制衣、鞋机鞋材工业技术展",有来自国内外 1636 家参展商参展,接待全球买家和专业观众 23.5 万人次。

五、大朗镇的毛织业

革命老区大朗镇原是农业大镇,村民世世代代以务农为生,畜牧业也是以养猪和家禽为主,不养羊,不产一根羊毛。

中共十一届三中全会后,大朗公社抓住改革开放机遇,积极承接香港毛纺织产业转移。1979 年 5 月引进第一家"三来一补"企业——大朗毛织一厂后,大朗镇毛织产业从无到有,从小到大,从弱到强,从分散到集群,从加工生产到自产自销,从贴牌加工到自有品牌,不断发展壮大,成为大朗镇富民强镇的特色产业和主导产业之一。2002 年，中国纺织工业协会在全国精选 19 个市县和 19 个镇作为"全国纺织产业集群化发展的第一批试点"，大朗镇名列其中；同年 12 月，大朗镇被评为"中国羊毛衫名镇"，全国仅有 2 个镇获此称号。2005 年，大朗镇被列为广东省创建区域国际品牌 3 个试点单位之一和广东省首批 15 个产业集群升级示范区之一。2007 年，大朗镇被确定为"广东省火炬计划毛纺织特色产业基地"。2008 年，大朗镇被列为"中国纺织服装企业社会责任管理集群试点单位"。大朗镇毛织业发展可分为几个阶段：

起步阶段　1979 年 5 月，香港协和织造有限公司以"三来一补"形式在大朗公社大井头村开办第一家毛织企业——大朗毛织一厂，揭开大朗镇毛织产业发展的序幕。当地农民纷纷"洗脚上田"，开始进入港资毛织企业工作，并成为熟练工人。随后，越来越多的港资毛织企业到大朗镇落户，到 1993 年增至 100 多家。

20 世纪 80 年代中期，一些在厂里工作多年的大朗人，积累一定资金，学到技术和管理、经营知识，开始走出工厂，自筹资金办厂创业。其中，巷头村民陈晃坤与一位香港老板合作，试办巷头村第一家缝盘厂，他从香港买进 36 台缝盘机，雇请 30 多名工人，帮香港商人加工毛衫，一年赚取十多万元。在陈晃坤带动下，很多当地人利用在外资毛织厂打工学会的生产技术和管理经验，自己购置手摇织机，从外资厂接单，办起各种各样的"兄弟档""夫妻厂"。这些家庭作坊式的毛织厂，由开始的十几家逐步发展到几百家、上千家，一时全镇呈现出"村村毛线绕，户户织机响"景象。至 90 年代初，大朗镇近千家个体私营毛织企业逐步从手摇织机过渡到半自动织机，完成毛织机械的第一次更新换代，大大提高生产效率，吸引很多来自广西、江西、四川和湖南等地的外地人到大朗镇毛织厂打工，也吸引一些在东北、华东的经销商来大朗镇下单。

壮大阶段　1992年春，大朗镇掀起深入推进改革开放高潮，毛织产业得到进一步发展。到90年代中期，民营毛织企业逐渐成熟，原来只有十几、二十几台或四五十台织机的毛织户，发展为拥有上百台乃至数百台织机的毛织大户，在市场销售、产品开发、技术开发等环节开始占据优势，逐步取代原港资企业的地位，部分民营毛织企业成为行业龙头，还有的企业组织一两百家中小企业为其进行生产配套。

随着民营毛织业实力的壮大，港资企业逐步退出，由原来的100多家下降至40多家。其中陈锡培所经营的兴业针织有限公司，在1987年起步时，只有8台织机、十多个工人，至2008年拥有建筑面积2万多平方米的厂房、1200余名员工，年产毛衣400余万件，其生产的"天朗""纪帆登"品牌毛衣不仅行销国内市场，而且在欧美等国家和港澳地区享有盛誉。毛织业户钟秋明所经营的众圣针织有限公司，在1990年起步时仅有几十人和简单生产设备，至2008年有占地面积1.3万多平方米的工厂，有工人1000多名，拥有200多台日本"岛精"电脑程控平针横编织机，毛衣年产量达600万件，拥有"99""众圣""千枝花""F1000"等毛衣系列品牌，颇受市场青睐，产品出口到东南亚、美国、欧洲等地。

20世纪末，大朗镇毛织企业达到2000多家，年产毛衣超亿件，40%以上销往国际市场，在国内华北和东北等地也占有相当可观的市场份额。与此同时，在大朗镇委、镇政府推动下，广东毛织市场于1995年建成开业，由个体私营企业为主的毛织专业街、毛织村也逐渐形成气候，吸引内蒙古、新疆、江苏、黑龙江等地的原料商前来安营扎寨，北京、浙江、福建等全国有名的产纱、纺纱大型原材料生产厂也都在大朗镇设立基地，由此形成集毛衣生产、原料、辅料、机械、洗水、漂染、印花、贸易等完善的行业体系，形成规模庞大的产业集群。

提升阶段　进入 21 世纪，大朗镇毛织业进入快速发展的鼎盛时期。为扩大大朗毛织业的影响力，实现毛织业向更高层次发展，大朗镇加大对毛织行业的引导和扶持。2001 年，创办"中国大朗毛织产品交易会"，吸引大批国内外客商到大朗参观采购。2002 年，实施"走出去"战略，积极引导企业通过参加国内外知名展会，帮助企业开拓国内外市场。2003 年，规划建设大朗毛织贸易中心、大朗汽车总站、大朗（国际）物流中心等。至 2006 年 6 月，全镇有毛织生产企业及个体户 3247 多家，毛织工业总产值 50.12 亿元，占全镇工业总产值的 34.4%。其中产值在 500 万元以上的规模企业 105 家，占毛织工业企业的 3%；100 万元至 500 万元的企业 265 家，占 8%。年产成衣 1.7 亿件，其中年产 100 万件以上的企业 40 家，占 1.2%；年产 50 万件至 100 万件的 27 家，占 0.8%；年产 10 万件至 50 万件的 112 家，占 3.4%。全镇毛织生产企业占地总面积 154.51 万平方米，建筑面积 260.57 万平方米，租用面积 154.12 万平方米。全年生产毛料 2438 吨、辅料 1.1 吨，有毛织机械 8356 台。

该阶段，积累雄厚资本的当地人逐渐退出毛织舞台，开始转型创业，外地人投资的毛织厂迅速壮大。全镇 3247 家毛织生产企业中，东莞市投资者 982 户，省内其他市的投资者 779 户，外省投资者 1429 户，分别来自四川、湖南、江西、广西、福建、河南等地。

转型阶段　从 2006 年起，受原材料和劳动力成本持续增加、国内外市场竞争激烈影响，大朗镇毛织业面临极大挑战，以加工生产为主要形式的产业结构开始转型升级。大朗镇委、镇政府结合产业特点、资源优势和基础设施，提出加快推进毛织业实现"两大转变"，即从产品经营向品牌经营转变、从生产基地向区域集散中心转变（2008年调整为从生产基地向现代毛纺织商贸城转变），在引导、协调、服务、管理上下工夫，引导毛织企业向规模化、集约化、国际化发展。同年，着力推进研发设计、质量检测、人才培训、信息咨询、展销物流、融资服务等"六大"公共服务平台建设，引导毛织企业增强研发设计能力、品质监管能力、市场营销策划能力，为产业发展提供坚实保障。

2007年4月3日，大朗镇召开全镇民营经济工作大会，对东莞市兴业针织有限公司等20家"2006年度大朗镇先进民营企业"进行表彰。会上，还印发《大朗镇扶持重点民营企业发展实施方案》，确定20家民营毛织企业作为重点扶持，通过重点企业的龙头带动作用推动产业整体发展。是年，大朗镇成立毛织行业管理办公室，对毛织业实行统筹、规划、协调、指导、监督和服务。

2008年，大朗镇制定《大朗毛织产业结构调整和转型升级试点工作方案》，加快推进毛织企业转型升级。11月，大朗镇创意产业园被东莞市批准为市级创意产业园区，分毛织服装时尚设计创意区、现代信息服务创意区和图书出版设计创意区三大创意区。其中毛织服装时尚设计创意区总投资5000多万元，位于毛织贸易中心二、三层，规划面积6万平方米。

经过近30年的扶持发展，大朗镇毛织企业数量不断增加、规模不断壮大。2006年，全镇规模以上毛织企业75家，工业总产值35.21亿元，占全镇规模以上工业总产值的22.79%。至2008年，毛织生产企业上升到2854家，工业总产值60.17亿元，占全镇工业总产值的24.43%；有数控织机4822台，从业人员6.78万人，中高级设计师1000多人，技术骨干1万多人；创建省级以上名牌名标9个，省民营科技企业1家，市民营科技企业8家；大朗镇毛衣的60%出口意大利、美国等80多个国家和地区。由于其强大的现代化生产能力，吸引"01X3""袋鼠""金利来"等十多个世界顶级品牌和"鄂尔多斯""杉杉"等20多个国内名牌在大朗镇生产。

21世纪初，革命老区大朗镇年产毛织产品超亿件，形成以大朗镇为中心，涵盖常平、东坑、黄江镇等周边地区的拥有近万家毛织行业企业的产业集群，形成国际毛织产品的研发生产、流通集散、价格发现、质量认证、时尚展示、信息发布中心。2017年，大朗镇规模以上毛织工业总产值96.2亿元，毛织电商销售额75.9亿元。被授予"中国毛织产品采购基地""2017年中国纺织服装行业十大活力集群"称号。

第五节 改善基础设施 提高生活质量

一、革命老区基础设施建设

改革开放前，东莞县革命老区产业多是单一的农业，经济基础较薄弱，基础设施建设发展缓慢。改革开放后，东莞市（县）确立以城市总体规划为龙头、基础设施建设为先导、旧村改造与新区开放并举的城建策略，提出以提升基础设施服务保障能力为导向，统筹推进交通、水利、信息、电力等重大基础设施建设，形成便捷、高效、安全的基础设施网络。通过 40 年的大规模投资建设，包括革命老区在内的城乡基础设施服务水平有了大幅度提高，行路难、饮水难等问题得到较好解决，乡村面貌极大改善，人民生活质量显著提高，经济运行基础更加牢固，经济发展潜力不断增强。

道路建设 改革开放后，东莞市（县）以高埗大桥建设为标志，创造性地开展道路建设。高埗大桥始建于 1981 年 5 月，1984 年 1 月 27 日竣工运营（1995 年建成新桥，1996 年停用旧桥）。高埗大桥的通车，让含有革命老区村的高埗水乡，千百年来举步登舟的历史从此改写。更重要的是，高埗大桥开创了全国公路桥梁"农民集资建桥，过桥收费还贷"的先河，随后"想致富，先修路"口号从高埗响彻全国，"贷款修路、收费还贷"的高埗大桥模式在广东省乃至全国推广。

从 1995 年开始，东莞市每年都安排一定数量的革命老区扶持资金，帮助革命老区村改善基本的生产生活条件。其中：2002年至 2004 年，市财政每年拨出专项资金 500 万元，2005 年至2017 年，市财政扶持的专项资金增加到 600 万元。据统计，自2002 年以来，市财政下拨扶持欠发达革命老区专项资金 9196 万元，资助老区的基础设施建设项目 412 个。其间，为帮扶后进革命老区镇（村），促进区域均衡发展，结合全市帮扶工作，加大对经济后进老区镇（村）的帮扶力度。对被列入市级次发达村（社区）范畴的革命老区村（社区）建设项目，实施项目资金倾斜，优先安排资金额度，加大资金补助力度。据统计，2002 年至 2017 年，通过扶持革命老区建设资金，帮助老区村（社区）修建水泥道路163 千米。横沥镇水边村借助革命老区项目补助资金选址建设新的垃圾收集站，建设一座占地面积约 300 平方米、建筑面积 150平方米的单层垃圾收集站。该项目在 2016 年 8 月经验收结算最终造价为 47.43 万元，其中市财政 2015 年革命老区项目补助资金37 万元。革命老区的基础设施建设得到明显改善，群众的行路难、饮水难等问题得到较好解决。

其间，东莞市为进一步完善革命老区交通网络，着力推进高快速公路建设和主干公路，镇际、村际联网路改造，交通基础设施建设实现了飞跃发展。截至 2017 年年底，公路通车里程5262.33 千米，密度 213.92 千米 / 百平方千米，公路密度居全国前列。其中着力推进整体路网优化升级、加快主干公路和农村公路改造升级，加强道路养护和重要节点整治，大大地改善路容路貌，提高革命老区公路通行能力和安全系数。

1989 年，革命老区大岭山镇经广东省交通厅立项，东莞市人民政府投资建设莞长公路。该公路起点莞城，终点长安，是原莞大公路、寮厦公路大岭山路段的走向，也是国道 G107 线东莞境内的一部分。该路从西北向东南贯穿大岭山镇，沿线经过革命老区村连平村、梅林村、下高田（大地）村、太公岭村、百花洞村、大片美村、龙江村、矮岭岖村、大塘村、杨屋村和颜屋村。该路是东莞市区的 4 个主干道之一，按二级公路等级标准设计修建，为双向 4 车道，砼路面宽 14 米，全长 32 千米，其中大岭山境内长 15.7 千米。1994 年沿线两侧按三化要求进行绿化。同年 7 月建成石大公路。该路是东莞市 13 条联网路之一。起点从莞龙路石龙、茶山路口，经茶山镇、寮步镇，至大岭山镇大塘村路口，与莞长公路连接。大岭山境内途经革命老区村大塘朗村、马蹄岗村、新塘村、金桔村、月山村、大塘村。大岭山路段总长 10 千米。1996 年在莞长路沿线埋设东莞市中部供水管道。1997 年 1 月，大岭山政府投入 25 万元在莞长公路大岭山路段安装路灯，安装工程于 1 月 23 日完成，共安装路灯 370 盏。2004 年 9 月，东莞市公路局按照一级公路平原微丘标准对莞长公路进行改造，改造工程包括路基、路面、桥梁及交通安全设施等，改造工程于 2005 年 9 月 28 日完成并通车，其中大岭山辖区路段长 15 千米，在大岭山镇辖区内设有连平、大岭山大道、石大路口、杨屋 4 个高架桥及莞长路、厚大路与常虎高速公路出入口连接的立交桥。此外，大岭山镇政府还相继投资建设与革命老区村相连接的一批乡村公路。至 2017 年，大岭山境内至各村公路 15 条，全长 39.4 千米，有村道 99 条，全长 86 千米，其中等级公路 8 条，共 57.8 千米。形成村村有公路的四通八达的交通网络。其间，经过大岭山镇的高速公路 2 条，分别是连接深圳市宝安区龙华镇的龙大高速公路；起于东莞市虎门镇五点梅，终点在常平镇朗洲村的常虎高速公路。

改革开放后，革命老区大朗镇采取区、乡、队、个人四级集资办法，集资 600 多万元，铺设水泥路总长 100 千米。1987 年以后，大朗镇、乡两级加大投资力度，全面改造公路，新铺水泥巷道 40 多千米。至 1990 年年底，全镇实现公路硬底化（即水泥路），全长 130 千米。开通犀牛陂至大岭山镇杨屋路段，长 4.9 千米。修建镇内 8 条公路（中心区至犀牛陂 14 千米、杨涌桥头至新马莲 2 千米、大朗中学至关岭头 1 千米、中心区至黎贝岭 3 千米、松木山至水平 2 千米、中心区至佛新 6.2 千米、大角岭至洋坑塘 2 千米、扩建莞樟公路 10 千米），全长 40.2 千米，铺设水泥路面。1992—1999 年，大朗镇修建 16 条公路，其中连接革命老区村道路有松柏朗公路、求富路大道、佛子凹大道（旧松佛路）、乌石岭公路、朗杨公路、佛新至大岭山公路、朗西路等。2007 年，市、镇两级财政投入 900 多万元建设新马莲、屏山、水平、石厦、沙步通路工程，其中水平到屏山 2014 米、新马莲至屏山 1210.8 米、石厦到仙村 440 米、沙步至常平 375 米。至 2008 年，全镇水泥公路总长达 300 多千米，覆盖全部革命老区村。

革命老区厚街镇于 1990 年投资 980 万元，开通从革命老区村寮厦村路口至石角码头长 2.3 千米、宽 32 米的厚街大道。1997 年修建从厚街新车站到革命老区村双岗村的厚沙路路段，与康乐南路、珊美路、吉祥路等互成纵横，形成厚街镇南郊的交通网络。1998 年投资 3000 万元完成宽 80 米、长 1.8 千米的厚街大道东段建设，以厚街大道东段为中轴，大道北边与它平行的有寮厦路、北环路（东段）、竹园路、福岗路、将军路；大道南边与之平行的有河田大道、河阳路等。以上道路与翠园路、彩云路、石厦路、博览大道等互成纵横，构成东部的交通网络。同年又建成宽 60 米、长 2.4 千米的湖景大道，整个工程投资约 4000 万元，使环冈村、大迳村与厚街镇主干道路连接通车，促进东部地区的经济发展。同年，由镇城建办牵头，革命老区双岗、新塘、桥头 3 个管理区共同投资 6000 万元，兴建从省道 S256 线新塘路段至沙田路段的家具大道。2000 年，投资 3000 多万元将康乐路通至革命老区村白濠村。2006年，投资6000万元对家具大道进行升级改造，全部铺设沥青路面；此外，在厚街大道（东段）与汀山、河田两村的交汇处有广深高速公路出入口。2010年，由镇政府投资3100万元建设的厚道路、投资7400万元建设的科技路也相继投入使用。与此同时，各村也纷纷加大投资，完善路网建设，如白濠村建设的世纪路、寮厦村建设的彩云路、溪头村建设的东溪路等。通过多年道路建设，截至2010年，厚街镇区道路长度达362.62千米，建成以省道S256线为纵轴，以厚街大道为横轴，四周配以博览大道、厚沙路、南环路、西环路、北环路等四通八达的道路网络，为厚街镇革命老区经济发展提供极为有利条件。

供水保障　改革开放前，东莞县革命老区村民多饮用河水，少部分村民饮用井水。改革开放后，随着工业经济的发展和人口急剧增加，工业和居民生活用水量大幅度增加，建厂集中供水势在必行。从20世纪80年代初，部分革命老区村开始建自来水厂，但有些水厂的水质达不到饮用水标准。80年代中期，东莞市各镇全部建立自来水厂，多引用东江或水库水源。其中黄江建设自来水厂后，日供水量5000立方米，并连接革命老区村鸡啼岗、黄江、黄猄坑、北岸、黄牛埔、田心、龙见田、大冚、长龙等村。大朗镇政府于1983年集资200多万元，在松木山水库坝旁兴建松木山供水厂，日供水5000立方米。同时，在大朗镇荔湾路建高32米、容量150立方米的水塔1座。日供水量1000立方米，能满足3万人饮用，大朗镇人民开始饮用自来水。2006年，投资100多万元在朗西路铺设1条供水管道，解决大朗镇西部地区（犀牛陂、象山工业园、水平、松木山）用水问题。同时，作为对屏山村、水平村的重点扶贫项目，投资170多万元在屏山水流石筹建1座日产5000立方米的小型供水厂，于2007年7月1日通水，解决屏山及周边地区的用水问题。2007年，市、镇两级财政投入500

多万元建设水平、佛新、松柏朗、宝陂及沙步村土地坑通水工程。至 2008 年，大朗镇实现以东江水为主、松木山水库供水为辅的供水格局，日均供水量达 20 万立方米，且与松山湖、黄江及各村级水厂实现管道联网，保障全镇的供水安全。厚街公社于 1981年拨款 130 万元，建成厚街供水厂，墟镇群众开始饮用自来水。之后，在改水工作带动下，革命老区双岗、新围、大迳、赤岭等乡村，亦开始建起小型水塔，利用东引河水、山塘水及井水，通过消毒、过滤，制作自来水，供当地村民使用。到 90 年代初，厚街镇内革命老区赤岭、陈屋、三屯、河田、汀山、环岗、新围、桥头、南五、新塘、涌口、双岗、溪头、沙塘、宝塘、下汴、白濠等村逐渐建成自己的小型供水厂。1998 年，厚街镇对自来水管网实行改造，逐渐停止自产自来水，革命老区村全部接用市联网供水。

2000 年以来，东莞市大力推进"放心水"工程建设，优化水资源配置，加强水质管理。2015 年，东江与水库联网供水水源一期工程通水，实现多水源互通互济和联合调度；启动石马河河口东江水源保护一期工程，推进水厂升级整合、管网更新改造。至2017 年，东莞市革命老区供水普及率达 100%。据统计，2002 年至 2017 年，通过扶持革命老区建设资金，帮助老区村铺设供水管网 340 千米，整治排水管道 19 千米。

居住改善　改革开放以来，随人民生活水平不断提高，东莞市革命老区村民住房也有巨大变化。过去一所房子住两户人家八九口人，有的夫妻、儿孙十多人挤住在一所房子里，人均居住面积不足 8 平方米，居住环境极差。改革开放后，人们手头富裕，从拆旧屋建新房开始，到纷纷买地建新居所，居住面积不断扩大。建房标准也越来越高，讲求舒适美观、宽敞大方。80 年代末到90 年代初，基本上新房都是厅房厨厕和浴室配套齐全，普通的用锦砖、马赛克瓷砖装修外墙，用乳胶漆、玻璃胶、水泥漆等装修内墙，装上多种图形天花板，配上华丽灯饰，显得富丽堂皇；富有的则建起别墅洋房配套院子，院子设有园林假山等。

　　80 年代中后期，全市大部分革命老区开始有计划地规划用地、建设民用新村（小区）。新村一改原来旧村面貌，做到地台宽敞，排列整齐，道路宽阔平坦。早期地台规划为 70 平方米以上，后期则为 120 平方米以上。1989 年以后，各地居民新村（小区）像雨后春笋般地建立起来。如革命老区厚街镇墟内先后建起18 条新村：麻墟、荫塘、大塘、愉园、竹树厦、书院、公园、西门、上栅、下栅、南门、元心、友谊、育才、虹桥、沙婆、山仔、竹中。有专门为教师而建的聚贤邨，也有私人别墅区如明珠花园、名仕居等小区。至 2000 年，厚街镇建设居民新村 142 个。革命老区大朗镇于 2001 年开始规划建设农民公寓和新型社区。分别在求富路、巷尾、松柏朗、黎贝岭交汇地域，蔡边村黄金地带，洋乌村与大有园交界处征用土地，作为佛新新村、宝陂新村、校椅围新村建设用地。2003 年开始，大朗镇农民公寓陆续动工建设。2003 年年初，佛新新村率先动工建设，至 2004 年 7 月 11 日落成；2003 年年底，宝陂新村动工建设，至 2005 年 1 月 10 日落成；2004 年，校椅围农民公寓动工建设，至 2006 年 6 月 30 日落成。农民"洗脚上楼"，开始向市民转变。其间，大朗镇响应东莞市委、市政府推进"工业进园""民宅进区"的号召，动员条件成熟的村建设农民公寓。革命老区长塘、求富路村率先响应，2001 年起就着手规划设计，并组织村民参观镇内外花园式住宅小区，统一村民思想认识。2003 年长塘花园动工，至 2006 年 9 月 30 日落成；2006 年 7 月，求富路花园动工建设，巷头、圣堂等社区（村）也筹划建设农民公寓。至 2008 年，大朗镇农民公寓建设共投资 8.4亿元，建成农民公寓 44.76 万平方米，高层住宅楼 62 幢，共 2082 套。

新村配套完善，村里道路纵横，全部铺上水泥，宽度有 10—20 米，还配套砌筑下水道、供电设施等，各村普遍建有小公园，栽树植草，环境优美。

进入 21 世纪，随着经济快速发展，东莞市革命老区涌现越来越多商品房楼盘。其中厚街镇除早期的居住社区明珠花园、明仕居、丽湖山庄等小区和横岗湖的北面海逸豪庭别墅区外，涌现了上河居、凤凰花园等一系列小区。

二、革命老区人民生活质量提高

改革开放以后特别是从 20 世纪 90 年代起，东莞市（县）革命老区人民继续发扬艰苦奋斗精神，大力发展经济，促进产业迅速发展，社会综合实力不断增强，群众的生活水平不断提高。其中 2017 年全市村组两级经营纯收入超 6000 万元的 44 个村（社区）中，有 13 个是革命老区村（社区），占总数的 29.55%。据统计，2002 年至 2017 年，通过扶持革命老区建设资金，帮助老区村（社区）修建革命文物陈列室、老人活动中心、卫生站等一批。2017 年，全市革命老区村村组两级纯收入达到 43.51 亿元，其中厚街镇、大岭山镇、黄江镇、东坑镇、大朗镇 5 个革命老区镇的 67 个行政村（103 个自然村）15.82 亿元，占全市革命老区村村组两级纯收入的 36.36%。在 5 个镇中，大朗镇最多，为 5.65 亿元；其次是厚街镇，为 3.52 亿元；东坑镇最少，为 1.41 亿元。

东莞县革命老区大朗区于 1980 年开始对一些生产建设基础差、经济薄弱的老区村以有息、无息或无偿贷款给予支援。1980 年，被东莞县民政局评定为集体扶贫村的有宝陂、佛子凹和洋乌村，给予拨款，发放化肥、粮食等物资，东莞县民政局拨给数不足的，由大朗区政府补足；扶助兴办工业及橙柑橘果场，增加经济收入门路。2003 年起，市直（省属）单位与大朗镇欠发达革命老区村佛新、宝陂、新马莲、屏山、沙步土地坑、校椅围等村结对帮扶，大朗镇也安排经济较发达社区（村）、单位对口帮扶欠发达村、村民小组，为其解决实际困难，并提供帮扶资金，至2008年累计援助363.3万元。同年，为保障佛新、宝陂两个搬迁村的经济发展，抽调33.53公顷、6公顷土地分别作两村工业用地。2004年，为佛新、宝陂落实移民专项资金、补助共838.56万元。2008年，为新马莲村申请市500万元贴息贷款，为蔡边和松木山村修建卫生站项目申请到市财政40万元支持资金。着重引进高科技企业，发展经济。2016年，大朗农村居民人均可支配收入3.87万元，全镇城乡居民年末储蓄存款余额222.3亿元。2017年，全镇有市级宜居社区（村）3个、市级生态社区（村）23个、包括东莞十佳最美水生态景观之一——荔香湿地公园等在内的大小公园66个，有普通中小学、幼儿园74所，在校学生64930人。另有纺织服装学校、成人文化技术学校及各类民办培训机构44家，有医疗卫生机构119个，床位970张，形成"15分钟医疗健康服务圈"。

革命老区厚街镇在1989年农村人均年收入就达1942元，农民温饱问题得到解决。2000年农村人均年收入已增至8222元。2017年，厚街镇加大民生投入，改善人民群众生活质量。其中投入1.99亿元用于促进社会保障和就业工作，投入6.85亿元用于工伤、医疗、养老、失业、生育五大保险，年发放低保救助金、五保供养金及各类补贴403.54万元，实现社区居家养老服务全覆盖。是年，全镇居民人均可支配收入4.28万元，城乡居民年末储蓄存款余额491.93亿元。全镇有市级宜居社区22个、市级生态社区22个，有厚街人民公园等大小公园、广场144个，有普通中小学、幼儿园28所，在校学生4万余人。另有成人文化技术学校以及各类民办培训机构45家；医疗卫生机构144个，床位 1055 张。

革命老区黄江镇 1978 年农民年人均收入约 200 元，实行改革开放以来，随着实行农村包产到户，农民收入大幅度增加。同时，积极引进外资，大力发展对外加工业，允许有条件的个体户开办实业经商、办厂，带动群众走富裕道路。至 2000 年，农民人均纯收入达 5625 元。是年，全镇农民家家有电视机，80% 的家庭拥有电话、空调机、洗衣机、电冰箱，50% 的农民建起两层半以上的水泥楼房，还用上高档家私。2012 年，农村总收入增至 23641 万元，纯年收入 1.48 亿元；农民人均纯收入 25087 元，达到小康生活水平。2017 年，黄江居民人均可支配收入 4.18 万元，全镇城乡居民人民币年末储蓄存款余额 215.1 亿元。全镇有市级宜居社区 3 个、市级生态社区 7 个，有东莞十大街心公园之一——黄江人民公园等大小公园广场十多个，有普通中小学、幼儿园 30 多所，在校学生 2.2 万人。另有成人文化技术学校以及各类民办培训机构 10 家，有医疗卫生机构 40 个，床位 600 张，形成"15 分钟医疗健康服务圈"。

革命老区大岭山镇在 1973 年至 1975 年，年人均分配徘徊在 80 元至 90 元之间，每人年均口粮（稻谷）240 千克至 270 千克。改革开放后，实行家庭联产承包责任制，大力招商引资，发展工业，农民"洗脚上田"，农村经济迅速发展。1985 年，年人均收入 546.2 元，是 1975 年的 6.4 倍。1995 年，人均纯收入 3546 元，平均每月收入达到 295.5 元，达到小康生活水平。2017 年，大岭山镇居民人均可支配收入 41037 元，全镇城乡居民年末储蓄存款余额 207.6 亿元。是年，大岭山镇投入 8260 万元用于重大疾病、医疗、养老、就业、低保救助、计生特殊家庭补助、残疾人生活补贴等，投入 6434 万元实施家庭医生式服务，设立 50 万元困难家庭临时救济专项基金。是年，全镇有市级宜居社区 9 个、市级生态社区 5 个，有大岭山公园等大小公园、广场约 40 个，有普通中小学、幼儿园 50 多所，在校学生 4.1 万人，有医疗卫生机构 108 个。

革命老区东坑镇于 20 世纪 60 年代陆续通电，实现电力照明。80 年代通电话；90 年代末通自来水，通互联网。从 1997 年开始，村民全部实行医疗保障制度。2017 年，全镇实现地区生产总值 126 亿元，总收入 1.6 亿元，人均集体股份分红 3000 元以上。在 17 个革命老区村中建有公园 7 个、球场 18 个、文体和老人活动中心 9 座、学校 5 所、幼儿园 11 所、图书室和电子阅览室 10 个（藏书 3 万册），有文化广场 6 个、游泳馆 1 座、游泳池 2 个。人均居住面积达 40 平方米。革命老区村参加社保 1.3 万人，占总人数的 74%；有卫生站 12 家、社区医院 2 家。

第六章

革命老区　红星闪烁

　　1957 年，东莞县评划抗战时期革命老区村 233 个。1959 年，6 个老区村划归宝安县；20 世纪 60 年代，老区村又因兴修水利等原因减少 4 个。至 60 年代末，东莞县有老区村 223 个（抗日根据地 154 个村，抗日游击区 69 个村）。1989—1993 年，东莞市又先后有 145 个村被补评划为革命老区村，老区村增至 368 个（抗战时期 293 个，解放战争时期 75 个）。1997 年，东莞市厚街镇、大岭山镇、黄江镇、东坑镇、大朗镇 5 个镇，经广东省民政厅批准，被评划为革命老区镇。2000 年，中堂镇斗朗村被评划为解放战争时期老区村。之后，随着经济的发展和城市化建设，东城街道部分村庄分设或并入，老区村（抗战时期）从 34 个分设为 35 个。至 2017 年年底，全市有革命老区镇 5 个，老区村 370 个（抗战时期 294 个，解放战争时期 76 个）。这些革命老区镇、老区村，像一颗颗红星在东莞革命历史的天空中不断闪烁。

第一节 革命老区评划

抗日战争时期，东莞是广东省最早开展抗日武装斗争的县之一。1938 年成立东莞抗日模范壮丁队，深入敌后展开游击战争，创立以大岭山地区为中心的抗日根据地。1943 年东江纵队成立后，进一步巩固和发展以大岭山为中心的抗日根据地，拥有 223 个村庄 11.05 万人。在抗日根据地内建立民主政权，进行减租减息斗争，支持党领导下的人民武装与日、伪、顽作战近千次，钳制华南日伪军的大批兵力，抗击地方土匪，配合全国的抗日战争取得胜利。

解放战争期间，为推翻国民党反动统治，东莞人民在党的领导下，很快恢复武装斗争，革命根据地和活动地区扩展到 458 个村庄含 26.38 万人口的广大地区，于 1949 年 10 月配合南下解放军，完成全县的解放事业。

在长期的革命战争中，革命老根据地（革命老区）遭受敌人反复摧残，创伤很深。老区人民为了革命的胜利不怕流血牺牲，付出巨大的代价。

中华人民共和国成立后，东莞县委、县政府为加强老根据地的建设，表彰老区人民对革命事业的重大贡献，从 1954 年开始至 1957 年，先后集中有关干部，依靠群众和基层组织，召开老区人民代表会议，自下而上地评划革命老根据地。

革命老根据地，包括第二次国内革命战争根据地和抗日根据地。解放战争时期，新开辟的根据地坚持对敌斗争时间较短，面亦极广，因此对这一时期的革命活动地区不作评划。按东莞县革命斗争情况，只评划抗日根据地。

抗日根据地的划定标准：曾经有党的组织，有革命武装，发动群众，进行减租减息运动，主要是建立抗日民主政权并进行武装斗争，坚持1年以上的村庄。

中央规定只评划革命老根据地。东莞县有抗日根据地村和抗日游击区村，统称老区村。

1957年，东莞县共评划老区村庄233个。1959年年底，镇尾村、新陂头村、圳口村、迳口村、白泥嶂村、姜厦村等老区村划归宝安县。20世纪60年代，部分革命老区村又因修建水库、公路等基础设施进行搬迁移民，其中有大岭山公社的新飞鹅村因修水库，村民分别迁入上场村和同沙林场；篁村公社的草塘村、连丁村因修水库移民到蛤地村；篁村公社的大布村、石湖村、坑尾村因修水库，虎浪村因建农场而分别插入全县各地农村。

60年代，东莞县有老区村庄223个2.83万户11.05万人。其中抗日根据地154个村庄2.07万户7.95万人；抗日游击区69个村庄7636户3.10万人。这些村庄分布以地处县中南部丘陵地带的大岭山、大朗、厚街、篁村、附城等公社为多，基本成片相连。另一主要分布地是高山较多的东部，与惠阳县、宝安县毗邻的黄江、清溪、凤岗、谢岗公社一带。其余在埔田，水乡地区的则较为分散。是年，革命老区村共有耕地面积1.84万公顷。

至1987年，东莞市有老区村223个，划归129个管理区，分布于19个镇、2个区、1个林场中；老区人口3.57万户16.16万人，比1957年人口增长46.3%；耕地面积1.24万公顷，占全市耕地面积的21.23%，比1957年的耕地面积减少32.3%。

1989—1993年，东莞市又先后有145个村被补评划为革命老区村，老区村增至368个（抗战时期村庄293个，解放战争时期村庄 75 个）。1997 年，全市有老区村的镇区 24 个，占全市 33 个镇区的 73%；有老区村的管理区 164 个，占全市 592 个管理区的 27.7%；老区村占全市自然村总数 2217 个的 16.6%；老区村人口 25.34 万人，占全市总人口 143.65 万人的 17.64%（其中抗战时期村庄人口 19.08 万人，占老区村人口 75.28%；解放战争时期村庄人口 6.26 万人，占老区村人口 24.72%）；老区村有耕地面积 1.02 万公顷，占全市耕地面积 5.02 万公顷的 20.32%；山地面积 1.68 万公顷，占全市山地面积 4.19 万公顷的 40%。

2000 年，中堂镇斗朗村被批准为解放战争时期老区村。之后，随经济发展和城市建设，部分村庄分设或并入其他，老区村数量及名称多有变化。其中，东城街道原有抗战时期革命老区村 33 个，后分设为 35 个。至 2017 年年底，全市有革命老区村 370 个（抗战时期 294 个，解放战争时期 76 个），占全市自然村落 1765 个（东莞市自然村落 2015 年普查数）的 20.96%。

2017 年东莞市革命老区数量表

单位：个

镇街	行政村（社区）	自然村	镇街	行政村（社区）	自然村
中堂镇	5	7	樟木头镇	5	11
石排镇	1	4	南城街道	3	14
长安镇	1	1	塘厦镇	6	20
麻涌镇	1	1	清溪镇	11	17
凤岗镇	6	11	高埗镇	6	21
望牛墩镇	5	5	东坑镇	10	17
寮步镇	2	10	东城街道	8	35
横沥镇	2	2	谢岗镇	4	24
虎门镇	5	7	厚街镇	10	43
企石镇	3	8	黄江镇	6	29
桥头镇	7	11	大朗镇	24	38
常平镇	6	8	大岭山镇	15	26

革命老区镇情

一、厚街镇

　　厚街镇位于东莞市中南部，面积 126.15 平方千米。大革命时期，中共党员李成章、吴元庆到大迳乡石马村开办村塾，发展组织，在石马村、新围村等村建立农民协会。1926 年 4 月，大迳乡建立党支部，组织农民自卫军。1935 年，建立中国青年抗日同盟东莞分盟厚街小组。1936 年 10 月，建立厚街党支部。1940 年，广东人民抗日游击队第三大队到大岭山创建抗日根据地，厚街地区是其主要活动地区之一。之后，厚街、桥头、河田、涌口、双岗、沙塘等村相继建立党支部，并建立抗日大同盟，成员共有100多人。同时，组织情报小组及民间组织兄弟会、姊妹会、七姐会、同学会等，开办女校、私塾，宣传、动员群众支持、参加游击队，其中，仅桥头村就有30多人参军。解放战争时期，东江纵队北撤山东后，厚街地区建立莞太区第二线组织，坚持斗争。1947 年，惠东宝人民护乡团第三大队挺进河田、寮厦村，建立莞太线武工队，活动发展到厚街、涌口、双岗村一带。1949 年，根据"扩大根据地，配合南下野战军解放广东"的指示，发动群众，打击敌人，抓紧扩军和建立区乡政权，在各村开展"二五"减租减息运动。1957 年，25 个村被评划为抗日战争时期革命老区村；1993 年，22 个村被评划为解放战争时期革命老区村。1997 年，厚街镇被评划为革命老区镇。

1963 年，包括老区村在内的各村实现村村通电；1982 年，居民开始饮用自来水；1990 年年底，各村道路实现水泥硬底化。

2017 年，厚街镇下设 24 个社区，有革命老区村 47 个，占全镇自然村总数的 54.54%；户籍人口 10.85 万人，其中革命老区村户籍人口 4.16 万人，占全镇户籍人口总数的 38.34%。全镇生产总值 396.56 亿元（其中第一产业增加值 1.28 亿元，第二产业增加值 176.31 亿元，第三产业增加值 218.97 亿元），三大产业比例为 0.3 ∶ 44.5 ∶ 55.2。社会消费品零售总额 179.97 亿元，外贸出口总额 562 亿元，各项税收总额 63.10 亿元，地方财政总财力 25.57 亿元。有市级宜居社区 22 个、市级生态社区 22 个，有厚街人民公园等大小公园、广场 144 个。镇内有普通中小学、幼儿园 28 所，在校学生 4 万多人。另有成人文化技术学校以及各类民办培训机构 45 家。有医疗卫生机构 144 个，床位 1055 张。居民人均可支配收入 4.28 万元，城乡居民人民币储蓄存款余额 491.93 亿元。在全国综合实力千强镇中排第十七位。

厚街镇被评为国家卫生镇。

二、大岭山镇

大岭山镇位于东莞市中南部，面积 110 平方千米。大革命时期，中共党员、广东省农民协会执行委员会副委员长彭湃和国民党中央农民部特派员蔡如平到大岭山地区开展农民运动，组织大沙村殷偶生等人成立农民协会。1926 年，东莞县地下党员张乾础到大沙村开展活动，发展殷偶生等一批党员。1938 年 10 月，王作尧、袁鉴文等带领东莞抗日模范壮丁队来到大雁塘、飞鹅岭村，在大沙、连平和上下山门村一带，进行军事训练，组织宣传队，做民运工作。1940 年 10 月初，广东人民抗日游击队第三大队由大队长曾生、副大队长邬强率领挺进大岭山，建立敌后抗日根据地。1941 年 5 月，大岭山根据地建立连平联乡办事处，并组织联防自卫队 8 个，配合部队作战。同年 6 月，莞太线各村（包括百花洞、太公岭、大沙、大王岭和虎门地区怀德村）成立大岭山区委，祁锋任区委书记。其后，第三大队在大岭山根据地人民群众的配合下先后粉碎日伪军刘发如部的进攻，进行百花洞战斗、石鼓战斗和一、二次恢复大岭山根据地之战，粉碎日伪军的"万人大扫荡"等。解放战争时期，东江纵队北撤山东后，国民党迫害东江纵队复员人员。大岭山根据地受到严重破坏，其中大环村只有 195 人，先后被捕 70 余人，32 户人家的房子被烧，大岭山地区陷入一片白色恐怖之中。1947 年，惠东宝人民护乡团第三大队挺进大岭山地区，恢复大岭山革命根据地。联系地下党员成立大岭山武工队，随后向大岭山南麓的厚街地区河田、寮厦村推进，建立莞太线武工队，扩展进入厚街、涌口、双岗村一带活动。1949 年，发动群众，打击敌人，抓紧扩军和建立区乡政权，在各村开展"二五"减租减息运动。扩大根据地，配合南下大军解放东莞。

1957 年，26 个村被评划为抗日战争时期革命老区村。1997 年，大岭山镇被评划为革命老区镇。2006 年，位于大王岭山村的东江纵队旧址被批准为第六批国家文物保护单位，并建立东江纵队纪念馆。

1990 年，包括老区村在内的各村实现村村通电；1992 年，居民开始饮用自来水；1990 年年底，全镇各村道路实现水泥硬底化。

2017 年，大岭山镇下设 21 个行政村和 2 个社区，有革命老区村 26 个，占全镇自然村总数的 55.32%；户籍人口 5.2 万人，其中革命老区村户籍人口 2.78 万人，占全镇户籍人口总数的 53%。全镇生产总值 220.69 亿元（其中第一产业生产总值

0.32 亿元，第二产业生产总值 112.08 亿元，第三产业生产总值 108.29 亿元），三大产业比例为 0.14：50.79：49.07。社会消费品零售总额 71.44 亿元，外贸出口总额 212.89 亿元，各项税收总额 43.23 亿元，地方财政总财力 29.02 亿元。有市级宜居社区 9 个、市级生态社区 5 个，有大岭山人民公园等大小公园、广场约 40 个。镇内有普通中小学、幼儿园 50 多所，在校学生 4.1 万人；有医疗卫生机构 108 个。居民人均可支配收入 4.1 万元，城乡居民人民币储蓄存款余额 207.6 亿元。大岭山镇在全国综合实力千强镇中排第 48 位。

大岭山镇先后被评为国家级生态乡镇、中国绿色名镇、国家卫生镇、全国文明村镇、全国建制镇示范试点。

三、大朗镇

大朗镇位于东莞市中南部，面积 97.5 平方千米。早在 1926 年，中共党员、广东省农民协会执行委员会副委员长彭湃和国民党中央农民部特派员蔡如平到大朗地区组建农民协会，发动 200 多名农民在大井头村敦睦书院成立农民协会，并创办农民学校。1928年 5 月，东宝县委军事负责人周满、周赤河、叶汉廷在屏山村的东山庙准备暴动，后因广州起义失败而停止。接着，叶汉廷指挥大朗、常平屋厦农军沿广九线木榔至土塘站，锄路轨，破坏敌人运输，还袭扰常平、横沥火车站驻军营房。1935 年 7 月，中国青年抗日同盟东莞分盟来大朗地区建立小组。1938 年春，中共东莞中心县委组建大朗支部。同年 11 月 20 日，叶汉廷等率抗日自卫队在神边岭伏击沿莞樟公路南下的日军，击毙、击伤日军十余人。1940 年冬，广东人民抗日游击队第三大队到大朗、犀牛陂、大㘰、屏山、水平、松木山村一带活动，建立抗日根据地。1945 年 6 月，盘踞东莞县城的日军 100 余人进犯大朗地区。在黎贝岭附近遭东江纵队截击,部分日军窜至竹山村,挟持3名人质困守日光台炮楼,与游击队及民兵形成对峙,后来日军趁夜挟持人质突围,逃往常平乡。1947年9月,游击队与国民党地方武装在尖岗山—黄旗岭一带展开激战,因寡不敌众而失利,4名村民被抓走。1948年5月,在东山坳伏击战中,牺牲7名游击队员。1957年,35个村被评划为抗日战争时期革命老区村。1997年,大朗镇被评划为革命老区镇。

1965年,包括老区村在内的各村实现村村通电;1984年,居民开始饮用自来水;1990年年底,全镇各村道路实现水泥硬底化。

2017年,大朗镇下设12个社区、16个行政村,有革命老区村33个,占全镇自然村总数的94.3%;户籍人口8.12万人,其中革命老区村户籍人口6.39万人,占全镇户籍人口总数的78.7%。

全镇实现生产总值273.89亿元(其中第一产业增加值0.29亿元,第二产业增加值140.41亿元,第三产业增加值133.19亿元),三大产业比例为0.10∶51.27∶48.63。社会消费品零售总额96.62亿元,外贸出口总额133.26亿元,各项税收总额44.62亿元,地方财政总财力44.27亿元。有市级宜居社区(村)3个、市级生态社区(村)23个、荔香湿地公园等大小公园66个。建有福德堂爱国主义教育基地、革命烈士五壮士墓以及松柏朗、犀牛陂、松木山、水平、大井头、石厦革命烈士纪念碑等。镇内有普通中小学、幼儿园74所,在校学生6.49万人。另有东莞市纺织服装学校、成人文化技术学校以及各类民办培训机构44家。有医疗卫生机构119个,床位970张。农村居民人均可支配收入3.87万元,城乡居民人民币储蓄存款余额222.3亿元。大朗镇在全国综合实力千强镇中排第39位。

大朗镇先后被评为中国荔枝之乡、中国羊毛衫名镇、中国毛织文化艺术之乡、中国电子信息产业名镇、国家外贸转型升级专业型示范基地、全国创先争优先进基层党组织、全国文明镇、国家生态乡镇。

四、黄江镇

黄江镇位于东莞市东南部，面积92.86平方千米。1938年7月，中共党员陈庆南（陈明）、卢克华、王棠隶（何淑）、黎少弟等到梅塘乡田心村张贴标语、教唱革命歌曲、开办夜校识字班，宣传抗日。1940年春，杨培到竹山下村的步云学校任教师，一边教学、一边发动群众，组织抗日队伍；1941年，叶飘扬接任步云学校教师，发动青年参加抗日活动，组织十多人参加抗日游击队。其间，卢淦明在田心村小学任教师，开展秘密工作。1942年12月下旬，赵督生、何扬等到梅塘乡活动。1942年3月31日晨，驻黄猄坑村的广东人民抗日游击总队第三大队和民兵400多人，于黄猄坑北狮友山附近反击驻大朗伪军第四十五师一三四团1000余人的围攻，并以少胜多击溃伪军进攻，史称"黄猄坑战斗"；5月7日晚，又粉碎驻樟木头地区日军加藤大队400多人的围攻，史称"龙见田马山战斗"。1944年4月梅（塘）、长（江）、塘（厦）三乡联防办事处成立；10月，在各村开展"二五"减租减息运动。

1957年，29个村被评划为抗日战争时期革命老区村。1997年，黄江镇被评划为革命老区镇。

1965年，包括老区村在内的各村实现村村通电；1987年，居民开始饮用自来水；1990年年底，全镇各村道路实现水泥硬底化。

2017年，黄江镇下设7个社区，有革命老区村29个，占全镇自然村总数的92.31%；户籍人口3.2万人，其中革命老区村户籍人口1.95万人，占全镇户籍人口总数的61%。全镇生产总值 173.41 亿元（其中第一产业增加值 0.14 亿元，第二产业增加值 92.92 亿元，第三产业增加值 80.35 亿元），三大产业比例为 0.08∶53.58∶46.34。社会消费品零售总额 46.11 亿元，外贸出口总额 399.30 亿元，各项税收总额 35.80 亿元，地方财政总财力 13.64 亿元。全镇有市级宜居社区 3 个、市级生态社区 7 个，有黄江人民公园等大小公园和广场十多个。建有梅塘烈士公园爱国主义教育基地、马山战斗纪念碑等。镇内有普通中小学、幼儿园 30 多所，在校学生 2.20 万人。另有成人文化技术学校以及各类民办培训机构 10 家。有医疗卫生机构 40 个，床位 600 张。居民人均可支配收入 4.18 万元，城乡居民人民币储蓄存款余额 215.1 亿元。在全国综合实力千强镇中排第 74 位。

黄江镇先后被评为全国百强乡镇、国家电子信息产业基地、国家卫生镇、全国爱国拥军模范单位。

五、东坑镇

东坑镇位于东莞市中部，面积 27.5 平方千米。1927 年 12 月，党组织安排在广州私立知行中学读书的井美村人谢晓东，参与筹备广州起义，他回乡动员父亲，在其父开办的恒义隆洋纱厂制作一大批起义时佩戴的红领巾、红袖带。后被捕牺牲。1933 年，党员张广业、何与成、陈沛隆、何鼎华先后到多凤小学、和贵小学以教书为掩护开展地下活动。1937 年春，东坑党支部成立。同年，党员卢仲夫回乡开展抗日救亡和训练壮丁工作，他带领和贵、广英两校教师黄达明、何思深、卢淦明等在岭贝塘、黄麻园村召集一批青年和巡丁，宣传抗日，进行军事训练，在巡丁中组织抗日自卫队，掌握部分武装。之后，党组织在恒义隆洋纱厂办四平女校，卢仲夫在塘唇村承次公祠办妇女文化补习学校，宣传抗日救国，发展党组织。1938 年，在东坑村、角社村、丁屋村分别成立党支部，发展党员，其中东坑村相继有 13 人入党，并参加东莞抗日模范壮丁队。1939 年至 1940 年，抗日游击队经常入驻角社祠堂及南溪村，在东坑村、丁屋村设立交通站。1942 年，角社村成立民兵组织，有民兵十余人。1943 年年底，成立东坑乡政府，乡长卢敬宜。1944 年，东江纵队第三大队到东坑乡一带活动，发动青壮年民兵参军，开展"二五"减租减息运动。1946 年 4 月 20 日，在正坑村休整的 30 多名游击队员，因叛徒出卖，被国民党军队和寮步乡联防队 200 多人包围，激战至翌日 11 时，有 18 名游击队员牺牲。村民将烈士遗体葬于独岭岭顶（后于 1956 年建正坑十八烈士纪念碑）。同年夏，东江纵队北撤山东。8 月，邝耀水等 7 人回到东坑地区组织 20 多人打游击。1948 年 3 月，东坑武工队成立，队长周铁民，在东坑、丁屋、黎贝岭、杨梅岭村一带打击敌人。

1957 年，17 个村被评划为抗日战争时期革命老区村。1997 年，东坑镇被评划为革命老区镇。

20 世纪 60 年代，包括老区村在内的各村陆续通电；80 年代，通电话；90 年代末，通自来水、通互联网。

至 2017 年年底，东坑镇下设 2 个社区、14 个行政村，有革命老区村 17 个，占全镇自然村总数的 36.17%；户籍人口 3.21 万人，其中革命老区村户籍人口 1.76 万人，占全镇户籍人口总数的 54.83%。全镇实现生产总值 125.98 亿元（第一产业 0.17 亿元，第二产业 88.45 亿元，第三产业 37.36 亿元），三大产业比例为 0.13：70.21：29.66。社会消费品零售总额 21.10 亿元，外贸出口总额 158.18 亿元，各项税收总额 20.17 亿元，地方财政总财力 7.67 亿元。是年，全镇 17 个革命老区村总资产 15 亿元，总收入 1.6 亿元，人均集体股份分红 3000 元以上。

东坑镇先后被评为全国文明镇、国家卫生镇。

第三节

革命老区村简况

一、虎门镇

大革命和土地革命时期，1924 年，中共党员何生以教师身份在虎门地区郭武村从事革命活动，同年，大坑村成立农会，开展减租减息运动。1925 年，中共党员、东莞县农民协会筹委会主任蔡如平到北栅乡指导农民运动，成立北栅乡农民协会，建立农军，与掌握乡权力的莲溪局及其属下的民团展开斗争。1927 年 11 月中旬，中共广东省委派陈均平到虎门地区，与东莞县委研究武装暴动计划，以支援、配合广州起义，在郭武村成立前敌指挥部，组织北栅乡、霄边乡、怀德乡和郭武村一带农民武装 100 余人，计划先攻莞城，后攻虎门、伺机夺取石龙，后因广州起义失败，撤回农民武装。抗日战争时期，仁中岗村、陈村村、大坑村、上庙村、远丰村、黄村村、郭武村为路西抗日根据地。1938 年，广东人民抗日游击总队第三大队一部进驻大坑村、上庙村、远丰村，以村内的碉楼为联络点，组建抗日联防队，开展抗日活动。1941 年，东江纵队第三大队政治处主任陈明在郭武村发展党员，成立党小组。1942 年，广东人民抗日游击总队第三大队从大岭山抗日根据地撤至仁中岗村，村民协助隐蔽、解决给养；同年，中共抗日前线特别区委在郭武村举办党员学习班，并在郭武村设立联络点。1943 年 11 月，抗日联防队配合第三大队在远丰村北面山地阻击向根据地进攻的日伪军。

1957年，仁中岗村、陈村村、大坑村、上庙村、远丰村、黄村村、郭武村被评划为抗日战争时期革命老区村。

2017年，虎门镇老区村或有老区村的社区如下：北栅社区（仁中岗村）、陈村社区、怀德社区（大坑村、上庙村、远丰村）、黄村社区、金洲社区（郭武村）。

2017年虎门镇革命老区村主要指标表

行政村（社区）	土地面积（平方千米）	户籍人口（人）	企业及个体户数（个）	工业企业（个）	资产总额（万元）	负债总额（万元）	村组两级经营纯收入（万元）
怀德社区	13.8	6732	1424	223	63371	7202	10997
陈村社区	1.3	826	64	35	7034	1319	569
黄村社区	0.9	605	110	31	3579	407	566
北栅社区	5.9	4922	2106	342	36729	4045	7973
金洲社区	4.8	6238	1350	60	87888	21379	6701

注："行政村（社区）"为革命老区村或有革命老区村的行政村（社区）。

二、东城街道

1926年，火炼树村、横岭村、犬眠岭村（又名大眼岭村）、九头村、同沙村、平地山村（又名旧村）、古塘垒村、谭头村成立农民协会，组织农民自卫队，开展革命活动。1927年秋，中共东莞县委在温塘村设立交通站。1927年11月，为配合广州起义，东莞县农民自卫军集结在黄旗山待命，准备攻打盘踞莞城的反动军阀，因广州起义失败而停止。

1937年，中共党员张英到火炼树村发展党组织，建立农会、妇女会、民兵等组织，发动群众进行减租、减息，开展武装斗争。1938年，平地山村成立农民抗日自卫队。1939年1月，中共火炼树、犬眠岭、横岭支部成立。1940年6月，中共东莞县委机关设在温塘村。1940年，东城地区各村相继成立农会、青抗会、妇抗会、儿童团等抗日组织，建立民兵队伍，开展抗日救亡活动，逐渐成为东纵第三大队主要活动区域之一。1941年1月，新飞鹅村组织民兵队、支前队和担架队，赶赴大岭山抗日根据地大环村配合东纵对伪军陈禄部的伏击作战。1944年，同沙乡（今同沙、光明、立新、火炼树社区）抗日民主政府成立。

1957年，平地山村、火炼树村、古塘垒村、谭头村、横岭村、犬眠岭村、九头村、老围村、上山门村、新锡边村、仿边村、上元村、下元村、太初坊村、黄公坑村、古一村、古二村、茶上村、茶中村、茶下村、柴市村、祠下村、大元村、丁一村（又名丁宇村）、建和村、岀上村（又名坎上村）、岀下村（又名坎下村）、塘边头村、亭下村（又名厅下村）、王山村（又名黄山村）、菴元村（又名巷元村）、洋楼村（又名杨楼村）、皂一村、皂二村、皂三村、新飞鹅村被评划为抗日战争时期革命老区村。

2017年，东城街道老区村或有老区村的社区如下：石井社区（平地山村），火炼树社区，光明社区，立新社区（横岭村、犬眠岭村、九头村），牛山社区（老围村、上山门村、新锡边村），同沙社区（仿边村、上元村、下元村、太初坊村、黄公坑村、古一村、古二村），温塘社区（茶上村、茶中村、茶下村、柴市村、祠下村、大元村、丁一村、建和村、岀上村、岀下村、塘边头村、亭下村、王山村、菴元村、洋楼村、皂一村、皂二村、皂三村），新飞鹅村。

2017年东城街道革命老区村主要指标表

行政村（社区）	土地面积（平方千米）	户籍人口（人）	企业及个体户数（个）	工业企业（个）	资产总额（万元）	负债总额（万元）	村组两级经营纯收入（万元）
温塘社区	11.6	10282	8160	1280	28272	1723	16163
石井社区	6.7	2221	4104	218	12358	2505	4514
同沙社区	4.5	2587	2197	251	18838	837	4204
光明社区	1.9	1538	1887	125	10289	839	1543

（续上表）

行政村（社区）	土地面积（平方千米）	户籍人口（人）	企业及个体户数（个）	工业企业（个）	资产总额（万元）	负债总额（万元）	村组两级经营纯收入（万元）
牛山社区	11.0	4511	4552	497	15629	2886	4462
立新社区	2.5	3531	2711	202	6746	2675	4869
火炼树社区	1.2	2342	2330	36	7666	1734	3004

注："行政村（社区）"为革命老区村或有革命老区村的行政村（社区）；新飞鹅村于2004年整体迁入市区，不再统计各项指标。

三、南城街道

1939年8月，在大雁塘村成立水濂山地区第一个党支部，吸收6名村民入党。之后，大雁塘村、邓屋村、瓜田岭村、九里潭村、老围村、西湖村、大进步村（又名大圳埔）、青竹笋村、立新村、新农村村等村成为广东人民抗日游击队第三大队主要活动区域。1940年4月，老围村遭日军抢掠，被烧毁房屋75间。

1989年，大雁塘村、邓屋村、瓜田岭村、九里潭村、老围村、西湖村、大进步村、青竹笋村、立新村、新农村村被评划为抗日战争时期革命老区村；1993年，水涧头村、上手村、下手村、彭眼村被评划为解放战争时期革命老区村。

2017年，南城街道有老区村的社区如下：水濂社区（大雁塘村、邓屋村、瓜田岭村、九里潭村、老围村、西湖村），蛤地社区（大进步村、青竹笋村、立新村、新农村村），西平社区（水涧头村、上手村、下手村、彭眼村）。

2017年南城街道革命老区村主要指标表

行政村（社区）	土地面积（平方千米）	户籍人口（人）	企业及个体户数（个）	工业企业（个）	资产总额（万元）	负债总额（万元）	村组两级经营纯收入（万元）
蛤地社区	8.0	3001	101	18	27376	3885	2667

（续上表）

行政村（社区）	土地面积（平方千米）	户籍人口（人）	企业及个体户数（个）	工业企业（个）	资产总额（万元）	负债总额（万元）	村组两级经营纯收入（万元）
西平社区	3.9	3377	658	2	40378	13392	3416
水濂社区	6.0	2233	158	30	20574	9023	2163

注："行政村（社区）"为革命老区村或有革命老区村的行政村（社区）。

四、中堂镇

大革命时期，潢涌村人黎樾廷在北京大学读书期间接受马克思主义，1923年赴海陆丰地区协助彭湃开展农民运动。土地革命战争时期，已有中共党员在一村村活动。抗日战争时期，1938年夏，中共党员霍锡熊在斗朗村组织有200人的抗日自卫团，并于10月率队协助抗日模范壮丁队，与来犯日军激战，击毙日军32人、伤数十人，抗日自卫团牺牲30余人、伤数十人；同月底，斗朗村抗日自卫团又和一村、二村、泊洋、东滘湾等村的群众，在斗朗村右侧东汀畔截击沿江而下的日军汽艇，击毙日军4人。东纵游击队挺进水乡后，一村村建立"抗日大同盟"基层组织，设立交通情报站，配合开展水乡游击战；潢涌村建立党支部，并派党员打入日伪军内部开展统战工作，配合游击队打击敌人。一村村、潢涌村、郭洲村成为东纵游击队开展水乡游击战的根据地。解放战争时期，郭洲村、西涌村、东涌村、泗涌村、斗朗村均为解放战争游击根据地。

1957年，一村村被评划为抗日战争时期革命老区村。1989年，潢涌村、郭洲村被评划为抗日战争时期革命老区村；1993年，西涌村、东涌村、西华村、泗涌村被评划为解放战争时期革命老区村。2000年，斗朗村被评划为解放战争时期革命老区村。

2017年，中堂镇老区村或有老区村的行政村（社区）如下：

一村村、潢涌村、中堂村（郭洲村）、四乡行政村（四乡村、东涌村、西涌村）、斗朗社区。

2017 年中堂镇革命老区村主要指标表

行政村（社区）	土地面积（平方千米）	户籍人口（人）	企业及个体户数（个）	工业企业（个）	资产总额（万元）	负债总额（万元）	村组两级经营纯收入（万元）
斗朗社区	2.5	2812	1128	75	7991	1841	1305
潢涌村	9.3	10469	1304	186	481064	13930	50599
中堂村	1.1	2114	283	59	3488	704	798
一村村	0.7	1996	690	32	11098	2791	1648
四乡行政村	4.2	3490	140	22	6144	2471	416

注："行政村（社区）"为革命老区村或有革命老区村的行政村（社区）。

五、望牛墩镇

抗日战争时期，锦涡村为水乡游击区，被誉为"水乡苏维埃"。1937 年，东莞县临时工作委员会在望角村成立。1938 年秋，望角村成立中共地下组织，1940 年成立水乡武装小分队及兄弟会、姐妹会。1945 年伪军刘发如、李潮等部 700 多人向驻望角村的水乡游击队发动攻击，望角村军民顽强抵抗，打死打伤伪军 30 余人，而游击队牺牲 3 人。后于 1967 年 4 月修建革命烈士纪念碑。解放战争时期，游击根据地扩展到朱平沙村、石排村、上合村（望角村）、杜屋村。

1989 年，锦涡村被评划为抗日战争时期革命老区村；1993 年，朱平沙村、石排村、上合村（望角村）、杜屋村被评划为解放战争时期革命老区村。

2017 年，望牛墩镇老区村或有老区村的行政村如下：锦涡村、朱平沙村、石排村、上合村（望角村）、杜屋村。

2017 年望牛墩镇革命老区村主要指标表

行政村（社区）	土地面积（平方千米）	户籍人口（人）	企业及个体户数（个）	工业企业（个）	资产总额（万元）	负债总额（万元）	村组两级经营纯收入（万元）
上合村	1.9	3189	63	35	6799	2579	624
杜屋村	1.8	2566	68	34	9366	1968	370
石排村	0.4	675	14	7	2463	1006	223
朱平沙村	2.7	3569	80	17	15947	3032	312
锦涡村	2.2	1613	35	8	8102	1434	255

注："行政村（社区）"为革命老区村或有革命老区村的行政村（社区）。

六、麻涌镇

大步村人祝锦龄于 1940 年参加中国共产党。1941 年大步村建立党小组，1943 年成立党支部，发动农民组织——"农余社"开展地下活动。1946 年夏成立党的外围组织"兴农堂"，1948 年成立水乡武装工作队，开展武装斗争。1950 年，大步村被东莞县授予"模范村"称号。1993 年，大步村被评划为解放战争时期革命老区村。2017 年，麻涌镇老区村仅有大步村。

2017 年麻涌镇革命老区村主要指标表

行政村（社区）	土地面积（平方千米）	户籍人口（人）	企业及个体户数（个）	工业企业（个）	资产总额（万元）	负债总额（万元）	村组两级经营纯收入（万元）
大步村	10.6	7819	1537	81	67477	2264	1588

注："行政村（社区）"为革命老区村或有革命老区村的行政村（社区）。

七、高埗镇

1935 年年底，中共地下党员廖举安在上江城村李屋村办识字班，成立抗日剧社，进行宣传演出；党员张广业则在高埗村祠堂兴办胜成小学，在学生和青年中开展活动，宣讲抗日道理，演唱抗战歌曲，发动大家出钱出力，团结抗日。抗日活动扩展到护安围村、凌屋村、低涌村、保安围村。

抗日战争爆发后，高埗人民奋起反击。1937年，党员张莫、张杰雄到李屋村组建抗日自卫团，发展团员40多人，这是高埗地区第一支抗日武装，也是东莞县水乡地区最早的一支乡村抗日武装。1938年，党员叶刚明在凌屋村组建抗日自卫队，要求农家"一头牛配一支枪"。1940年，党员陈前在高埗村组建30多人的壮丁常备队，并任队长。1943年，护安围村成立抗日20多人的联防队，黎耀任队长。1944年，低涌村成立抗日联防队，黄沛南任队长。1944年9月30日，东江纵队一支队三龙大队290余人到达水乡一带开展活动，李屋村、护安围村、凌屋村、高埗村、低涌村、保安围村成为抗日游击区。解放战争时期，护安围村、凌屋村、高埗村、一村村、二村村、三村村、四村村、五村村、六村村、七村村、八村村、九村村、十村村、十一村村又发展成为解放战争游击根据地。

1957年，李屋村、熊一村、熊二村、苏屋村、黄一村、黄二村、新洲村被评划为抗日战争时期革命老区村，护安围村、凌屋村、高埗村、一村村、二村村、三村村、四村村、五村村、六村村、七村村、八村村、九村村、十村村、十一村村被评划为解放战争时期革命老区村。

2017年，高埗镇老区村或有老区村的行政村如下：上江城村（李屋村）、低涌村（熊一村、熊二村、苏屋村、黄一村、黄二村、新洲村）、护安围村、凌屋村、高埗村、保安围村（一村村、二村村、三村村、四村村、五村村、六村村、七村村、八村村、九村村、十村村、十一村村）。

2017年高埗镇革命老区村主要指标表

行政村（社区）	土地面积（平方千米）	户籍人口（人）	企业及个体户数（个）	工业企业（个）	资产总额（万元）	负债总额（万元）	村组两级经营纯收入（万元）
护安围村	1.5	1211	125	69	6334	684	542
保安围村	2.8	2559	199	107	18324	15988	686
低涌村	2.4	3020	330	28	6074	1913	1505
高埗村	3.4	3552	1132	48	6934	2435	3841
凌屋村	1.4	1333	82	8	4724	1782	506
上江城村	2.5	2402	90	18	10353	4785	1115

注："行政村（社区）"为革命老区村或有革命老区村的行政村（社区）。

八、厚街镇

1940年，广东人民抗日游击队第三大队到厚街乡开辟抗日游击区，新村村、山咀头村、高排仔村、白泥井村、高排村、南蛇坑村、大迳村、汪潭村、古村村、屋尾村、环岗村、东埔村、坑口村、中环村、下环村、竹园村、东头村、白石坑村、新屋村、塘新村、山丽村等村为其主要活动地区。1942年，中共东莞第一线前线县委机关驻厚街乡大塘村。解放战争时期，又发展三南村、四联村、角元村、祠边村、井头村、桥头北社村、桥头南社村、塘面村、元洲村、沙塘村、寮厦村、菊塘村、西门村、南门村、凤林村、大塘村、东社村、涌口南社村、西社村、涌口北社村、水北村、红花林村等村为解放战争游击根据地。

1957年、1993年，上述有关村庄分别被评划为抗日战争时期革命老区村、解放战争时期革命老区村。

2017年，厚街镇有老区村的社区如下：新围社区（新村村、山咀头村、高排仔村、白泥井村、高排村、南蛇坑村）、大迳社区（大迳村、汪潭村、古村村、屋尾村）、环岗社区（环岗村）、汀山社区（东埔村、坑口村）、双岗社区（中环村、下环村）、寮厦社区（竹园村、寮厦村）、河田社区（东头村、白石坑村、三南村、四联村、角元村）、桥头社区（祠边村、井头村、北社村、南社村、塘面村、元洲村、新屋村）、南五社区（塘新村、山丽村、沙塘村）、厚街社区（菊塘村、西门村、南门村、凤林村、大塘村）、涌口社区（东社村、南社村、西社村、北社村、水北村、红花林村）。

2017 年厚街镇革命老区村主要指标表

行政村（社区）	土地面积（平方千米）	户籍人口（人）	企业及个体户数（个）	工业企业（个）	资产总额（万元）	负债总额（万元）	村组两级经营纯收入（万元）
厚街社区	5.7	9424	5923	1048	39204	12474	3641
寮厦社区	3.4	2738	3975	446	35613	2168	4925
河田社区	10.1	6667	4667	807	59108	10739	6286
汀山社区	4.7	2060	2061	727	38203	2128	1794
桥头社区	11.7	8487	3449	869	42676	7171	5321
南五社区	1.2	1719	1278	320	16758	3823	1107
双岗社区	4.5	7152	1916	562	23760	5318	2935
涌口社区	3.7	5692	1923	492	53810	2704	4203
大迳社区	13.2	3805	437	149	13592	3671	915
新围社区	17.6	4716	524	189	20037	3275	725
环岗社区	5.0	2228	711	177	18815	2340	1404
沙塘社区	1.4	2136	399	150	15928	1801	1972

注："行政村（社区）"为革命老区村或有革命老区村的行政村（社区）。

九、长安镇

1924 年，中共党员蔡如平、蔡日新到霄边乡开展农民运动，建立霄边乡农民协会及东莞县第一区农会。1940 年，中共东江特委派张英等到霄边乡开展抗日活动。1941 年，黄义芳到霄边乡宣传党的抗日主张，开展抗日活动。1942 年，张英在霄边乡组建第一个党小组，并于同年成立青年抗日大同盟、抗日儿童团、霄边交通站、锄奸队等抗日组织。于 1957 年被评划为抗日战争时期革命老区村。2017 年，长安镇老区村仅有霄边社区。

2017 年长安镇革命老区村主要指标表

行政村 （社区）	土地面积 （平方千米）	户籍 人口 （人）	企业及 个体户数 （个）	工业企 业（个）	资产总额 （万元）	负债总额 （万元）	村组两级经营 纯收入（万元）
霄边社区	8.1	3658	3180	74	156255	11088	9951

注："行政村（社区）"为革命老区村或有革命老区村的行政村（社区）。

十、寮步镇

1937 年，寮步乡上屯村人钟水参加革命。1943 年，东宝路西新三区政府机关入驻上屯村达君祖祠。1944 年冬，东江纵队第三大队政工队常驻泉塘村，组建东莞县新三区寮新乡政府，并建立乡农会、民兵组织。1945 年夏，东宝路西区行政督导处在泉塘小学举办干部培训班。相继在上岭贝村、高围村、石巷村、田唇村、榕树厦村、水围村、黄家朗村、泉塘村、新围村、大蚬地村建立游击区，并发动民兵参与石狗岭、岗贝、富竹山、寒溪水、寮步墟等战斗。

1957 年，上岭贝村、高围村、石巷村、田唇村、榕树厦村、水围村、黄家朗村被评划为抗日战争时期革命老区村；1987 年，泉塘村、新围村、大蚬地村被评划为抗日战争时期革命老区村。

2017 年，寮步镇有老区村的行政村（社区）如下：上屯村（上岭贝村、高围村、石巷村、田唇村、榕树厦村、水围村、黄家朗村）、泉塘社区（泉塘村、新围村、大蚬地村）。

2017 年寮步镇革命老区村主要指标表

行政村 （社区）	土地面积 （平方千米）	户籍 人口 （人）	企业及 个体户数 （个）	工业企 业（个）	资产总额 （万元）	负债总额 （万元）	村组两级经营 纯收入（万元）
泉塘社区	2.3	1657	58	27	10345	4410	1473
上屯村	4.5	3566	415	45	21859	3137	2892

注："行政村（社区）"为革命老区村或有革命老区村的行政村（社区）。

十一、大岭山镇

抗日战争时期，大岭山广大地区成为抗日根据地，大王岭村、上油古岭村、下油古岭村、瓮窑村、连平墟村、大石板村、髻岭村、畔山村、上高田村、新屋场村、月山村、百花洞村、大环村、大沙村、大塘村、鸡翅岭村、旧飞鹅村、梅林村、水朗村、太公岭村、颜屋村、杨屋村、龙江村、龙山村、上场村、农场村成为抗日根据地中心区，其中，在大王岭村设立大队部、会议室、大家团结报社、交通站、粮食加工场、操场等，在上油古岭村设立中山书院，在瓮窑村设立医务所。

1957 年，上述有关村庄被评划为抗日战争时期革命老区村。2006 年 5 月，大王岭村经国务院核定公布为第六批全国重点文物保护单位，并建立广东东江纵队纪念馆。

2017 年，大岭山镇老区村或有老区村的行政村（社区）如下：大岭村（大王岭村、上油古岭村、下油古岭村、瓮窑村）、连平村（连平墟村、大石板村、髻岭村、畔山村、上高田村、新屋场村）、矮岭冚村（月山村）、百花洞村、大环村、大沙村、大塘村、鸡翅岭村、旧飞鹅村、梅林村、水朗村、太公岭村、颜屋村、杨屋村、大岭山社区（龙江村、龙山村）、农场社区（上场村、农场村）。

2017 年大岭山镇革命老区村主要指标表

行政村（社区）	土地面积（平方千米）	户籍人口（人）	企业及个体户数（个）	工业企业（个）	资产总额（万元）	负债总额（万元）	村组两级经营纯收入（万元）
大岭山社区	10.0	7880	1930	53	1117	470	420
农场社区	1.0	826	445	15	13109	801	3365
鸡翅岭村	4.5	1439	205	22	10415	2190	884
大沙村	3.0	2076	288	265	11406	1794	2707
旧飞鹅村	3.1	510	21	14	5674	210	599
连平村	8.0	3459	335	108	9590	1119	4551

（续上表）

行政村（社区）	土地面积（平方千米）	户籍人口（人）	企业及个体户数（个）	工业企业（个）	资产总额（万元）	负债总额（万元）	村组两级经营纯收入（万元）
梅林村	1.5	603	142	69	3686	363	1339
大环村	2.0	671	85	47	8983	1262	535
太公岭村	2.2	1872	256	70	5178	378	1535
百花洞村	4.8	1425	280	63	12762	3568	1013
矮岭冚村	5.5	4116	1190	196	16353	5884	5003
大岭村	7.0	2606	145	90	7467	987	1193
水朗村	4.5	1612	75	45	45555	4531	2212
大塘村	8.5	3630	490	260	15378	2186	1682
杨屋村	12.0	5440	920	416	14516	1283	4708
颜屋村	3.0	849	468	121	6725	1122	742

注："行政村（社区）"为革命老区村或有革命老区村的行政村（社区）。

十二、大朗镇

1940年，东江纵队第三大队到大朗地区一带活动，先后建立柑桔场村、山草岭村、松仔岭村、蔡边村、鸡头村、佛子凹村、黎新村、上彭村、下彭村、沙步村、沙塘围村、土地坑村、石厦村、仙村村、水平村、松柏朗村、松木山村、犀牛陂村、大冚村、梁头村、新塘围村、马坑村、杨涌村、郑公涌村、洋坑塘村、洋岭坡村、乌石岭村、求富路村、巷头村、巷尾村、大井头村、佛新村、屏山村、圣堂村、长塘村、竹山村、黄草朗村、校椅围村等游击区。

1957年，上述有关村庄被评划为抗日战争时期革命老区村。

2017年，大朗镇老区村或有老区村的行政村（社区）如下：宝陂村（柑桔场村、山草岭村、松仔岭村）、蔡边行政村（蔡边村、鸡头村）、佛子凹村、黎贝岭村（黎新村、上彭村、下彭村）、沙步行政村（沙步村、沙塘围村、土地坑村）、石厦村（石厦村、仙村村）、水平村、松柏朗村、松木山村、犀牛陂行政村（犀牛陂村、大冚村）、新马莲村（梁头村、新塘围村、马坑村）、杨涌行政村（杨涌村、郑公涌村）、洋坑塘村、洋乌村（洋岭坡村、乌石岭村）、求富路社区、巷头社区、巷尾社区、大井头社区、佛新社区、屏山社区、圣堂社区、长塘社区、竹山社区、黄草朗社区（黄草朗村、校椅围村）。

2017 年大朗镇革命老区村主要指标表

行政村（社区）	土地面积（平方千米）	户籍人口（人）	企业及个体户数（个）	工业企业（个）	资产总额（万元）	负债总额（万元）	村组两级经营纯收入（万元）
竹山社区	1.3	1741	514	111	14903	1101	668
巷头社区	3.5	4895	7275	450	162083	15411	10153
巷尾社区	1.6	2112	1898	231	56840	17791	4877
求富路社区	1.4	1603	1108	122	46524	1921	2348
长塘社区	2.7	5349	2869	220	118636	9233	6535
大井头社区	4.1	6280	3644	344	105180	30146	7913
圣堂社区	0.9	1797	2210	49	31430	2473	2284
黄草朗社区	1.5	2667	1420	316	19705	7572	841
佛新社区	0.6	974	416	81	16708	1484	779
屏山社区	2.3	578	152	46	6656	937	280
蔡边行政村	6.1	4576	2582	409	47092	6875	1650
洋乌村	2.1	1816	915	270	17378	1723	1677
洋坑塘村	1.1	1208	899	207	13655	4160	962
松柏朗村	2.5	4792	1292	131	39102	1658	1061
黎贝岭村	1.9	2458	1563	197	21468	2411	1623
佛子凹村	1.1	2680	656	71	12795	2399	1210
松木山村	2.7	2879	1349	349	24818	4713	2293
犀牛陂行政村	8.0	3734	2165	572	19339	1799	2983
水平村	7.9	2089	1009	191	24497	3464	1692
宝陂村	0.5	782	93	18	15430	6104	687
石厦村	8.0	3251	1402	284	20629	1985	1300
杨涌行政村	1.5	1484	780	138	10415	2187	462
沙步行政村	3.1	2446	1526	325	1411	1202	988
新马莲村	6.6	1710	1176	243	4718	2271	1189

注："行政村（社区）"为革命老区村或有革命老区村的行政村（社区）。

十三、黄江镇

1941 年，抗日游击队到黄獠坑村一带活动。1943 年起，游击活动扩展到田美村、社贝村、板湖村、玉堂围村、胜前岗村、鸡啼岗村、合路村、袁屋围村、北岸村、北岸岗村、黄江墟村、黄牛埔村、下围村、巫屋围村、官山围村、田心村、龙见田村、旧村村、聚龙围村、大甶村、梅塘墟村、长安墟村、黄书角村、下围村、老围村、竹山下村、上流洞村、下流洞村等村。

1957 年，上述有关村庄被评划为抗日战争时期革命老区村。

2017 年，黄江镇有老区村的社区如下：田美社区（田美村、社贝村、板湖村、玉堂围村、胜前岗村）、宝山社区（鸡啼岗村、合路村、袁屋围村）、北岸社区（北岸村、北岸岗村）、三新社区（黄獠坑村、黄江墟村、黄牛埔村、下围村、巫屋围村、官山围村）、梅塘社区（田心村、龙见田村、旧村村、聚龙围村、大甶村、梅塘墟村）、长龙社区（长安墟村、黄书角村、下围村、老围村、竹山下村、上流洞村、下流洞村）。

2017 年黄江镇革命老区村主要指标表

行政村（社区）	土地面积（平方千米）	户籍人口（人）	企业及个体户数（个）	工业企业（个）	资产总额（万元）	负债总额（万元）	村组两级经营纯收入（万元）
三新社区	16.2	3244	583	82	22438	2368	1921
田美社区	15.9	5058	1788	427	36265	3326	5916
北岸社区	5.9	1777	859	188	13914	1290	2310
长龙社区	18.0	2749	290	73	12432	2844	1587
梅塘社区	25.6	5604	1353	409	52159	8641	4738
宝山社区	4.1	3148	652	133	54540	3731	4021

注："行政村（社区）"为革命老区村或有革命老区村的行政村（社区）。

十四、樟木头镇

1938 年，东宝惠边人民抗日游击大队挺进樟木头地区活动，铲除伪政权，惩办汉奸，袭扰日军据点；1944 年，东江纵队第三大队铁东大队挺进樟木头等地，开辟路东抗日根据地。相继建立古坑村、竹排村、上南村、泥坑村、沙元村、大和村、坭坡村抗日游击区。解放战争时期，又扩展吴屋村、陈屋村、赖屋村、官仓村为解放战争游击根据地。

1957 年，古坑村、竹排村、上南村、泥坑村、沙元村、大和村、坭坡村被评划为抗日战争时期革命老区村；1993 年，吴屋村、陈屋村、赖屋村、官仓村则被评划为解放战争时期革命老区村。

2017 年，樟木头镇老区村或有老区村的社区如下：金河社区（古坑村、竹排村、上南村、泥坑村、沙元村）、石新社区（大和村）、裕丰社区（坭坡村）、樟洋社区（吴屋村、陈屋村、赖屋村）、官仓社区。

2017 年樟木头镇革命老区村主要指标表

行政村 （社区）	土地面积 （平方千米）	户籍 人口 （人）	企业及 个体户数 （个）	工业企 业（个）	资产总额 （万元）	负债总额 （万元）	村组两级经营 纯收入（万元）
樟洋社区	13.5	2675	1963	58	23045	6054	1701
石新社区	7.3	2578	1921	453	43705	18777	4355
裕丰社区	10.0	2234	628	83	10417	3692	798
金河社区	14.0	1869	807	192	11622	3409	788
官仓社区	3.2	1233	285	35	6912	1960	544

注："行政村（社区）"为革命老区村或有革命老区村的行政村（社区）。

十五、清溪镇

1925 年，清溪乡谢坑村成立农民协会。1938 年，中共党员黄万顺回土桥村以教师身份为掩护，开展革命活动，1940 年成立土桥村党支部。1938年12月下旬，中共东宝联合县委机关从大岭山地区百花洞村转移到清溪地区蒲草洞村；1939年元旦，东莞抗日模范壮丁队、东宝惠边抗日游击队第一大队和各区地方党组织动员抗日武装200余人，集中到蒲草洞村整训；1939年夏，东宝联合县委在蒲草洞村开办党员训练班。掀起清溪地区抗日活动。1943年，东纵宝安大队挺进路东的清溪地区活动，蒲草洞村、杨梅岗村、铁场村、土桥村、光头埔村、谢坑村、禾场岗村、老围村、刘屋村相继成立抗日群众团体，配合东纵宝安大队创建路东抗日根据地。铁场村、土桥村为路东抗日根据地中心区，1943年中共地下组织在铁场村成立东纵情报总站、1944年中共东莞县委在铁场村开办建政训练班。解放战争时期，又扩展上围村、下围村为解放区。

1957年，柏朗村、西村村、松柏墩村、蒲草洞村、杨梅岗村、铁场村、苗峰村、利和村、吕屋村、光头埔村、土桥村、谢坑村、禾场岗村、老围村、刘屋村被评划为抗日战争时期革命老区村；1993年，上围村、下围村（后并为三中村）被评划为解放战争时期革命老区村。

2017年，清溪镇老区村或有老区村的行政村如下：浮岗村（柏朗村）、松岗村（西村村、松柏墩村）、重河村（蒲草洞村、杨梅岗村）、铁场村、大利村（苗峰村、利和村）、三星村（吕屋村）、厦坭村（光头埔村）、土桥村、谢坑村、青皇村（禾场岗村、老围村、刘屋村）、三中村（上围村、下围村）。

2017年清溪镇革命老区村主要指标表

行政村（社区）	土地面积（平方千米）	户籍人口（人）	企业及个体户数（个）	工业企业(个)	资产总额（万元）	负债总额（万元）	村组两级经营纯收入（万元）
浮岗村	3.0	2015	250	48	13133	3778	2376
松岗村	3.9	1303	324	65	2283	888	1162

（续上表）

行政村（社区）	土地面积（平方千米）	户籍人口（人）	企业及个体户数（个）	工业企业(个)	资产总额（万元）	负债总额（万元）	村组两级经营纯收入(万元)
重河村	8.4	2867	863	261	11462	944	5137
铁场村	7.4	854	36	6	8064	4329	805
大利村	9.6	2768	478	60	16380	3945	4461
三星村	2.5	1123	120	30	2396	938	1230
厦坭村	1.7	940	380	60	8140	6801	810
土桥村	1.2	638	250	40	8956	4497	1956
谢坑村	3.2	815	95	52	8045	1611	1211
三中村	9.0	1875	672	136	17004	6928	3354
青皇村	6.5	1200	435	172	3202	516	1695

注："行政村（社区）"为革命老区村或有革命老区村的行政村（社区）。

十六、塘厦镇

抗日战争时期，大坪村、电光村、田心村、鹿乙布一村、鹿乙布二村为路东抗日根据地。1937年，塘厦乡蛟乙塘村人赵督生参加中国共产党后，受组织委派，在蛟乙塘村成立抗日救国会，配合开展武装斗争。1938年，党员黄万顺在莆心湖村"学古堂"教书，宣传抗日救国，发展组织，动员罗荏家、罗振辉等十多名青年参加抗日游击队。1939年4月，中共东莞宝安联合县委机关迁到塘厦乡，并在大坪村等村建立民兵基干队；5月，塘厦乡第一个党支部成立。1941年电光村也成立党支部。随后，大坪村、电光村、龙背岭村、牛眠埔旧围村、牛眠埔新围村相继成立农会、民兵基干队、妇女组织等。1940年，在田心村村民叶洪胜、叶伦英家中设立交通站和通信联络掩护点。1944年，塘厦乡政府成立，驻地设在大坪村晚素家祠。抗日战争时期，中共地下组织发动大坪村、电光村、龙背岭村、牛眠埔旧围村、牛眠埔新围村等地群众破坏塘厦至樟木头段的铁路，大坪村还出动200多名村民锄毁梅塘公路，阻滞日军向宝安、香港推进。

解放战争时期，塘厦乡又扩展龙背岭村、牛眠埔旧围村、牛眠埔新围村、东门厦村、西门厦村、地堂岭村、大岭公村、新围仔村、道生村、孖寮村、鹤湖围村、莆心湖村、溪头村、鹅颈村、溪背岭村为解放战争游击根据地。

1957年，大坪村、电光村、田心村、鹿乙布一村、鹿乙布二村被评划为抗日战争时期革命老区村；1993年，龙背岭村、牛眠埔旧围村、牛眠埔新围村、东门厦村、西门厦村、地堂岭村、大岭公村、新围仔村、道生村、孖寮村、鹤湖围村、莆心湖村、溪头村、鹅颈村、溪背岭村则被评划为解放战争时期革命老区村。

2017年，塘厦镇老区村或有老区村的社区如下：大坪社区、林村社区(电光村)、田心社区(田心村、鹿乙布一村、鹿乙布二村)、龙背岭社区（龙背岭村、牛眠埔旧围村、牛眠埔新围村）、蛟乙塘社区（东门厦村、西门厦村、地堂岭村、大岭公村、新围仔村、道生村、孖寮村、鹤湖围村）、莆心湖社区（莆心湖村、溪头村、鹅颈村、溪背岭村）。

2017年塘厦镇革命老区村主要指标表

行政村（社区）	土地面积（平方千米）	户籍人口（人）	企业及个体户数（个）	工业企业(个)	资产总额（万元）	负债总额（万元）	村组两级经营纯收入（万元）
林村社区	21.0	6247	2150	270	117971	12359	17640
莆心湖社区	6.1	2325	208	78	41170	2045	4153
蛟乙塘社区	4.9	1572	321	140	31440	3698	2769
大坪社区	13.0	1552	98	98	82230	30772	2277
田心社区	4.5	984	106	94	18668	1880	2494
龙背岭社区	8.2	1097	255	168	15368	2549	1185

注："行政村（社区）"为革命老区村或有革命老区村的行政村（社区）。

十七、凤岗镇

抗日战争时期，凤岗乡油甘埔村、榕树厦村、洪屋围村、田心围村、南门山村、排沙围村、竹尾田村、官井头村、嶂厦村、塘沥村、新村村为路东抗日游击区。1937 年，中共党员刘志远、张里夫在塘沥村的端风学校建立凤岗地区第一个党小组，成立农民协会和农民赤卫队，发动群众开展抗日救亡活动。之后，塘沥村先后有 20 多人参加抗日游击队。1938 年，竹尾田村成立抗日自卫队。1938 年 8 月，党员房鹤算到排沙围村发展组织，吸引房左民、房业勉、赖锦章等入党，于 9 月建立党小组，次年在排沙围村组织青抗会、农抗会、妇抗会。1943 年春，榕树厦村党小组及榕树厦村游击小组成立。抗日战争期间，官井头村先后成立青年读书会、农抗会、妇抗会，到 1944 年，官井头村参加各种抗日团体的有 100 多人。

游击区人民积极配合作战。1938 年，竹尾田村抗日自卫队配合东江纵队在企岭下、清溪土桥开展对日军战斗。1939 年 11 月，配合国民政府军第十二集团军独立九旅一部在排沙围村蕉坑、青岭顶（地名）阻击日军。1940 年，洪屋围村游击小组配合东江纵队何通中队参与粉碎日军五路围攻。1943 年，洪屋围村游击小组配合东纵在庵下岭阻击日军。1944 年 7 月 20 日晚，田心围村游击小组配合何通中队夜袭驻平湖伪军。1944 年 7 月 21 日晚，100 多名日军偷袭驻油甘埔村的何通中队，小鬼班班长黄友率战士利用稻田田埂进行抗击，掩护主力部队转移，不幸牺牲 8 人，而嶂厦村自卫队 20 多名队员则配合何通中队到高坳顶阻击日军。凤岗社区新村村民巫亚娘，多次冒着生命危险为党组织和游击队秘密工作，被誉为"东江纵队堡垒户""游击队的妈妈"。

1957 年，油甘埔村、黄洞村（榕树厦村、洪屋围村、田心围村、南门山村）、三联村（排沙围村）、竹尾田村被评划为抗日战争时期革命老区村；1989年，官井头村（官井头自然村、嶂厦自然村）、塘沥村、凤岗社区（新村村）被评划为抗日战争时期革命老区村。

2017年，凤岗镇老区村或有老区村的行政村（社区）如下：油甘埔村、黄洞村（榕树厦村、洪屋围村、田心围村、南门山村）、三联村（排沙围村）、竹尾田村、官井头行政村（官井头村、嶂厦村）、塘沥村、凤岗社区（新村村）。

2017年凤岗镇革命老区村主要指标表

行政村（社区）	土地面积（平方千米）	户籍人口（人）	企业及个体户数（个）	工业企业（个）	资产总额（万元）	负债总额（万元）	村组两级经营纯收入（万元）
凤岗社区	1.1	11274	766	11			1185
官井头行政村	10.4	2130	1562	207	213537	6407	9707
油甘埔村	6.9	2160	473	456	46730	8281	9452
塘沥村	6.7	2019	321	90	17074	4225	5428
黄洞村	11.7	2310	308	202	16262	2961	3225
竹尾田村	1.5	760	209	60	9918	573	1158
三联村	3.4	1561	1480	42	5998	439	3769

注："行政村（社区）"为革命老区村或有革命老区村的行政村（社区）。

十八、谢岗镇

1943年，东江纵队铁东大队进入谢岗地区一带活动，南面村、大龙村、曹乐村、窑山村的许多村庄，配合开展武装斗争，成为抗日游击区。1957年，南面村马公坑村、上石鼓村、下石鼓村，大龙村新围仔村，曹乐村芙蓉村、黄曹村、新围村，被评划为抗日战争时期革命老区村；1989年，南面村新屋下村、横屋背村、兵营口村、大陂头村、黄獠坑村、吓围仔村、谢禾山村、上新村，大龙村毛岭村、五和井村、榕树岭村，曹乐村格塘村、横岭村、吓角村，窑山村窑上村、窑下村、公路新村村，被评划为抗日战争时期革命老区村。

2017 年，谢岗镇有老区村的行政村如下：南面村（马公坑村、上石鼓村、下石鼓村、新屋下村、横屋背村、兵营口村、大陂头村、黄猄坑村、吓围仔村、谢禾山村、上新村）、大龙村（新围仔村、毛岭村、五和井村、榕树岭村）、曹乐村（芙蓉村、黄曹村、新围村、格塘村、横岭村、吓角村）村、窑山村（窑上村、窑下村、公路新村村）。

2017 年谢岗镇革命老区村主要指标表

行政村（社区）	土地面积（平方千米）	户籍人口（人）	企业及个体户数（个）	工业企业(个)	资产总额（万元）	负债总额（万元）	村组两级经营纯收入（万元）
南面村	31.6	1668	58	20	7507	1885	469
窑山村	1.0	547	112	37	3743	556	342
大龙村	5.9	1117	73	52	3833	1207	819
曹乐村	7.1	2458	486	136	8538	1842	1842

注："行政村（社区）"为革命老区村或有革命老区村的行政村（社区）。

十九、常平镇

抗日战争时期，常平乡黄泥塘村、朗洲村（朗基围村、霞春园村）、司马村（鹅潭村、洲寮村）、沙湖口村、白花沥村为抗日游击区，是东江纵队的活动区域之一；解放战争时期，又扩展田尾村成为解放战争游击根据地。黄泥塘村、朗洲村（朗基围村、霞春园村）、司马村（鹅潭村、洲寮村）、沙湖口村、白花沥村于 1989 年被评划为抗日战争时期革命老区村；1993 年，田尾村被评划为解放战争时期革命老区村。

2017 年，常平镇老区村或有老区村的行政村如下：黄泥塘村、朗洲村（朗基围村、霞春园村）、司马村（鹅潭村、洲寮村）、沙湖口村、白花沥村、田尾村。

2017 年常平镇革命老区村主要指标表

行政村（社区）	土地面积（平方千米）	户籍人口（人）	企业及个体户数（个）	工业企业（个）	资产总额（万元）	负债总额（万元）	村组两级经营纯收入（万元）
朗洲村	4.1	654	108	25	5659	898	465
司马村	8.1	2942	619	84	22186	4313	2542
黄泥塘村	1.0	928	98	50	4011	1720	138
田尾村	2.1	1592	120	48	5048	2528	359.8
白花沥村	1.1	723	26	23	3364	821	127
沙湖口村	1.3	1042	91	18	3765	2090	318

注："行政村（社区）"为革命老区村或有革命老区村的行政村（社区）。

二十、桥头镇

1938 年，东宝惠边人民抗日游击大队挺进桥头地区一带活动，铲除伪政权，惩办汉奸，袭扰日军据点；1944 年，东江纵队第三大队铁东大队挺进桥头等地，开辟路东抗日根据地。石水口村、岭下村、崩江围村、禾坑村、新围仔村、叶屋村、冯屋村、迳贝新围村、大洲村、岭头村、田新村成为抗日游击区，于 1957 年被评划为抗日战争时期革命老区村。

2017 年，桥头镇老区村或有老区村的行政村（社区）如下：石水口行政村（石水口村、岭下村、崩江围村）、禾坑村、桥头社区（新围仔村）、迳联社区（叶屋村、冯屋村、迳贝新围村）、大洲社区、岭头社区、田新社区。

2017 年桥头镇革命老区村主要指标表

行政村（社区）	土地面积（平方千米）	户籍人口（人）	企业及个体户数（个）	工业企业（个）	资产总额（万元）	负债总额（万元）	村组两级经营纯收入（万元）
桥头社区	1.0	1511	297	31	28817	1701	3575
迳联社区	1.5	1939	120	58	22059	1362	1955
田新社区	2.2	2349	275	181	18559	2006	1948

（续上表）

行政村（社区）	土地面积（平方千米）	户籍人口（人）	企业及个体户数（个）	工业企业（个）	资产总额（万元）	负债总额（万元）	村组两级经营纯收入（万元）
岭头社区	1.3	1240	435	68	15223	354	1329
大洲社区	4.6	3434	195	65	15898	1607	1718
石水口行政村	7.8	4810	436	165	33998	4215	3688
禾坑村	1.5	1044	88	37	7610	522	952

注："行政村（社区）"为革命老区村或有革命老区村的行政村（社区）。

二十一、横沥镇

抗日战争时期，横沥乡水边村为路东抗日根据地。1938年11月23日，驻水边村的东纵游击队遭日军袭击，被害游击队员和水边村民各5人。解放战争时期，扩展田饶步村为路东解放战争游击根据地。田饶步村设有医疗所，村民多次配合游击队抢救、转移伤员。1957年，两村被评划为革命老区村。2017年，横沥镇老区村有水边村、田饶步村。

2017年横沥镇革命老区村主要指标表

行政村（社区）	土地面积（平方千米）	户籍人口（人）	企业及个体户数（个）	工业企业（个）	资产总额（万元）	负债总额（万元）	村组两级经营纯收入（万元）
田饶步村	2.8	1940	546	85	14980	6707	150
水边村	4.0	3069	527	51	8723	2809	581

注："行政村（社区）"为革命老区村或有革命老区村的行政村（社区）。

二十二、东坑镇

抗日战争时期，东坑地区长安塘村、初坑行政村（初坑村、龙坑村、小塘村、杨梅岭村、正坑村）、丁屋村、东坑村（东涌村、塘唇村）、凤大村（大田唇村）、黄麻岭村、角社村、井美村、寮边头行政村（寮边头村、东门村、岭贝坑村）、新门楼村为抗日游击区，于1957年被评划为抗日战争时期革命老区村。

2017年，东坑镇老区村或有老区村的行政村如下：长安塘村、初坑行政村（初坑村、龙坑村、小塘村、杨梅岭村、正坑村）、丁屋村、东坑村（东涌村、塘唇村）、凤大村（大田唇村）、黄麻岭村、角社村、井美村、寮边头行政村（寮边头村、东门村、岭贝坑村）、新门楼村。

2017年东坑镇革命老区村主要指标表

行政村（社区）	土地面积（平方千米）	户籍人口（人）	企业及个体户数（个）	工业企业（个）	资产总额（万元）	负债总额（万元）	村组两级经营纯收入（万元）
东坑村	2.0	3236	2038	397	30244	5947	3318
黄麻岭村	0.8	1144	427	83	8708	2759	310
长安塘村	1.3	1934	591	115	15021	4539	1337
寮边头行政村	0.8	1693	537	104	10751	784	983
新门楼村	2.1	1782	677	132	13846	4573	749
井美村	1.9	2617	1228	239	20646	2395	1985
初坑行政村	2.8	2683	1386	271	3513	700	3034
凤大村	0.3	774	225	43	6858	1862	485
丁屋村	1.1	1143	272	53	5477	1604	707
角社村	2.4	3582	789	182	27820	2043	1512

注："行政村（社区）"为革命老区村或有革命老区村的行政村（社区）。

二十三、企石镇

1944年，东江纵队铁东大队挺进到企石地区活动，霞朗村、南坑村（李屋村、王屋村、梁屋村）、清湖村（一村村、二村村、三村村、四村村）成为抗日游击区，于1957年被评划为抗日战争时期革命老区村。2017年，企石镇老区村或有老区村的行政村如下：霞朗村、南坑村（李屋村、王屋村、梁屋村）、清湖村（一村村、二村村、三村村、四村村）。

2017 年企石镇革命老区村主要指标表

行政村（社区）	土地面积（平方千米）	户籍人口（人）	企业及个体户数（个）	工业企业（个）	资产总额（万元）	负债总额（万元）	村组两级经营纯收入（万元）
清湖村	4.4	2151	108	48	7856	2486	373
霞朗村	1.0	980	330	59	12699	883	1713
南坑村	1.4	1304	75	43	10514	2902	306

注："行政村（社区）"为革命老区村或有革命老区村的行政村（社区）。

二十四、石排镇

解放战争时期,今石排镇下沙行政村下沙村、上沙村、刘屋村、杨屋村为解放战争游击根据地。1993 年，被评划为解放战争时期革命老区村。2017 年，石排镇有老区村的行政村如下：下沙行政村（下沙村、上沙村、刘屋村、杨屋村）。

2017 年石排镇革命老区村主要指标表

行政村（社区）	土地面积（平方千米）	户籍人口（人）	企业及个体户数（个）	工业企业（个）	资产总额（万元）	负债总额（万元）	村组两级经营纯收入（万元）
下沙行政村	2.2	2672	508	145	5762	1610	2607

注："行政村（社区）"为革命老区村或有革命老区村的行政村（社区）。

附　录

附录一 主要革命遗址

一、东莞抗日模范壮丁队成立旧址

该旧址位于莞城街道东莞人民公园内中山纪念堂旁边操场，海拔7米。1938年10月15日晚，东莞抗日模范壮丁队在东莞中山公园（后称东莞人民公园）操场宣布成立，有队员100多人，

东莞抗日模范壮丁队成立旧址

编3个小队和1个留城分队，由中共东莞中心县委宣传部部长兼武装部部长王作尧任队长，中共东莞中心县委组织部部长袁鉴文任政治指导员。东莞抗日模范壮丁队是日军入侵广东省后，中国共产党在华南地区最早建立并直接领导的一支人民抗日武装。该旧址先后被命名为广东省党史教育基地、东莞市爱国主义教育基地、东莞市党史教育基地。

二、广东人民抗日游击队第三大队大队部遗址

该遗址位于革命老区大岭山镇大王岭村，海拔46米。遗址是1座泥砖民房，坐西北向东南，面阔11米，进深7米，硬山

搁檩结构，建筑
面积 77 平方米。
1940 年 10 月，广
东人民抗日游击
队第三大队挺进
东莞县大岭山区
开辟大岭山抗日根

广东人民抗日游击队第三大队大队部遗址

据地，在此设立大队部，广东人民抗日游击队领导机关也设在此。
大队部遗址作为大岭山抗日根据地遗址的一部分，2006 年 5 月被
国务院核定公布为第六批全国重点文物保护单位，2008 年 4 月
被东莞市精神文明建设委员会命名为东莞市爱国主义教育基地。
2015 年 8 月 13 日，被国务院公布列入第二批 100 处国家级抗战
纪念设施、遗址名录。

三、广东人民抗日游击队第三大队操场遗址

该遗址位于革
命老区大岭山镇大
王岭村，海拔 50
米。遗址为一块不
规则泥地，长 46.5
米，宽 11—21 米，
面积约 1000 平方

广东人民抗日游击队第三大队操场遗址

米。1940 年 10 月，广东人民抗日游击队第三大队挺进东莞县大
岭山区开辟大岭山抗日根据地。为提高指战员的军事素质，增强
部队作战能力，第三大队将此地辟为操场，开展军事训练。1941
年 5 月，为适应部队迅速发展壮大和游击战争的需要，广东人民
抗日游击队在大王岭村举办军事训练班，第三、第五大队选送班、

排干部参加。训练班曾以此操场开展军事训练。操场遗址作为大岭山抗日根据地遗址的一部分，2006 年 5 月被国务院核定公布为第六批全国重点文物保护单位，2008 年 4 月被东莞市精神文明建设委员会命名为东莞市爱国主义教育基地。2015 年 8 月 13 日，被国务院公布列入第二批 100 处国家级抗战纪念设施、遗址名录。

四、广东人民抗日游击队第三大队会议室遗址

该遗址位于革命老区大岭山镇大王岭村，海拔 45 米。始建于清代，原是刘氏宗祠，三开间两进四合院式布局，面阔 11 米，进深 16.5 米，建筑面积 184 平方米。

广东人民抗日游击队第三大队会议室遗址

砖石湖筑，硬山搁檩结构。1940 年 10 月到 1941 年 10 月，广东人民抗日游击队第三大队机关设在大岭山大王岭村期间，广东人民抗日游击队领导人尹林平、梁鸿钧与第三大队负责人曾生、邬强和卢伟良等，经常在刘氏宗祠开会，研究部队和抗日根据地的建设，讨论敌后游击战争的战略战术等问题。1941 年 5 月，广东人民抗日游击队军事训练班在此开班，学员住在会议室内。1941 年下半年，国民党顽军向大岭山抗日根据地发起大规模进攻，会议室撤销。会议室遗址作为大岭山抗日根据地遗址的一部分，2006 年 5 月被国务院核定公布为第六批全国重点文物保护单位，2008 年 4 月被东莞市精神文明建设委员会命名为东莞市爱国主义教育基地。2015 年 8 月 13 日，被国务院公布列入第二批 100 处国家级抗战纪念设施、遗址名录。

五、广东人民抗日游击队第三大队粮食加工场遗址

该遗址位于革命老
区大岭山镇大王岭村，
海拔 38 米。遗址为一座
泥砖民房，坐西北向东
南，宽 7 米，长 12 米，
硬山搁檩结构。建筑面
积近 50 平方米。1940 年

广东人民抗日游击队第三大队粮食加工场室内陈列

10 月初，广东人民抗日游击队第三大队为保证部队粮食供应，在
此开设粮食加工场，把稻谷、杂粮运到这里，请村民用竹砻磨、
脚踏碓等工具进行简单加工，然后送回部队各伙食单位进行分配。
后因国民党顽军对大岭山抗日根据地发起大规模进攻，粮食加工
场撤销。粮食加工场遗址作为大岭山抗日根据地遗址的一部分，
2006 年 5 月被国务院核定公布为第六批全国重点文物保护单位，
2008 年 4 月被东莞市精神文明建设委员会命名为东莞市爱国主义
教育基地。2015 年 8 月 13 日，被国务院公布列入第二批 100 处
国家级抗战纪念设施、遗址名录。

六、广东人民抗日游击队第三大队《大家团结》报社遗址

该遗址位于革命老区大岭山镇大王岭村，海拔 41 米。遗址
为一座泥砖民房，面阔 11 米，进深 9.3 米，建筑面积 102 平方米，
硬山搁檩结构。《大家团结》报于 1941 年 1 月由广东人民抗日
游击队第三大队创办，杜襟南任社长，这是抗战时期中国共产党
在广东敌后游击区创办的第一份报纸。1941 年 9 月该报与第五大
队在宝安县阳台山抗日根据地创办的《新百姓》报合并，是东江
纵队机关报《前进报》的前身。《大家团结》报社遗址作为大岭

广东人民抗日游击队第三大队《大家团结》报社室内陈列

山抗日根据地遗址的一部分，2006 年 5 月被国务院核定公布为第六批全国重点文物保护单位，2008 年 4 月被东莞市精神文明建设委员会命名为东莞市爱国主义教育基地。2015 年 8 月 13 日，被国务院公布列入第二批 100 处国家级抗战纪念设施、遗址名录。

七、广东人民抗日游击队第三大队医务所遗址

该遗址位于革命老区大岭山镇大王岭村瓮窑村，海拔 40 米。遗址是一座泥砖民房，单间建筑，平面呈长方形，长 7.1 米，宽 7.6 米。1940 年 10 月，广东人民抗日游击队第三大队挺进东莞县大岭山区创建抗日根据地。第三大

广东人民抗日游击队第三大队医务所遗址

队以大王岭村作为部队机关所在地，并于 1941 年 4 月在瓮窑村设立医务所，救护伤病员。1941 年 10 月，国民党顽军进攻大岭山区，第三大队主力撤出大岭山区，医务所也随之转移。该遗址作为大岭山抗日根据地遗址的一部分，2006 年 5 月被国务院核定公布为第六批全国重点文物保护单位，2008 年 4 月被东莞市精神文明建设委员会命名为东莞市爱国主义教育基地。2015 年 8 月 13 日，被国务院公布列入第二批 100 处国家级抗战纪念设施、遗

址名录。

八、大岭山抗日民主政权连平联乡办事处遗址

该遗址位于革命老区大岭山镇连平村髻岭自然村，海拔 33 米。原为景河李宗祠，始建于清代，坐东北向西南，三开间两进四合院式布局，面阔 11.3 米，进深 17 米，建筑面积 192 平方米。1941 年 5 月，连平联乡办事处

大岭山抗日民主政权连平联乡办事处遗址

成立，机关设在李氏宗祠，刘荫为主任。10 月上旬，国民党顽军进攻大岭山根据地，第三大队转出外线作战。刘荫等 7 名工作人员及医疗站医务人员、伤病员十余人转移到绒旗墩村。该遗址于 2004 年维修，作为大岭山抗日根据地遗址的一部分，于 2006 年 5 月被国务院核定公布为第六批全国重点文物保护单位，2008 年 4 月被东莞市精神文明建设委员会连平联乡办事处遗址命名为东莞市爱国主义教育基地。2015 年 8 月 13 日，被国务院公布列入第二批 100 处国家级抗战纪念设施、遗址名录。

九、广东人民抗日游击队第三大队中山书院遗址

该遗址位于革命老区大岭山镇大岭村，海拔 37 米。始建于清末，面阔 19.2 米，进深 20.6 米，占地面积近 390 平方米。1941 年 7 月第三大队在牛牯岭村天主教堂创办中山书院，院长谭家驹。招收东莞、广州、香港、九龙等各地的知识青年数十人，效仿陕北公学的办学方式，组织学员学习政治、文化、时事政策等，结

广东人民抗日游击队第三大队中山书院遗址

业后分配到部队和地方工作。2002 年，大岭山镇政府对中山书院进行重修，并举办东江纵队图片展，展出东江纵队历史及大岭山革命斗争史图片 40 多幅。该遗址作为大岭山抗日根据地遗址的一部分，2006 年 5 月被国务院核定公布为第六批全国重点文物保护单位，2008 年 4 月被东莞市精神文明建设委员会命名为东莞市爱国主义教育基地。2015 年 8 月 13 日，被国务院公布列入第二批 100 处国家级抗战纪念设施、遗址名录。

十、广东人民抗日游击队第三大队交通站遗址

该遗址位于革命老区大岭山镇大王岭村，海拔 42 米。遗址为一座泥砖民房，面阔 8 米，进深 9.9 米，建筑面积 79.2 平方米。1941 年 10 月，国民党顽军大举进攻大岭山抗日根据地，广东人民抗日游击队第三大队主力转移到外线作战，在此以小商店作掩护设立交通站，秘密开展交通联络工作。交通站遗址作为大岭山抗日根据地遗址的一部分，2006 年 5 月被国务院核定公布为第六批全国重点文物保护单位，2008 年 4 月被东莞市精神文明建设委员会命名为东莞市爱国主义教育基地。2015 年 8 月 13 日，

广东人民抗日游击队第三大队交通站遗址室内陈列

被国务院公布列入第二批 100 处国家级抗战纪念设施、遗址名录。

十一、广东东江纵队纪念馆

广东东江纵队纪念馆位于革命老区大岭山镇大王岭村，海拔 88 米。东莞市人民政府于 2003 年 9 月筹建，2005 年 9 月 3 日建成开放，是展示广东人民抗日游击队东江纵队历史的专题纪念馆。馆区背靠大岭山脉，紧邻东江纵队革命遗迹、全国重点文物保护单位大岭山抗日根据地旧址，占地面积 5.33 万平方米，馆舍建筑面积 3989 平方米。

主体建筑具有鲜明的岭南建筑和抗战时期客家村落风格，立面气势恢宏。纪念馆内设基本陈列展厅、临时展厅、报告厅、贵宾室、文物厅、烈士芳名碑等，楼顶设观景台，可尽览大王岭抗日村落、百花洞战场遗址和大岭山镇新貌。基本陈列"东江铁流、南粤旌旗"，分为 7 个展厅 9 个部分，展出东江纵队革命文物 250 余件，历史照片 450 多幅，雕塑、油画、版画等艺术作品 20 余件；并采用大型幻影成像、模拟场景、电子沙盘、触摸屏互动设备等现代化先进陈列手段，客观、生动、全面展示广东人民抗日游击队东江纵队开展敌后抗日游击斗争，为民族解放事业作出重要贡献的光辉史实。该馆还利用露天场地开设国防教育展区，陈列展示中国人民解放军退役的各式高射炮、导弹、雷达车等重型武器装备。

该馆当前是广东省规模最大、设置水平最高的抗日战争类博物馆，是实施"南粤锦绣工程"（广东省文化建设重点工程）的重要项目之一。2006 年 5 月，该馆被共青团中央公布为第四批全国青少年教育基地；同年 11 月被中共东莞市委确定为东莞市党史教育基地。2008 年 6 月被中共广东省委组织部公布为广东省党员教育基地，2010 年 6 月被广东省精神文明建设委员会、中共广

广东东江纵队纪念馆

东省委宣传部命名为广东省爱国主义教育基地。2011年9月，被中共广东省委党史研究室确认为广东省党史教育基地。2014年4月10日，被全国旅游景区质量等级评定委员会评定为国家AAAA级旅游景区。

十二、东莞革命烈士纪念碑

东莞革命烈士纪念碑位于莞城街道东莞人民公园盂山山顶，海拔29米。为纪念新民主主义革命时期牺牲的东莞籍烈士，东莞县人民政府于东莞解放初期在莞城工人运动场舞台后（今莞城文化广场东南）建革命烈士纪念碑。1959年拆除，在莞城人民公园盂山山顶上新建革命烈士纪念碑。经历次维修，占地面积840平方米，碑高18.6米，碑身以麻石砌成方柱形，正面刻"革命烈士纪念碑"7个字。基座镌刻碑文，叙述东莞人民在中国共产党领导下进行革命斗争的艰苦历程。纪念碑前有以麻石块铺成的长方形广场，2004 年在广场麻石道两侧，增设 4 座群体石雕，分别被命名为"工农革命""抗日烽火""解放斗争""欢庆胜利"，并种植青松翠柏。该革命烈士纪念碑及所在的东莞人民公园先后被命名为广东省党史教育基地、东莞市爱国主义教育基地、东莞市党史教育基地。

东莞革命烈士纪念碑

十三、东莞抗日亭碑

东莞抗日亭碑位于莞城街道东莞人民公园盂山北侧的古城墙上，海拔 23 米。1988 年 10 月，东莞市人民政府为纪念东莞抗日模范壮丁队成立 50 周年而建。纪念亭由六根圆立柱支撑，琉璃彩瓦铺成攒尖式屋顶，面积约 18 平方米。亭中是 1993 年 12 月由东莞市人民政府立的一块石碑，简要叙述东莞抗日模范壮丁队在榴花等地抗击日军的事迹。该亭碑及所在的东莞人民公园先后被命名为广东省党史教育基地、东莞市爱国主义教育基地、东莞市党史教育基地。

东莞抗日亭碑

十四、横坑抗日义士纪念碑

横坑抗日义士纪念碑位于革命老区寮步镇横坑村西面的豆腐岭，海拔21米。为纪念抗日战争时期抗击日军而牺牲的寮步良横乡（即今横坑、竹园、上屯、霞边、新旧围、岭厦、下岭贝7个自然村）的54名村民而建。

1939年7月4日，侵占东莞日军出动300多人进犯良横乡横坑村。良横乡联防自卫队奋起抗敌，提出"人在阵地在，人亡阵地亡"的誓言。横坑抗日义士纪念碑战斗由早晨打到下午，敌我双方展开肉搏战。日军最后攻陷横坑村，大肆烧杀抢掠。该战斗，良横乡联防队牺牲54人，负伤20人，毙伤日军30多人。战斗结束后，乡民把牺牲者集中葬于横坑村后的乌榄园，取名"抗日义士坟"。当年，香港、南洋各地侨报纷纷报道此事件。1942年，东莞县政府向广东省政府提出《东莞县良横乡民抗敌伤亡请恤案》，同年10月29日广东省政府第九届委员会第三七五次会议作出决议，同意列入省预算恤金拨支，并褒誉良横乡民众"奋勇抗敌""忠勇可嘉"。1995年，横坑村委会把原来的土坟搬迁到矮岭山，改建成墓园，占地308平方米，坐西向东。园中立"抗日义士纪念碑"。纪念碑底为正方体，总高度8.8米，碑前建"抗日义士之墓"，墓内埋葬54名村民的遗骨。2004年，横坑村委会在豆腐岭附近重建抗日义士纪念

横坑抗日义士纪念碑

碑。整座纪念碑用花岗岩砌成,建筑面积84平方米。碑座为正方体,边长 3.8 米,高 1 米,里面安放 54 名抗日义士骨灰盅。碑身雕刻成一本翻开的书,右页为碑文,记载良横乡人民英勇抗击日军的事迹,左页刻着54 名抗日义士英名。重建的横坑抗日义士纪念碑,设计新颖,寓意深刻。

附录二

历史文献

一、东莞农民运动之勃兴

自国民党发表农民政策宣言，及公布农民协会章程以来，各地农民，均次第奋兴组织农会，除广宁、花县等县正式成立外，继有顺德、东莞等县农会筹备处之设立。现闻东莞县农会筹备处，进行更为发达，在两月间加入农会者，竟达四千人以上，并拟在虎门霄边乡为该县农民运动之中心点，先组织农民协会，然后根据章程，向各乡实行发展。已定本月二十日在霄边乡开全体大会，为第一步之大联合，并演讲农会组织之要旨。国民党农民部，届时拟派员前往宣传及指导一切，想必有一番热闹也。

《广州民国日报》1924 年 8 月 9 日

二、东莞农会一区成立

东莞农民协会，自兹日开筹备大会后，已积极进行。虎门霄边第一区农会加入者，已达二十余村，计千余家，人数达五千人以上，并定九月十日开成立会。其余第二区洪屋涡等村，第三区大怀德等村，并将于最近期间开成立会也。

《广州民国日报》1924 年 9 月 4 日

三、东莞农会成立盛况

国民党农民部自成立以来，对于农民运动，无不尽量发展，而各乡农会亦纷成立，以谋农民利益。昨十月一日，东莞洪屋涡乡农民协会举行开幕典礼，会员加入有二百余人，各乡代表到者计有新庄、金鳌沙、黎洲角、厦漕等乡二十余人，济济一堂，洵盛况也。场内布置整齐，是日十二时开会，由莫萃华主席，宣布开会理由毕，即请农民部秘书彭湃先生演讲农民之痛苦及其救济方法，并农民协会之组织，历二小时之久，语多痛快；旋又由来宾演说，亦多淋漓尽致。后由会员莫式姜宣读农民部祝词，义务学校教员张双如读答词毕，全场起立，向农旗及孙总理肖像三鞠躬礼，即宣布散会。继由该会请全体会员及来宾茶点拍照宴饮，殊热闹也。是晚八时半，执行委员会会议，参加（者）有农民部秘书彭湃、特派员莫萃华外，各职均列席，公推彭秘书任主席，先由主席解释执行委员职权，复议决数案，如组织宣传委员会、农民自卫军、审定会费等项，计宣传员即时加入者，有数十人，农民自卫军赶紧一星期成立，至各区农会之成立，亦有讨论云。

《广州民国日报》1924 年 10 月 4 日

四、东莞二区农会开幕

十月二十三号东莞县第二区农民协会举行开幕典礼，并选举区执行委员会。是日会场假厦漕乡农民协会（即会址），除该区已经成立的乡农民协会，如洪屋涡、厦漕、梅沙、望溪、大汾等乡代表外，尚有官滘、九曲、黎洲角、新庄等乡来宾（按此数乡农会已筹办多日，谅不日成立）总共到会者不下二百余人，有武装者占半数，济济一堂，极一时之盛。十二时开会，由莫萃华主席，宣布开会理由毕；继区筹备员莫月江君演讲对于农民协会之建设要义，说得异常淋漓备至；旋选举区委员会，结果选出莫月江、刘景新、何荣森、胡美光、梁贺伯五人为执行委员，陈志行、莫廷英、胡景禧三人为候补委员。选毕即燃爆，茶会散会。

《广州民国日报》1924 年 10 月 27 日

五、东莞三区农会成立

东莞第三区农民协会于二十三日开成立大会，闻该区农会共有十一个乡，农会人数逾千，会场设在怀德深巷邓公祠，是日到会参观机关团体有：农民部代表韦启瑞、虎门市党部主任谭伯翘、虎门要塞司令陈肇英代表王文瀚、虎门临时警备军指挥王体端代表王敬熙、陆军军官学校训导沈营长，东莞第一区农民协会代表蔡如平，虎门泥水工会代表苏建荣等。王指挥并派有武装军队一排，沈营长亲率军队二排，第一区农民协会亦有农民自卫军十多名到会，宾主千余人云。

《广州民国日报》1924 年 10 月 28 日

六、东莞县农会成立盛况

东莞各地农民运动，颇著成绩，农会发展，有一日千里之势。现计已成立者共有九个区，该各区会于去年十二月联合发起筹备县农民协会，俾便指挥，而利进行。现闻筹备已就绪，并于前二十日召集各区代表在虎门太平开代表大会，选举县执行委员及参加省农会代表。是日到会参加者，有农民部代表罗绮园、农所主任阮啸仙等，宾主约百余人，公推谭桂萼主席，由韦启瑞报告筹备经过情形；次由农民部代表致训词；继由阮啸仙等演说，均能发挥尽致，鼓掌如雷。随即讨论决议数项后，选出蔡如平为委员长，谭桂萼为副委员长，蔡日新为秘书，莫萃华、邓一舟、郑鸿光、陈冬为委员，又选出蔡日新、莫萃华、谭桂萼、邓一舟、郑鸿光等为参加省农会代表。四时散会后即宴会欢叙，是晚并开工农联欢会，情形极为热闹，闻该县农会现因经费支出暂时草草成立，俟筹有的款，然后再定期开幕，柬请各界及设各种游艺助兴云。

《广州民国日报》1925 年 4 月 25 日

七、全县总工会成立

（东莞）石龙太平三处工联会，为统一全县工友起见，成立东莞全县总工会，经于昨十八日假座县城工联会举行成立开幕典礼。开会秩序：（一）齐集；（二）奏乐；（三）向国旗党旗及总理遗像行三鞠躬礼；（四）对为工人奋斗而牺牲的先烈，默念三分钟；（五）恭读总理遗嘱及训词；（六）主席游彤庚宣布开会理由；（七）筹备委员报告筹备经过情形；（八）请农工厅代表谭桂萼行揭幕礼；（九）请农工厅代表谭桂萼致训词；（十）请县党部代表黄国器训话；（十一）请县党代表何鲁训话；（十二）宣读祝词；（十三）来宾演说，有农民协会代表陈克武、妇女联合会代表谢幕英、入伍生政治部代表方法功、入伍生第二营代表焦桐等，无不慷慨淋漓，发挥尽致；（十四）答词；（十五）奏乐；（十六）唱国民革命歌；（十七）高呼口号；（十八）奏乐；（十九）拍照；（二十）茶会；（二十一）散会。礼毕。是日县署农工商学各团体均有代表到会，非常踊跃，一时革命空气，充满宇宙云。

《广州民国日报》1927 年 1 月 21 日

八、广东人民抗日游击队东江纵队成立宣言

国际反法西斯的斗争已经踏入了胜利的决战阶段。这是苏联红军无休止的胜利攻势所造成的。红军在广阔战线上摧毁希特拉（勒）匪军，现全线已渡过德（第）聂伯河，向国界线推进。英

美盟军在意本土的战争，亦著著胜利，并对德国进行空前大规模的猛烈轰炸。希特拉在德国的溃败，正呈土崩瓦解之势，把全世界法西斯侵略者的命运，投入汪洋大海中。墨索里尼垮了台，意大利由投降而参战，法、南、希的游击战争正猛烈开展，尤以莫斯科三国会议的成功，表现了同盟国家空前的团结，宣示了明确不变的战略：首先打垮希特拉，尽一切努力缩短战争时间。一切盟国内部的法西斯应声虫，虽用尽了一切挑拨离间的手段，阻挠与破坏同盟国家的团结，但都徒劳无功。中立的土耳其、瑞典与葡萄牙，均采取了不利于德寇的步骤；一切附庸国家都从广大人民阶层中爆发出对德寇占领者的巨大愤怒，从怠工、罢工、示威与暴动的斗争，一直发展到统治阶层间的尖锐矛盾与冲突；而希特拉德国也正陷入不安与动乱的状态。这局势的发展，正日益迫近着希特拉的末日，苏联的冬季攻势，将逐德寇出国境之外，并将推动西欧第二战场的开辟。苏联与英美会师柏林，打垮希特拉那只是明年夏秋之间的事情。在希特拉德国灭亡之后，中、英、美联合对日总反攻必跟着到来，将日寇法西斯消灭。

在这国际大变化的前夜，法西斯日寇已经感到死亡的悲哀，太平洋上损兵折将，节节溃败；美澳联军的猛烈反攻则正方兴未艾，失败主义的恐怖情绪蔓延全军，遍及全国，敌酋东条虽在计划动员一切力量，准备与英、美决战，但事实将证明，这只是绝望的努力。

国际形势对抗战空前有利，我国当局本应及早抓住时机，加强全国团结，积极作战，改良政治，增加生产，准备反攻力量，但政府当局的做法却恰恰相反，坐拥三百万大军，不对日积极作战，反而撤退河防部队，包围陕甘宁边区，破坏团结，实行反共反人民的法西斯"一党专政"，对一切异己力量实行诛伐，对一切纯洁青年横加压害，政治黑暗，金融紊乱，贪污枉法，民不聊生，对日寇三次公开诱降不加驳斥，对六十个投敌叛将不加讨伐，对汉奸吴开先则礼以上宾，对友邦诤言反觍颜强辩，这种做法对国家民族的危害，诚属空前严重。但由于中国共产党的坚决反抗，由于全国人民、各爱国党派及国民党内爱国之士与同盟国家一致反对内战投降的阴谋，乃遭受严重的打击，这结果宣示了日寇政治诱降的失败，更宣示着日寇未能在与英、美决战前解决"中国事件"就是日寇的死亡。

我国政府当局最近虽然对日寇第四次诱降作了一次驳斥，并签订了中、苏、英、美四强宣言，表示要继续抗战，国民党的十一中全会虽然通过了"共产党问题应由政治方式解决"和"抗战胜利后一年内实施宪政"的决议，这是好的，但观其实际做法，并没有大的改变；国共两党的关系依然未有改善；包围边区的内战大军依然未有撤退；法西斯第五纵队依然逍遥法外；吴开先依然可以自由活动；投敌叛将依然未下令讨伐。这说明着内战投降的危险依然严重存在。因此，日寇对于解决"中国事件"仍图谋作最后努力。这就是停顿了一年多的正面战场，今天又重新活跃起来的原因。日寇妄图利用这一军事新的压力，威胁与动摇我抗战机构，进一步迫使我政府当局投降，以图利用中国的人力物力对抗英国、美国决战。但事实将教训东条依然走不通，因为全世界的胜利前途已经属于同盟国家，属于反法西斯的人民，属于共产党及一切反法西斯的党派，不属于反共反人民的法西斯侵略者。同样，中国抗战的胜利前途，也不是属于反共反人民的法西斯特务机关，而是属于中国人民，属于坚持团结抗战的爱国党派。中国共产党是坚持团结抗战的中心力量，中国共产党所领导的八路军、新四军，六年来坚持敌后抗战，领导着敌后前线的抗日军民收复国土，实行民主政治，建立起牢不可破的抗日民主根据地，已为国内外公认为对敌反攻的基础和主力。中国共产党有八十多万党员，有五十多万军队，有各种抗日根据地一万万以上的基本群众及全国同胞的拥护，有英明的领袖毛泽东的领导，有反法西斯友邦的同情，有全世界和平正义人士的支援，还有各爱国党派及忠诚于孙中山先生革命精神的国民党人继续合作，不论国内变化如何，中国共产党都有力量有办法排除万难，领导全国人民获得最后解放。一切反共投降的阴谋是必然要被粉碎的。尽管日寇在我正面战场今天能暂时获得多少成就，但这都不能挽救日寇的死亡。

我们广东人民抗日游击队是东江子弟兵。我们当中有各个爱国党派及无党派的人士，有更多的爱国侨胞，我们不分党派、阶级与思想信仰，一致团结在抗日建国的共同目标之下。我们从成立到今天，都得着开明爱国人士的热烈赞助。五年以来，我们在惠、东、宝一带打击日伪，收复失地，摧毁许多伪组织，收复原有乡政，维持地方治安，提倡教育，发展生产，实施救济。过去也曾获得战区传令嘉奖。太平洋战幕掀开，我队立即开入港九，积极扰乱日寇，营救政府要员及要人眷属，营救集中营内国际友人，营救文化人及知名之士，护商护旅，救济侨胞。这种精神，这一义举，为国内广大同胞及友邦人士所爱戴。然而政府当局对我坚决抗日的东江子弟兵，不但毫无奖励，反而是诬为"叛军""奸党""奸匪"，调动大军实行围歼。三年多来，残酷凶狠的进攻未稍间断。但我们仍本顾全大局、相忍为国的精神，尽量避免同室操戈的惨祸，委曲求全到了极点，并再三再四的请求政府当局停止内战，恢复我队名义，以利团结。然而一切呼吁都没有效果，内战愈打愈凶，烧屋杀人，奸淫掠夺，连日伪惯用的"清乡""自新""三光政策"都采用无遗。这种祸国殃民的暴行，只造成日寇顺利进占广九路的条件。由于内战牵制与对消了抗战力量，使日寇两天之内占领广九全线。惨痛的教训，仍不能使顽固派有所悔悟，内战军又复围攻坪山，大举清乡。内战军见敌一枪不发，远见远避；打内战则穷凶极恶，毫不放松。这说明了顽固派仍未放弃反共、反人民、反抗战、反民主的法西斯"一党专政"。事实告诉我们，只有把内战黑暗的局面转变为真正团结抗战的局面，才能对敌反攻，才能争取抗战的最后胜利。

从五年来的抗日自卫斗争中，使我们全体同志一致认清：中国共产党是中华民族与中国人民的救星。我们看到中国共产党始终坚持抗战，坚持团结，坚持进步，历次制止了内战危机与投降危险。我们看到中国共产党在任何困难面前都不畏缩后退，总是有办法克服困难，向前迈进。我们东江子弟兵能够坚持敌后抗战，就是由于有共产党正确的政治主张作指导，以及全体同志共同努力与各界的援助，因此我们全体同志一致热诚的拥护中国共产党的政治主张，反对内战投降，坚持团结抗战进步的一贯政策，更一致热烈的接受与拥护中国共产党的领导。我们认为，我们广东人民抗日游击队能够获得中国共产党的领导，是我们全体同志的无比光荣，是东江同胞的无上光荣，是广东同胞的无上光荣！！！我们认为，在日寇军事进攻与政治诱降的阴谋诡计下，今后敌后的斗争必然更加残酷，我们应该增强我们的力量来保卫家乡。因此，我们成立广东人民抗日游击队东江纵队，在中国共产党领导下，为打败日本帝国主义，建设独立自由幸福的新中国而奋斗！我们深信，我们有中国共产党的英明领导，也一定能够克服一切困难，坚持敌后的游击战争，争取最后的胜利。我们的斗争并不孤立，我们不但与中国共产党八路军、新四军、各爱国党派及全国人民的斗争血肉相关，而且与国际反法西斯斗争形成一线。我们一定能够粉碎顽固派的进攻，最后将敌人赶出领土。事实证明，一切革命的新生力量一定向上发展，一切内战与反动的力量一定走向投敌与泯灭之途。我们广东人民抗日游击队过去只有两个大队，且活动范围局处一隅，但经过了几年来抗日与自卫斗争的锻炼，我们壮大了我们的队伍，在惠、东、宝的前线与敌后，驰骋纵横，且深入港九，活动于敌后心脏地带。我们的人枪不但没有减少，反而增加了十数倍。为了适应新的斗争环境，我们今天实行联合组织，统一指挥，发挥抗日的更大效力，克服困难，收复国土，保护人民生命财产，达到最后胜利。

同胞们！同志们！我们在中国共产党领导之下，为彻底解放中华民族而奋斗到底，我们坚持抗日民族统一战线，我们坚决与各界同胞不分党派阶级、不分思想信仰，团结一起，我们愿意与各爱国党派及一切忠诚于革命的三民主义的国民党人及国民党军队继续合作。如果政府当局能立即命令内战军队归还抗日岗位，并给我们与一切抗日部队一样平等待遇，则我们仍愿在余、蒋两长官统一指挥之下完成作战任务。如果顽固派仍继续进攻，则我们必坚决自卫而彻底粉碎之。我们坚持抗战，坚决反对投降；我们坚持团结，坚决反对内战；我们坚持进步，坚决反对法西斯"一党专政"，坚决反对官僚资本的垄断、剥削。我们主张各界同胞在团结抗日的目标之下，互相帮助，互相忍让，以解决一切纷争，改良人民生活，以增强各阶层的合作。我们保护一切爱国同胞的人权、财权。我们欢迎伪军反正，欢迎绿林豪杰参加抗日。过去由于我队内个别人员的幼稚，曾在某些政策犯过错误，我们已经分别予以处分及坚决纠正。我们希望各界同胞对我们多多批评与指教，只要对国家民族有利，对团结抗战有利，无不虚心接纳，为的是我们中国共产党领导下的部队也是中国人民自己的队伍，我们除了中华民族与中国人民的利益之外，并没有其他利益。

我们又掬诚向国际友人宣告：我们坚决拥护反法西斯统一战线，并以无限忠诚与各盟邦及国际友人密切合作。过去在港九方面，我们曾经这样做，今后仍将这样做。我们希望能与国际友人在互相尊重、密切合作下，共同完成打倒日寇的任务。

同胞们！同志们！今天敌人已经占领了广九路，迫近惠、博，并对我敌后游击区开始疯狂扫荡，而惠淡指挥部的军队依然在惠宝前线进行反抗战的行为，在这新的重大局面之下，我东江前线敌后的抗日军民，必须千百倍团结起来，组织起来，武装起来，坚决自卫，保卫东江前线敌后抗日基地，把日本帝国主义赶出国土，建设独立、自由、幸福的新中国！

最后我们高呼：（略）

广东人民抗日游击队东江纵队

司令员：曾　生

副司令员：王作尧

政治委员：林　平

政治部主任：杨康华

民国三十二年十二月二日（1943 年 12 月 2 日）

九、广东人民抗日游击队东江纵队司令部布告

（纵字第一号）

溯自日寇南侵，百粤山河变色。财产十室九空，道路尸骸枕藉。
国家兴亡大事，匹夫亦有天职。
同人由是奋起，志在救亡杀敌。队伍成立五年，拥有光辉史迹。
刻苦坚定勇敢，早为众所共悉。
歼灭千百敌人，诛锄无数叛逆。收复广阔失地，瓦解汉奸组织。
纪律夙称严明，爱民犹如保赤。
根绝盗贼横行，维持治安犹力。今天局势决定，倭寇命运难久。
乃犹野心不死，竟效困兽之斗。
悍然举兵进犯，实行打通广九。堂堂惠淡守军，竟然闻风先走。

不思守土御侮，原系军人职守。

此辈只知内战，言之痛心疾首。本队健儿奋起，坚决对敌战斗。

敌后前线驰骋，大小捷音频奏。

宣传演讲大会，揭穿敌寇狡诈。组织武装民众，肃清汉奸走狗。

兹为便利作战，各队联合一起。

成立东江纵队，实行统一指挥。组织虽有改变，宗旨一如往时。

凡属抗日部队，自当联合一致。

团结悉本真理，凡事大公无私。倘属有益抗战，爱护应当备至。

如有扰乱治安，破坏本队名誉，

甘心叛国害民，一律从严处理。为此掬诚布告，仰我各界周知。

尚望同心协力，为国奋斗到底。

司令员：曾　生

副司令员：王作尧

民国三十三年一月一日（1944 年 1 月 1 日）

十、东江纵队北撤人员重要通电

东江解放区的士绅们，父老们，兄弟们，姊妹们：

生等抵达烟台以后，备受山东解放区军民政府的热烈欢迎与温暖爱护，正如在家乡时你们——父老兄弟姊妹们给我们的爱护一般，这是足以告慰的。卸下行装之后，我们正准备参加解放区的生产学习，益加奋勉，庶几异日能为国家民族作更多之服务。但旬日以来，叠据部队干部士兵转来家乡讯息，或则谓保安处加紧清乡，捕捉复员人员；或则谓徐东来发贴标语，凡持有东江纵队复员证者杀无赦；或则报告地方上个别地主催缴过去民主政权时期所减租额；或则报告过去个别奸伪分子寻仇报复；甚且聆悉广州行营决定设立集中营专门捕收东纵复员人员。种种不愉快消息，令人焦急万分。生等奉令北撤，原为顾全国家——特别是广东之和平，故忍痛退让，企求获得当局谅解，换得家乡息争，安居乐业，以便补偿抗战八年之损失，复兴桑梓之繁荣。乃者顽固分子豺狼成性，竟乘生等北走，更肆毒闾里，残杀同胞，实属令人发指。但和平既为全国人民所必需，自未能任令顽固分子横行破坏，使我可爱家乡又沦于残破混乱局面。望我士绅们父老们秉持正义，联成一致，抗此暴力，制止顽固分子这种破坏协议扰乱地方之恶行！我兄弟姊妹们更应团结一致，和睦乡族，服从父老教训，生产学习，待机为国效力。同时更应采取同一步骤，严肃自卫，人不犯我，断不犯人，人若犯我，迫我至于绝境，自不能束手待毙！但恩怨必须分明，是非必须弄清，自卫必须坚持有理有利有节之原则，庶能一本我们一贯为国为民之光荣的正确方针，而获得和平之实现与家乡之繁荣。

谨此电告，并致

敬礼！

东江纵队北撤人员：曾　生　王作尧

杨康华　林锵云　卢伟如　周伯明

暨全体指战员同叩

八一　烟台

载于 1946 年 8 月 1 日《正报》

十一、东莞解放军的战绩

（东莞通讯）自解放军南渡长江，解放了首都南京以后，广东解放军各路同时也限（跟）着出击，而东莞文武工队也不甘示弱，因此，有夜袭萧（霄）边锦厦伪乡公所之举。

在一天下雨后（二日）的傍晚，太阳光现起了灿烂的红霞在西山上，东莞解放军集结了飞龙飞虎两个武工队，并且同时又配合了黄沙、岭东两个文工队，一共约四十来个健儿在莲花山脚，目的要配合渡江解放军消灭敌人，解放全广东、全华南。

当上级同志对大家谈话的时候，全体健儿无不眉飞色舞，好像感觉到无限兴奋似的，问题是很简单，因为要为民立功，争取为立功英雄。

在一个充满了胜利信心、消除敌人的场合中，经上级同志分配好了突击组、警戒组、缴枪组工作任务之后，全体健儿面露笑容出征前进了。只有无产阶级政党（共产党）领导下的人民解放军是真心诚意为人民服务的，当出征进军的时候，全体行列真的有如飞龙一般向前摆动，这就象征了解放军不能再给反动势力延长压迫人民的信号。全体暂时休息，等待胜利的机会到来，解决敌人。

午夜十一点，正当夜更人静的时候，凉风吹得我们加倍精神，很快很快就抵达目的地了，各组按照任务而布置执行工作，突击组各人配好电筒，进行下乡包围，准备突击。警戒组登好山头，准备袭击萧（霄）边伪虎门大队第二中队的蒋军，缴枪组跟随突击组尾后，准备进敌人营房去缴枪。一切布置好了之后，战事就在十一时四十分开始。

当战斗开始的时候，两路健儿迂回突入伪乡公所门前，敌人还未发觉，当敌人哨兵发觉时，我英勇健儿即发密袭（集）手提机（枪）扫射，起初，敌人还枪抵抗，后来，经文工队高叫口号："缴枪不杀！优待俘虏！争取改邪归正，为民立功。"这时敌人开始动摇了，同时，突击队加上了投掷手榴弹，隆！一声巨响，各路健儿蜂涌进内缴枪了，战斗开始至终，一共费时二十分钟，全部解决敌人。结果，生俘伪乡长、大队副以下官兵十二人，缴获轻机三挺、卡宾机一挺、步枪十九支、手枪四支、电话机一座、发电机一副、各式子弹一排，大破文武工队以来空前创举，我无一人受伤。只消耗子弹数十发，手榴弹一枚。俘虏经我们队加猪肉优待，与及政治教育后，除一部分觉悟将功赎罪，为民立功，投到我们部队工作外，其余均发给港币廿元路费，遣散回籍，这就是共产党一贯来宽大优待俘虏的政策。（黎柏芳寄，五月五日）

《华商报》1949 年 5 月 10 日

十二、东莞县各界联合庆祝新中国诞生暨全县解放大会宣言

亲爱的东莞同胞们：

今天是最值得我们高兴的日子，让我们热烈地庆祝这个人民伟大的胜利吧！广州解放了，东莞全县解放了，全中国的胜利就在眼前，国民党匪帮的血腥统治又一次给人民的力量打翻，过去黑暗的日子已经宣告结束，中华人民共和国在我们祖国的土地上诞生了。

战犯蒋介石的王朝在这二十多年来的统治给人民带来了无限的灾难，独裁专制，强征暴敛，我们失去了自由，生命财产没有保障，广大的人民都受着失业、贫穷、饥饿的威迫，但是我们都咬着牙根忍受着这一切的痛苦，用全力去坚持抗日民族战争。在东莞沦陷的七年来，我们英勇的东莞人民在极端困难的环境下，一直坚持敌后游击战争，对敌人作英勇的战斗，牺牲了无数的生命，终于把敌人打败了，但是蒋介石匪帮更勾结了美帝，把中华民国出卖，四大家族吸尽了人民的膏血，特务匪徒凶残恶杀，三征暴敛，拉丁抢粮，使我们过着非人的生活。在这三年多的内战中，我们受尽了不知多少的惨祸，忍受了不知多少的冤屈，到今天我们渴望多年的日子在人民的胜利中得到了，这是一个翻天覆地的日子，使我们得到彻底的解放。

一九四九年十月一日中华人民共和国成立了，这一巨响震动了整个世界，这表示着国民党反动集团的灭亡，这表示着帝国主义在中国侵略的跨（垮）台！这表示着中国几千年来封建压迫的

覆灭！这表示着中国人民的大翻身！

中国共产党在这二十八年的奋斗当中，领导着我们全国人民进行这个伟大的革命，牺牲了无数的英雄好汉，流尽了不少的鲜血，现在革命战争取得了基本上的胜利，但是国民党反动的残余力量仍作临死前的挣扎，革命的敌人还没有彻底肃清，解放大军还要向海南岛、向台湾、向西南地区进军，现在东莞虽然全县解放了，而且我们的生活从此可以得到改善，但是要使我们的胜利有永久的保障，我们的生活能够得到真正的改善，我们就要争取全国的彻底胜利，我们就要动员一切人力、物力加紧支援前线，工人应该贡献一切劳动的力量来支援作战，表现出我们工人阶级在革命中的先锋作用。农民应该缴交公粮和柴草，组织战勤队为大军运输。商人应该献捐财粮，准备各样物资供给大军需用。学生应该拿出自己的热情来为大军服务，支援前线是我们目前各界最重要最紧急的一件工作，我们要节约劳军，要参加战勤队，要组织支前服务队，要保证解放军顺利地进军，争取全中国早日解放！

（略）

东莞县各界联合庆祝新中国诞生暨全县解放大会筹委会印

1949 年 11 月 2 日

红色歌谣、歌曲

一、歌谣

军民齐合作

你在前面打，我在后面帮。挖战壕、送子弹，不怕流血汗。抬担架、送饭菜，大家齐心干。军民齐合作，定把鬼子消灭光！

二、歌曲、歌词

东江纵队之歌

林鹗①

我们是广东人民的游击队，我们是八路军、新四军的兄弟。

我们的队伍驰骋于东江战场上，艰苦奋斗，英勇牺牲，取得了辉煌的胜利。

今天，我们有伟大中国共产党的光荣领导，用我们英勇顽强的战斗，一定把敌伪和顽固派军队彻底消灭！

同志们，前进吧！光明来临了，今天，我们是民族解放的战士，明天啊，是新中国的主人！

---

① 林鹗，广东汕头人，1910年生，1937年入党。历任东江华南队干部训练班政治指导员、《前进报》编辑、东江抗日军政干校教育长。

大岭山之歌①

辛枚

大岭山上我们战斗的家乡，

山上是密密的绿林，遮掩着羊肠小道。

山下是良田千万倾，连接着大海茫茫。

祖国啊祖国，你有多么丰富的宝藏。

我们生活在大岭山上，我们战斗在大岭山上，

敌人千百次围攻，我们越战越强。

我们永远战斗，永远战斗，直战斗到敌人灭亡。

歌颂大岭山②

叶飘扬③

大岭山呀，可爱的故乡！游击队的摇篮，革命者的锻炼场；

更鼓楼的庄严，马山庙的风光；最使我尊敬和最使我难忘。

山上的英雄血浆，我们要反动派抵偿。

大岭山呀，苦难的故乡！八年的抗战，你经过烧杀抢；

三年的内战，你表现更坚强；最使我痛心和最使我难忘。

---

① 该歌词是抗战时期创作的话剧《大岭山的故事》插曲，由辛枚编剧和作词，梁澜、宗达、王冲作曲。

② 该诗于解放战争时期在中国人民解放军粤赣湘边纵队东江第一支队中流行，后由张石丁根据原《五月太行山曲》填词谱曲，改歌名为《大岭山之歌》。

③ 叶飘扬，东莞人，1940 年 8 月加入中国共产党，先后任抗日常备队中队长、副乡长、中国人民解放军粤赣湘边纵队东江第一支队营副教导员、教导员、独立营政治委员。

上下的农家受灾殃，我们要反动派抵偿。

大岭山呀，亲爱的故乡！多年的磨折，你炼成钢铁样；
你唱出歌声，碎敌胆断敌肠；最使我兴奋和最使我难忘。
这是你翻身的时光，我们歌唱你解放。

胜利反扫荡[1]

黄文俞[2]

年年呜咽的东江，今儿是好战场！
大岭、莲花、阳台、梧桐，从西到东，
绵延着高峻的山冈，怀抱着千百个村庄。
这儿是游击队的心脏，敌人的盲肠。
安排着我们的营房、刀枪。对准着敌人的胸膛！
敌人一万个，向我们"扫荡"。
他们奔向山冈，奔向村庄。
山冈和村庄，咆哮起来了！
反"扫荡"！反"扫荡"！

我们是铁和钢，我们站在莲花山上，痛挫敌人的锋芒。
大岭山顶，我们冲破敌人的围墙。
秋风呼啸着从西北方吹来了，越过村庄，爬过山冈，
带来胜利的歌声，飘荡。
歌唱，歌唱，歌唱法西斯的死亡！

---

[1] 该歌词赞颂1943年秋东江纵队粉碎敌伪"万人扫荡"的胜利，由石铃谱曲。
[2] 黄文俞，广东番禺人，1941年6月加入中国共产党，历任东江纵队青年干部训练班主任，政治部宣传科科长。

三、客家山歌

嫁郎爱嫁革命郎

吴石娇[1]

嫁郎爱嫁革命郎，革命阿哥情意长；
左手拿紧宣传品，右手握着驳壳枪。

天公下雨河水浊，晴天朗朗河水清；
东洋鬼子来"扫荡"，妹送情郎去当兵。

哥哥去当兵，妹妹守家庭；
期望阿哥打胜仗，欢天喜地笑盈盈。

阿哥抗日保家乡，阿妹在家多种粮；
期望阿哥打胜仗，等妹送粮去前方。

番薯甜，番薯香，日伪烧杀苦难当；
快把敌人消灭尽，穷人才能得解放。

横坑二嫂[2]送茶饭，离开你时好唔惯[3]；
部队北撤烟台去，留条手帕记心间。

---

① 石娇，东江纵队女战士，曾任东莞县民主政权乡长。
② 二嫂，指东莞县寮步横坑村妇女队长。
③ 唔惯，不习惯。

革命烈士

蔡日新

蔡日新（1906—1927），又名锡盘，东莞长安霄边村人。1924 年加入中国共产党。后被委任为中央农民部特派员，回东莞县开展农民运动。同年秋，在家乡霄边成立乡农民协会和农民自卫军。11 月，成立第一区农民协会。1925 年 4 月 22 日，厦岗乡农民协会成立。当地土豪麦廷阶父子勾结反动军队谭启秀部，连夜派兵包围厦岗农会，杀害农会会长麦福绍等 3 人。蔡日新马上集合农军与反动军队和民团展开战斗。10 月 1 日，国民党虎门市党部成立，蔡日新兼任农工部长。1926 年年初，东莞县农民协会筹委会成立，蔡日新被选为常务委员。

1927 年秋，被国民党当局逮捕，后遭杀害。

莫萃华

莫萃华（1904—1929），原名进关，东莞洪梅洪屋涡东北坊人。1922 年参加广东社会主义青年团。1923 年，回洪屋涡组建东莞县第一个社会主义青年团支部，任支部书记。1924 年 2 月转为共产党员。7 月初，参加广州农民运动讲习所学习，结业后被委任为国民党中央农民部特派员，回东莞县开展农民运动。10 月，于洪屋涡建立第一个农民协会和第一支农民自卫军。11 月，任共青团东莞县特别支部书记。12 月，中共东莞县第一个支部成立，莫萃华为负责人。1925 年 10 月任中共东莞县特别支部书记，并以特派员身份参加国民党中央农民部召开的全省特派员会议，被派参加国民党东莞县党部改组工作，被选为改组后的县党部农民部部长。1926 年 6 月，被中共广东区委派到三水县工作。10 月 27 日，又奉命到四会任特派员和特别支部书记。1928 年 3 月，中共东莞县委改选，被选为常委，主编《红旗周刊》，出版《赤卫队须知》和翻印党内通讯与文件。1928 年年底，莫回洪屋涡打入土匪头子丁福身边任文书，准备伺机把这股武装拉过来。1929 年年初，在增城仙村附近与袁虾九部发生遭遇战而牺牲。

李本立

李本立（1905—1933），东莞洪梅黎洲角村人。1924 年冬，先后加入青年团和共产党，为共青团东莞县特别支部成员。其间，建立"新学生社"，以新学生社名义公开活动。1926 年，被选为共青团东莞地委第一任书记。同年 5 月，中共东莞县特别支部改为中共东莞县地方执行委员会，李任首届县委书记。1927 年，"四一二"反革命政变后，东莞县国民党军警悬赏通缉李本立。李辗转到广州、香港寻找党组织。后到北平，并与北平党组织取得联系，继续从事党的地下工作。"九一八"事变后，回到东莞县，藏匿家里。1932 年，党组织派他到广西南宁从事党的地下活动。翌年初返回东莞县，不久病逝于家中。

李一之

李一之（1904—1940），又名百根，东莞高埗上江城村人。1926 年东莞中学毕业后考入黄埔军校，旋参加北伐。1937 年"七七"卢沟桥事变后，李一之在广州防空司令部任参谋。1938 年 5 月加入中国共产党，积极从事兵运、情报和统战工作。1940 年，任国民党东江游击指挥所中校作战课长兼基干大队大队长。2 月，国民党在东江策划第一次反共高潮，阴谋以各种手段聚歼中共领导下的抗日武装。李一之即向抗日部队发出秘密情报，使国民党的阴谋未能得逞。8 月，在广东人民抗日游击总队第三大队大队部工作。10 月底，回家乡上江城开展抗日活动。12 月，深入匪巢，到芦溪村会见土匪头子李潮，不幸为李潮出卖而被捕。后殉难。

李燮邦

李燮邦（1914—1940），东莞莞城县后坊人。1937 年"七七"事变后，李燮邦刚从明生学校毕业便参加"抗日青年军事训练班"，并加入中国共产党。1938 年八九月间，李被调去常备队第一中队任副中队长。10 月 19 日，石龙沦陷，李接受中心县委指示，随队伍往西湖、鳌峙塘和峡口阻击日军。1938 年 12 月，李任惠宝人民抗日游击总队第一中队长。在宝安大小梅沙、葵涌、沙头角和沙鱼涌，击退日军 500 余人，收复这两个据点，缴获战利品一批。11 月，李调往大队当副官。1940 年 3 月 30 日，李以副官身份前去谈判，结果被敌人无理扣押。李被捕后，即被押至惠州城永福寺。国民党顽军上将总司令香翰屏多次对李威迫利诱，都遭到其痛斥，4 月便将其杀害。

李淑桓

李淑桓（1894—1941），女，广东鹤山人，曾在香港任教师。抗日战争初期，先后把 7 个子女送入中国共产党领导的抗日队伍。1941 年春参加东江人民抗日游击队，在东莞大岭山抗日根据地以教书为掩护做民运和交通情报工作。同年 10 月被国民党顽军逮捕，坚贞不屈，壮烈牺牲。被誉为"东江游击队之母"。

　　李淑桓不幸被捕英勇就义的消息传到大塘村抗日根据地，广大群众挥泪相告，悲痛万分，她生前辅导的学生们更是泣不成声。1942年"三八"妇女节，东江纵队机关报《东江民报》刊登李淑桓的英勇事迹，东江纵队号召根据地全体军民学习李淑桓崇高的革命气节，树立必胜的信念，争取抗日战争的最后胜利。中华人民共和国成立后，原东江纵队司令员曾生在他的回忆录中，专门写下对李淑桓烈士的深切追忆，称她是一位共产主义的女英雄。在挽救民族危亡、保卫国家和民族独立、奋起抗击日本帝国侵略者的抗日洪流中，作为一位普通的知识分子、家庭妇女，李淑桓深明大义、爱国爱乡，以"有国才有家"的伟大信念送子参军，母子四人英勇捐躯，满门忠烈，成为万民追思的抗日英雄，不愧是"东江游击队之母"。她的事迹被载入中共党史出版社《革命烈士传》和解放军总政治部出版的《解放军烈士传》。2015年抗战胜利70周年之际，央视在《华人世界·中国香港》中播放"东江游击队之母"李淑桓送七儿共抗日、携三子赴国难的事迹。

何与成

　　何与成（1916—1940），又名景炎，生于东莞莞城。1934年加入共青团，任上海闸北区委宣传部部长。1935年被捕，不久被营救出狱。年底回到东莞县，从事抗日救亡运动，并创办力行小学，自任校长。1937年，力行小学成为中共东莞县临时工委联络点。翌年，加入中国共产党。1938年10月，何带领常备队一部，配合东莞抗日模范壮丁队在峡口西湖到京山一线阻击日军。1939年年初，任东宝惠边人民抗日游击大队政训员。1940年3月，部队在向海陆丰转移中遭国民党顽军围追堵截。在与国民党顽军谈判中被捕。1940年9月14日被杀害于惠州西湖畔五眼桥。

卢仲夫

卢仲夫（1919—1940），又名步云，出生于东莞峡口鳌峙塘。1935 年 7 月参加中国青年同盟，建立东莞分盟。1936 年，加入中国共产党。翌年，任中共东莞县临时工委委员。1938 年 4 月，任中共东莞中心县委委员兼东坑区委书记。1939 年，任东宝惠边人民抗日游击大队中队长。1940 年 3 月，部队在向海陆丰转移中遭国民党顽军围追堵截。在与国民党顽军谈判中被捕。1940 年 9 月 14 日被杀害于惠州西湖畔五眼桥。

黄　友

黄友（1927—1944），东莞凤岗凤德岭人。1941 年，参加抗日游击队，在廖彪队当通讯员。后，相继任小鬼班副班长、班长。1944 年，日伪军包围虾公潭村，将群众集中起来用毒气熏。紧急关头，黄友带领小鬼班冲入敌群，毙伤日伪军十多名，将群众解救出来。同年 7 月，抗日游击队何通中队发动平湖战斗，黄友率小鬼班首先冲向炮楼，打死日军顾问，俘获伪军 80 多人枪。部队撤退中，与日军藤本大队遭遇。黄友班为掩护主力撤退，阻击日军。因敌众我寡，全班战士牺牲。11 月，党中央复电："追认黄友同志为广东人民游击战争战斗英雄，中国共产党模范党员。"

梁鸿钧

梁鸿钧（1905—1945），湖南湘潭人。1927 年参加南昌起义，同年加入中国共产党。1939 年 5 月，他被任命为广东东江军事委员会书记，负责东江地区游击队（新编大队和二大队）的领导工作。此后，他同东江军委另一名主要负责人梁广，经常来往于东江的惠阳、东莞、宝安等地，指挥部队开展游击战争。1942 年 1 月，梁鸿钧任新组建的广东军政委员会委员，兼广东人民抗日游击总队总队长，军政委员会书记尹林平为政委，委员曾生任副总队长，统一领导华南抗日游击战争。1944年8月，任广东人民抗日解放军司令员。1945年2月20日，在新兴县蕉山战斗中牺牲。

林 冲

林冲（1916—1946），又名文光，字觉魂，东莞厚街双岗村人。幼年丧父，随母以编织草席为生。1938年11月，在屏山水口参加东莞抗日模范壮丁队，同年12月，加入中国共产党。1940年年初任小队长。后任手枪队副队长。日军侵占香港新界前，林冲奉命带短枪队进入新界，抢收英军丢弃的大批武器和物资。然后又带领战友赶到荃湾，接送由香港地下党送出来的民主人士和文化人士。日军占领香港新界后，带领战友从荃湾来到大埔附近的沙罗洞乡，发动群众，建立游击区，镇压汉奸走狗，开辟新界到宝安的陆上交通线。日军投降后，林冲任东纵第六支队参谋长。1946年农历二月，由于叛徒出卖而遇难。

卢克敏

卢克敏（1917—1946），原名卢保胜，原籍东莞莞城戴屋庄，出生于马来西亚的吉隆坡。14岁随母及三个弟弟回到莞城，先后在石龙、莞城当店员。后在东莞中学初中毕业，1937年考上广州市立美术学校，家贫弃学，受聘于莞城鸣凤小学，当国文和美术教员。1938年夏加入中国共产党，同年10月参加东莞抗日模范壮丁队。次年3月任"东江华侨回乡服务团东宝队"副队长兼第一分队队长。1942年10月，广东人民抗日游击队总部在莞太公路和宝太公路的三角地区成立"敌后工作委员会"，卢克敏任副书记（1943年2月任书记）。1944年5月，卢克敏到铁东大队任政委。1945 年 8 月，东江纵队成立 4 个指挥部，其任东进指挥部第五团政委。不久第五团撤销，改任海丰政治特派员，后为东纵第六支队政委。1946 年农历二月下旬，在一次与国民党军的遭遇战中负伤被捕，惨遭杀害。

古　道

古道（1919—1946），又名锦榕，东莞万江古屋村人。1938 年加入中国共产党。1941 年夏至 1943 年春，先后任水乡区委宣传部部长和东莞前线县委组织部部长。1945 年，任路西县委组织部部长，7 月，调任第一支队政委兼路西县委书记。日军投降后，国民党军队采用"填空格""村村驻兵"战术，对抗日游击队进行"围剿"。古道将部队化整为零，分散转移，率警卫排隐蔽在宝山的山坑里。1945 年 12 月 22 日拂晓，古道在宝山率部突围中被捕。1946 年 1 月 31 日，古道在被解往广州途中，跳车牺牲。

黄锡良

黄锡良（1919—1946），又名同庆，东莞塘厦石潭浦村人。1939 年参加东宝惠边人民抗日游击队，同年加入中国共产党。1943 年，宝安县龙华一带发生大旱灾，黄锡良派战士帮助群众开展生产自救，在驻地周围坡地种庄稼，堵河涌养鱼。是年冬，他率领的第一中队获"生产模范"称号。东江纵队成立后，黄锡良任二支队第二大队队长，活动于东江沿河一带。1946 年 4 月，在嶂阁坑伏击黄文光保安大队战斗中负伤。6 月因抢救无效逝世。

谢金重

谢金重（1917—1948），东莞东坑岭贝坑人。1938 年 10 月投身抗日救亡运动，1939 年夏加入中国共产党。1940 年夏，在东坑组织"促进会"。同年，地下党在东坑设立联络站，开办新新百货商店作掩护开展活动，由谢金重和卢居轩具体负责商店工作。1945年4月任东宝行政督导处莞樟线政治特派员。1946年8月，谢金重回东坑组织两个武工队，在莞樟线和水乡地区开展活动。1947年年底，任铁鹰队指导员，后任教导员。1948年2月，在反击国民党宝安大队进攻中牺牲。

李云祥

李云祥（1930—1952），东莞高埗上江城人。1944年6月，参加东江纵队举办的青训班，后随部队北撤山东胶东解放区，被送进华东军政大学学习。1947年年初，被选进坦克队。1948年9月，参加济南战役，立三等功，并加入中国共产党。后又参加淮海战役碾庄、郭庄等战斗，立二等功。1950年，任华东装甲兵坦克第二师四团参谋。1952年6月，奉命入朝鲜参战。10月，在朝鲜铁原地区281.2高地反击战中牺牲。

张 苞

张苞（1918—1962），东莞石龙西湖人。1944年5月参加东江纵队，同年加入中国共产党。1945年2月，他率手枪队在东江下游击毙包括1名日军少将在内的8名日军，获东江纵队司令部通令嘉奖。1946年6月，随部北撤山东烟台。在解放战争中，参加华东战场的鲁南、莱芜、睢杞、济南、淮海等战役，后随军南下解放广东。历任副营长、侦察股长、东莞县人武部科长等职。1958年，任惠阳渔盐业工委副书记兼武装部部长。1962年10月7日，在惠东县小星山围歼窜犯沿海地区的美蒋武装特务战斗中牺牲。同年12月，被广东省人民政府、广东省军区授予"民兵英雄"称号，追记一等功。

重要革命人物

蔡如平

　　蔡如平（1888—1948），原名祖荫，字锡蕃，号葛民，东莞长安霄边村人。1923年，加入中国共产党。1924年年初任国民党中央农民部特派委员，3月回家乡开展农运。翌年，成立霄边农民协会和农民自卫队。1925年5月，成立东莞县农民协会，任执行委员长。同年秋，调省农民协会工作。1926年1月底，任中共广东区农委委员。5月1日，出席省第二届农代会，被选为省农民协会常务委员。同年冬，任北江地委委员兼省农民协会北江办事处主任。"四一二"反革命政变后，回东莞任中共东莞县委负责人。其间，他在艰苦斗争中患上肺病，但他抱病到常平周屋厦，秘密组建工农武装。1927年8月，建起农村3个大队，城镇3个小队，自制各种武器，准备随时反击国民党的大屠杀。10月15日，被选为中共广东省委候补委员。11月，成立东宝工农革命军总指挥部，任总指挥，准备配合广州起义。后得知广州起义失败，决定取消攻城计划，令各路农军返回原地。为此，他被认为是军事投机分子，于1928年5月10日，被解除一切职务和给予留党察看处分。后，中共中央纠正广东省委这一错误决定。1941年12月12日，回乡组织青年成立"青年抗日大同盟"。1943年6月，霄边建立民主政权，他当选为乡长；后历任新五区区长、东宝督导处、东宝农会主席等职。

赵督生

赵督生（1913—1951），东莞塘厦蛟乙塘村人。1937年9月，加入中国共产党。1938年10月，参加东莞抗日模范壮丁队。11月初，编入东宝惠边人民抗日游击队，任中队副政治指导员。1939年1月，任第二大队救护队组长，转战于东莞、增城、惠阳一带。1940年9月，任广东人民抗日游击队第五大队民运队队长。1942年4月，任宝安大队政训室组织干事。1944年5月15日，任东莞县新一区区委书记、区长兼生产建设委员会主任。1945年8月，任东宝行政督导处政治科科长。9月，任支队政治处主任，战斗于东莞、宝安一带。1946年6月后，任华东军大教导团政治部组织股副股长、华东军区后勤军械部政治处副主任、华东军区后勤军械部政治处副主任、第三野战军后勤军械部组织科科长。1950年2月，任东莞县委副书记兼县长。后因积劳成疾，于1951年8月病逝。

何鼎华

何鼎华（1914—1952），东莞莞城人。1926年加入中国共产主义青年团。1935年6月，与黎协万等人创办《东莞新闻》报（后该报成为中共东莞县委的机关报）。1937年冬，加入中国共产党。1940年后，相继在东江华侨回乡服务团驻港联络处和八路军驻港办事处工作。香港被日军占领后，为营救滞港的爱国民主人士和进步的文化界名人，他分批护送200多人安全到达游击区。1942年3月至1944年7月，先后任宝安大队政委、东宝行政督导处副主任。次年9月，升为主任。1945年9月，任中共江南地委委员、路西县委常委兼第一支队支队长。东江纵队北撤后，他留在香港做经济、策反和统战工作。1949 年 6 月，调回粤赣湘边纵队司令部。后，相继在广东省支前司令部、土改委员会、农民协会和华南公路工程指挥部工作。

蔡国梁

蔡国梁（1912—1952），福建厦门人。1938 年加入中国共产党。历任中共惠宝人民抗日游击总队总支部书记，第四战区东江游击指挥所第三游击纵队政训员，广东人民抗日游击总队大队长，东江纵队大队长、支队长、政治委员等职。解放战争时期，任中国人民解放军两广纵队第二师参谋长。1949 年 11 月，任广东军区东江军分区司令员。1951 年，任广东省海岛管理局副局长。

卢焕光

卢焕光（1923—1957），又名卢植，曾用名何胜，东莞莞城人。1938 年 10 月参加东莞抗日模范壮丁队。1939 年 1 月，受党组织委派到国民党十二集团军独立二十旅第三团政工队任队员，做军运和统战工作。1940 年年底，遭国民党通缉回莞城。1941 年 3 月，加入中国共产党。1942 年 3 月调东江前线特委任交通员。1946 年 7 月，东江纵队北撤，他留下坚持斗争，负责领导水乡南北区和莞城区工作。1948 年 3 月，任中共东宝县委组织部副部长兼水乡区委书记。1949 年 1 月，任中共东宝县委组织部部长。8 月，任中共东莞县委书记。10 月，任东莞县军管会副主任。1957 年被错划为右派，后自杀身亡。

谢阳光

谢阳光(1917—1982)，原名谢煦祥，东莞东坑人。1934 年 8 月，谢阳光在上海参加中国共产主义青年团。1936 年 8 月加入中国共产党。翌年初，任中共东莞县临时工作委员会书记。1938年后，先后任中共东莞县委武装部部长、广东人民抗日游击队第三大队中队长、东江纵队铁东大队和第三大队大队长、第四支队副支队长、第六支队支队长等职。曾率领铁东大队跨过广九铁路以东，动员张一雷率部起义，开辟路东游击区。随后，又与政委何清带领第三大队开进水乡地区，一举攻克洗沙据点，全歼"抗红义勇军"一个团。东江纵队北撤山东后，先后任华东野战军三纵九师二十五团副团长、第四野战军两广纵队教导团团长等职，后随军南下解放广东。中华人民共和国成立后，任中央军委情报总署翻译室主任、华南分局组织部处长、广州重型机器厂厂长、中南局科委工业局局长、广东省机械厅副厅长等职。

赵 学

赵学（1917—1983），女，东莞东坑人。1932年秋，进广东省立女子师范学校读书，在进步教师和同学的影响下，参加进步组织，开始革命活动。1936年东莞党组织恢复后，赵学于同年8月转为共产党员。此后，她与丈夫谢阳光一起来到莞城，以开设阳光书店为掩护，积极发展抗日救亡运动。1937年年底，夫妇俩同到延安抗日军政大学学习，1938年年底回到广东。她先后担任博罗县军训政治教员、东莞水乡区委书记、宝安县委妇女部部长、龙华区委书记、布龙区委书记、东江纵队东进指挥部第四团政治处主任等职。1946年6月东江纵队北撤，赵学任北撤部队妇女大队长。1948年，被选为两广纵队代表，出席中央召开的妇女工作会议，后又到马列学院学习。全国解放后，赵学从事党的理论教育工作，先后担任广东省委党校教育长、副校长。"文化大革命"期间，遭批斗和迫害，身心受到摧残。后任广东省体委副主任。

尹林平

尹林平（1908—1984），又名尹利东、林平，1908 年生，江西兴国人。1931 年加入中国共产党。历任红军独立团团长、闽南游击队支队长、中共厦门临工委书记、中共南方工委军事部部长兼外县工委书记、中共广东省委常委兼军委书记、广东区委书记、东江纵队政治委员。解放战争时期，历任中共中央香港分局副书记，中共粤赣湘边区区委书记，中国人民解放军粤赣湘边纵队司令员兼政治委员等职。中华人民共和国成立后，先后任广东省军区副政治委员、广东省支前司令部司令员、中共广东省委常委、广东省副省长等职。1978 年起，相继任广东省政协副主席、党组书记，中共广东省委常委、书记处书记，广东省政协主席、党组书记。为中共八大、十二大代表，第一和第五届全国人大代表，第五届全国政协常委，中央顾问委员会委员。

麦定唐

麦定唐（1907—1984），东莞长安厦岗村人。大革命时期，任厦岗乡农民协会会长。后参加国民革命军十九路军，在上海与日军作战。莞城沦陷后，任东莞县日伪警察大队大队长。后在中共地下组织的争取、教育下，于 1945 年 1 月率部起义。起义后，任东江纵队新生大队大队长。1949 年 3 月加入中国共产党。解放战争时期，历任民主联军东宝支队负责人、中国人民解放军粤赣湘边纵队东江第一支队第三团副团长、团长等职。中华人民共和国成立后，任东莞县军管会副主任。1950 年 4 月转业后，历任南海县建设科科长、粤中区食品公司副经理等职。1962 年任广东省参事室参事、省政协委员。

鲁 风

鲁风（1922—1984），原名刘侠尧、刘理培，东莞塘厦四村人。1938年10月，参加东莞抗日模范壮丁队。1941年1月，任增（城）从（化）番（禺）独立大队第一中队长兼指导员，率部在广州外围开展游击战。1942年冬至1945年2月，任港九大队副大队长、大队长。日军投降后，国民党集结兵力对东宝解放区大举进攻，采用"填空格"战术进行"搜剿"。在路东青塘、路西嶂阁等地，多次挫败国民党反动派的大规模进攻。东江纵队北撤后，任第三野战军司令部参谋、科长，参加淮海战役和渡江战役。1950年，任华南军区高雷军分区参谋长，指挥部队转战于高州、雷州、钦州及十万大山一带剿匪。1952年任中南防空部队作战科科长，10月参与组建高炮五三三团赴朝鲜参战。1955年，被授予上校军衔和中华人民共和国二级独立自由勋章、二级解放勋章。1955—1958年，先后任广州军区空军高炮一〇九师师长、中南空军高炮副司令员、司令员；组建驻广州、武汉、南昌3个防空高炮师；指挥高炮部队在汕头沿海一带机动作战，先后击落敌机9架。任职期间，奔波于汕头、海丰、惠阳、电白、阳江等海防前线和广西中越边境，还参与入越作战的高炮部队组建工作。

王作尧

王作尧（1913—1990），东莞厚街人。1935年10月，加入中国共产党的外围组织——中国青年同盟，1936年9月加入中国共产党。抗战初期，任中共东莞中心县委宣传部部长兼武装部部长。1938年10月，任东莞抗日模范壮丁队队长。后历任东宝惠边人民抗日游击大队大队长、广东人民抗日游击总队副总队长、东江纵队副司令员兼参谋长。解放战争时期，任华东野战军第十纵队副参谋长、华北军政大学副教育长、两广纵队副司令员兼第二师政委等职。全国解放以后，历任广东军区江防司令部副司令员、广东军区副参谋长、广州防空司令员、中南军区防空军第一副司令员、沈阳军区防空军副司令员、武汉军区空军副司令员、广东省军区顾问、中央军委高级防校训练部部长、广东省人大常委会副主任等职。1961年晋升少将军衔。1988年8月，中央军委授予一级红星功勋荣誉章。

杨康华

杨康华（1915—1991），原名虞焕章，又名杨任康，广东广州人，1931年"九一八"事变后，杨积极参加中山大学学生发动的反日活动。1936年加入中国共产党。1942年任广东人民抗日游击总队副政委兼政治部主任及东江军政委员会委员。1943年12月任广东人民抗日游击队东江纵队政治部主任。1946年随东纵北撤山东。1949年10月，任中共珠江地委副书记兼组织部部长、军分区副政委。1952年8月后，先后任广东省教育厅副厅长、中共华南分局宣传部副部长、文教部部长等职。1961年年底当选为中共广东省委委员，后历任广东省副省长、省政协副主席。1964年春，兼任暨南大学校长，并兼任中国人民对外友好协会广东分会会长，以及对外文化协会广州分会会长。曾任第三届全国人民代表大会代表。1973年任省科教办公室主任，1978年后相继任广东省革命委员会副主任和广东省副省长，兼任省体委主任等职。1983年任中共广东省顾问委员会副主任，兼任广东省党史研究委员会副主任。

邬 强

邬强（1911—1992），广东英德人。1930年加入中国共产党。

1936 年在中央军校南宁分校学习，后参加过徐州、台儿庄会战。历任广东人民抗日游击队副大队长、大队长、东江纵队支队长等职。解放战争时期，任中国人民解放军两广纵队第一师副师长。中华人民共和国成立后，先后任广东省军区副司令员、广东省政协副主席等职。

史　明

史明（1920—1993），原名陈汝霖，东莞东城梨川人。1937 年考入东莞中学高中，曾到乡村宣传抗日。1941 年 4 月加入中国共产党。5 月参加广东人民抗日游击队，任《新百姓》报编辑。1942 年 4 月任宝安税站望天湖分站政治服务员，后任宝安税站总站政治指导员。1943 年 12 月后，历任东江纵队东莞大队政治教导员、新生大队政治委员、莞太线特派室政治特派员。1945 年 10 月，任东江队雄狮大队政治委员。1946 年 6 月随东江纵队北撤山东。1947 年任中国人民解放军两广纵队一团宣教股长，后调华东中央党校学习。1949 年 2 月起，历任第三野战军第十团政治部宣传部教育干事，第三十一军政治部宣传处副科长、科长、处长。1956 年 4 月后，任福州军区政治部副秘书长、组织部副部长、福州军区党委办公室主任。1969 年任福建省军区政治部副主任，后任中共福建省委办公室主任。1973 年任福建省军区副政治委员。1981 年任广东省军区顾问（副军职）。

曾　生

曾生（1910—1995），原名曾振声，广东惠阳龙岗（今属深圳）人。1936 年 10 月加入中国共产党。1936 年 12 月任中共香港海员工委组织部部长、书记等职。1938 年 12 月，组建惠宝人民抗日游击总队，是东江人民抗日武装的创建人之一。后历任惠宝人民抗日游击总队总队长、东江纵队司令员等职。解放战争时期任中国人民解放军两广纵队司令员等职。中华人民共和国成立后，先后任广东军区副司令员、华南军区第一副参谋长、中共海军党委委员、南海舰队第一副司令员、中共广东省委常委、广东省副省长兼广州市市长等职。1955 年被授予少将军衔。1982 年当选为中央顾问委员会委员，先后任第一、二、三、四、五届全国人大代表，第四、五届全国人大常务委员会委员。

黄庄平

　　黄庄平（1917—1995），东莞石排沙角村人。1936 年加入中国青年同盟。1937 年年底加入中国共产党。1938 年 1 月参加东莞抗日自卫团工作队，任工作队中共支部干事；4 月在东莞观澜嶂阁村（今属宝安）组织抗日自卫队；10 月任中共深圳总支书记；12 月任东莞抗日模范壮丁队工作队队长。1939 年 3 月任中共大朗区委书记。1940 年 6 月任大岭山区委书记，发动群众，积极配合挺进大岭山的广东人民抗日游击队第三大队创建大岭山抗日根据地。1941 年 1 月任中共水乡区委书记。1942 年 7 月任中共东莞一线前线县委书记，领导东莞沦陷区人民秘密开展抗日活动。1943 年 7 月任中共增龙博特派员，兼任中共博罗县特派员，负责领导增城、龙门、博罗等县的党组织。1945 年 2 月至 8 月，任中共博罗县委书记。1946 年 8 月至年底，任中共粤中区副特派员。1947 年 3 月至 1948 年 3 月，任中共江北地方工作委员会书记。1947 年 10 月兼任中共增龙博区工委书记。1948 年 3 月至 1949 年 11 月，任中共粤赣湘边区江北地委书记。中华人民共和国成立后，历任广东军区东江军分区副政治委员，中共东江地委委员，中共华南分局党校副教育长、教育长，中共广东省委党校副校长，中共广东省委宣传部副部长，中共广州市委常委、宣传部部长，中共广州市顾问委员会主任等职。

蔡子培

蔡子培（1913—1998），东莞樟木头石马人。1930 年在广州市第二中学读书，当选为广州青年学生抗日救国会执委，领导募捐，支援淞沪抗战。"七七"事变后，前往陕西三原县安吴堡抗日青年训练班学习和进行军事训练。后入陕北公学学习。1938 年 4 月加入中国共产党，同年任陕北公学秘书处秘书。1938 年秋派回广东，参加第四战区服务队。10 月任石马乡民众抗日自卫大队（后编为东莞民众抗日自卫队第四十大队）大队长。11 月任东宝惠边人民抗日游击队第二大队大队长，率队在东（莞）宝（安）边区开展敌后游击战争。1940 年 6 月调到河源县，先后任中共河源县委宣传部部长、县委书记。1942 年 1 月至 1944 年 1 月，任中共龙川县特派员。1944 年 10 月任东江纵队第二支队第二大队大队长，活动在东莞清溪、凤岗、石马一带。后任路东人民抗日总队副总队长，中共路东县委常委、武装部部长，路东行政委员会委员兼军事科科长，东江纵队路东第三线指挥员。1946 年 6 月，随东江纵队北撤山东，历任华东军政大学政治大队政治处主任、政治大队副政治委员，第六高级步兵学校政教系副主任、第二高级步兵学校政教系副主任、中国人民解放军总政治部宣传部助理员、中国人民解放军通信兵政治部宣传部部长、政治部党委常委等职。中华人民共和国成立后，历任河北省财贸政治部副主任、党组副书记，广东省物价局局长、党组书记等职。

王 彪

王彪（1923—2000），原名王仕光，东莞厚街西门坊人。1938 年 5 月，参加国防前线东宝工作队。1940 年 8 月入伍，1940

年 10 月加入中国共产党。历任广东人民抗日游击队第三大队第
一中队战士、班长、小队政治服务员,广东人民抗日游击总队第
五大队政治指导员,东纵第三支队第一大队政治委员等职。1946
年 6 月底,东纵北撤后,王彪留在广东坚持斗争,历任大队长兼
中共九连工委副书记,粤赣湘边纵队北江第二支队第四团团长、
独立第六团团长等职,1949 年 10 月,率领团队在南路军序列内,
参加广东战役。中华人民共和国成立后,历任广州公安总队副总
队长,广州市公安部队第一团团长、副参谋长,中南军区公安部
队内卫处处长,公安部队高级学校训练部部长,人民武装警察
学院训练部副部长、部长,中国人民公安学院训练部部长等职。
1955 年,王彪被授予中校军衔,1962 年晋升为上校军衔,获三
级独立自由勋章、三级解放勋章。1973 年调广州军区,先后任湖
南省军区司令部副参谋长,广东省军区司令部顾问。1982 年按正
军职离职休养。1988 年被授予独立功勋荣誉章。

何　通

　　何通(1924—2002),东莞人。1938 年参加东(莞)宝(安)
惠(阳)人民抗日游击大队。1940 年加入中国共产党。历任侦察
员、政治指导员、中队长。1945 年任东江纵队独立第一大队队长,
转战粤北。1946 年随东纵北撤山东,任东纵司令部作战科科长、
华东军区司令部作战参谋。1948 年任两广纵队第二团、第三团参
谋长,参加豫东、济南和淮海战役。1949 年渡江南下,参加解放
广东战役。1950 年任炮兵团团长,参加解放万山群岛战役。1951
年任广东军区独立第十六团团长。1953 年入高级炮校学习。1954
年起任南京军事学院、北京高等军事学院教员、教员组长。"文
化大革命"期间,调任兰州军区第十九军副参谋长,1978 年任副
军长兼参谋长。1981 年任兰州军区副参谋长。

王鲁明

王鲁明（1915—2003），原名王寿祺，东莞厚街大塘村人。1935年夏，加入中国青年同盟。1936年10月加入中国共产党。1937年春，任中共东莞临工委委员。1938年4月，任中共东莞中心县委委员兼水乡区委书记。同年11月，参加东莞抗日模范壮丁队。1939年，先后任中共广东省临委、广东区党委干事。1946年东纵北撤后，在香港地下党组织做党务工作。1948年调任广东人民解放军江南支队政治委员兼江南地委书记，参与指挥第一、二、三团，进行以坪山为中心的沙渔涌、山子下、红花岭战斗，粉碎国民党军对江南地区的第二期"清剿"。1949年1月，任粤赣湘边纵队东江第一支队政治委员。中华人民共和国成立后，历任东江地委副书记兼组织部部长，粤东区党委城市工作部副部长、工业部部长、区党委副书记，抚顺石油工厂党委书记、外交部机关党委书记，驻罗马尼亚、阿尔巴尼亚大使馆政务参赞，外交部政治部办公室主任，驻瑞典大使，外交部国际问题研究所副所长、党组副书记等职。1980年6月，先后任国务院港澳事务办公室副主任、顾问。1982年，王鲁明当选为中国共产党第十二次全国代表大会代表。1987年，按正部级待遇离职休养。

王士钊

王士钊（1910—2005），东莞虎门南栅人。1933年参加学生运动。1935年任中国青年同盟东莞分盟书记。1936年加入中国共产党，任中共东莞特别支部副书记。1938年调任中共南（海）顺（德）工委委员，在南海县大榄乡组织农民抗日自卫团。1939年回东莞，任中共莞太区委书记，1940年任中共东莞县委宣传部部长，1942年7月任中共东（莞）宝（安）临工委委员、组织部部长，1943 年任中共宝安县特派员，1944 年 7 月任抗日民主政权东宝行政督导处副主任，同时任中共路西县委委员。1945 年年底，任东江纵队第一支队代政治委员、中共路西县委代书记。1946 年 6 月随东江纵队北撤。1947 年任中国人民解放军两广纵队组织部部长。1950 年任中国人民解放军第十五兵团组织部副部长。1954 年任中共中央华南分局处长。后历任广东省有色金属管理局局长、广东省地质局局长、中共韶关地委第三书记、广东省手工业局（后为省二轻厅）党组书记兼副局长、全国工艺理事会副理事长、广东省轻工业厅副厅长、广东省第四届政协委员、广东省第五届政协常委。

张松鹤

张松鹤（1912—2005），东莞清溪柏朗村人。1930 年秋考入广州美术专科学校。1936 年夏任国民党第十二集团军第一五四师中尉艺术科员，编绘抗日宣传漫画。1938 年 6 月加入中国共产党。10 月，清溪成立东莞县民众抗日自卫团第三十二大队，当选为大队长。12 月带领自卫大队到白花洞嶂阁，整编为东宝惠边人民抗日游击队第二大队，任副大队长。后又被派回鹿鸣学校任教师，从事党组织地下工作。1939 年年底任中共清塘区委宣传委员。1942 年冬任广东人民抗日游击总队惠阳大队油印室主任。1944 年年初回清溪建立抗日民主政府，5 月当选为路东行政委员会新三区区长。1946 年 6 月，随东江纵队北撤山东。在华东党校学习一年后，派往中国人民解放军两广纵队负责出版工作，绘编《行军画报》《行军快报》和小型画册。1948 年任华北大学文艺部美术研究员。曾参加太原前线和解放天津入城美工队。1949 年春在北平华北大学任教，后调北京人民美术工作室从事雕塑创作。中华人民共和国成立后，主要从事美术雕塑工作，创作出多部优秀作品。是全国著名雕塑家，中国画院一级画师，第五、六、七届全国政协委员。

黄　布

黄布（1920—2005），原名黄惠成，东莞清溪土桥村人。1938年8月参加抗日救亡运动，同年10月加入中国共产党。1938年12月至1939年8月，在东宝惠边人民抗日游击大队历任战士、班长、小队长、副中队长。1942年6月至1943年12月，任广东人民抗日游击队第三大队中队长，参加东莞篁村、北栅等战斗。1943年11月率部参加粉碎日军对大岭山根据地发动的"万人扫荡"的斗争。1944年1月至12月，任东江纵队东莞大队副大队长、大队长。1945年1月至8月任东莞东江纵队第一支队支队长，率部在广九铁路以西地区进行艰苦的抗日游击战争。1945年8月，率领东江纵队第一支队在莞太公路、莞樟公路、宝太公路、宝深公路沿线向拒绝投降的日伪军发起进攻和包围，歼敌千余人，收复除东莞县城、石龙、樟木头、虎门以外的东宝路西地区（包括宝安县城南头、深圳、东莞常平和厚街等重镇）。同年9月，任东江纵队东进（海丰、陆丰、惠东、紫金、五华）指挥部参谋长兼第四团团长。1946年6月，随东江纵队北撤，同年入中国人民解放军华东军政大学学习。1947年5月任中国人民解放军两广纵队第二团团长，率部转战鲁、豫、皖、苏地区，参加华东战场的豫东、济南、淮海等战役。1949年随两广纵队南下参加解放广东战役。中华人民共和国成立后，历任广东军区珠江军分区副司令员，广西军区平乐军分区副司令员、宜山军分区副司令员，广东省军区惠阳军分区副司令员、佛山军分区副司令员、韶关军分区司令员等职。1955年被授予中校军衔，1962年晋升为上校军衔，1975年6月任广东省军区司令部副参谋长、顾问。

祁　烽

祁烽（1920—2015），曾用名祁嘉穗、祁山，东莞莞城人。1938年2月加入中国共产党，曾任中共东莞中心县委青委委员。1938年10月，参加县委组建的东莞抗日模范壮丁队，曾被派到叶挺将军领导的东江游击队指挥部政治部工作。1942年，在广州广东大学做地下工作。抗战胜利后，历任中共路西县委组织部部长、江南地委副书记，粤赣湘边纵队东江第一支队副政治委员等职。中华人民共和国成立后，历任中共沙深宝边界工作委员会书记兼宝安县委书记、县大队政治委员，广州市军事管制委员会沙深宝分会主任，中共珠江地委委员，华南分局统战部第四处处长、副秘书长等职。1957—1985年，任新华社香港分社副社长、代社长。1985年起，历任第五、六届广东省政协副主席，第四、五届全国政协委员。

附录六 大事记（1923 年—1949 年 10 月）

1923 年

夏秋间，社会主义青年团广东区执行委员会派青年团员莫萃华回东莞县组建青年团组织。10 月，莫萃华在自己的家乡洪屋涡村建立社会主义青年团广东区委东莞支部，成员 7 人，莫萃华任支部书记。

1924 年

3 月，蔡如平、蔡日新被委任为国民党中央农民部特派员，被派回东莞县开展农民运动。

9 月底，莫萃华在洪屋涡村建立东莞县第一个乡农民协会，同时建立第一支农民自卫军。

12 月，东莞县第一个党支部成立。成员 3 人，隶属中共广东区委。莫萃华任支部书记，机关设在东莞中学。

1925 年

4 月 22 日，东莞县虎门厦岗乡（今居长安）土豪麦廷阶父子勾结驻虎门桂军谭启秀部，围攻当天成立的厦岗农民协会和农民自卫军，农会领导人惨遭杀害。

4 月，东莞县农民协会成立，蔡如平任执行委员长。会址设在城内万寿里象塔街。

11月，中共东莞支部改称中共东莞特别支部，属中共广东区委领导。成员十余人，莫萃华任特别支部书记，机关设在莞城寺前街12号。

1926 年

4月12日，中国共产主义青年团东莞地方执行委员会成立，李本立任书记。

6月，中共东莞特别支部改组，成立中共东莞地方执行委员会，隶属广东区委，有党员39人，书记李本立。

7月中旬，东莞县虎门厦岗乡土豪麦廷阶父子勾结土匪民团百余人围攻厦岗乡，大肆抢劫、烧屋，无家可归者近千人。

11月，厦岗乡农民100多人，在农会会长麦定唐带领下到省农民协会请愿，要求政府派兵围剿民团、土匪。

1927 年

4月中旬，国民党右派在东莞县进行"清党"活动，通缉搜捕中共党员及农会、工会领导人。

11月，中共广东省委派人来东莞县、宝安县筹备暴动，在常平成立东宝工农革命军总指挥部。

12月，为配合广州起义，中共东莞县委准备进攻莞城、虎门。广州起义失败后，才取消攻城计划。

1928 年

3月17日，中共东莞县委改组，赖成基任书记。至5月，党员发展至250人。

12 月，中共东莞县委遭破坏，十余人牺牲。此后，党在莞城的活动基本停止。

1935 年

7 月，中国青年同盟（后改称中国青年抗日同盟）东莞分盟成立，支部书记张如。分盟在莞城、高埗、大朗、东坑等地和东莞中学建立小组。

1937 年

4 月，中共东莞县工作委员会在望角村成立，书记谢阳光，辖莞城文化支部和厚街、高埗、中堂、东坑支部 5 个支部，有党员 16 人。

10 月，中共东莞县工作委员会改为中共东莞中心支部，书记姚永光，辖东莞和宝安、增城（部分）三县党组织。

11 月底，中共东莞中心支部取得国民党驻军第六十三军一五三师的支持，在莞城资福寺和大朗举办两期"抗日青年军事训练班"，有 200 多名中共党员和进步青年参加。

1938 年

1 月，在中共东莞地方组织发动、组织下，长安、塘厦、东坑、大朗、寮步、高埗等乡相继成立抗日自卫队。

4 月，中共东莞中心支部改组为中共东莞中心县委，县委书记姚永光，组织部部长袁鉴文，宣传部部长兼武装部部长王作尧，领导东莞和宝安、增城（部分）三县的党组织。

10 月 15 日，东莞抗日模范壮丁队在东莞中山公园宣布成立，全队 100 多人，编为 3 个小队和 1 个留城分队。队长王作尧，政治指导员袁鉴文。

10 月 19 日，日军侵占石龙。中共东莞中心县委迅速派抗日模范壮丁队一部以及所掌握的壮丁常备队 2 个中队，共 200 多人，开赴东江南岸的榴花、峡口、西湖、京山一带阻击日军，打退日军渡河进攻。

11 月 18 日，抗日模范壮丁队于夜间在茶山东岳庙后，迎击由石龙、石滩沿京山、西湖进犯的日军 300 余人，击毙日军前头部队十余人，缴枪十余支。

11 月 24 日，中共东莞中心县委在飞鹅岭召开紧急扩大会议，决定把抗日模范壮丁队、壮丁常备队拉到屏山水口，在大岭山、莲花山等地开展抗日游击战。

11 月，中共东莞中心县委组建东宝惠边人民抗日游击队第一、第二大队。

12 月下旬，中共东莞中心县委改组，成立中共东宝联合县委，县委书记张如，组织部长袁鉴文，宣传部长兼武装部长王作尧。

1939 年

3 月，东江华侨回乡服务团东宝队在清溪成立，队长王启光，副队长卢克敏、祁烽，下辖 3 个分队。

4 月，东宝惠边人民抗日游击大队取得"第四战区第四游击纵队直辖第二游击大队"（简称第二大队）番号，大队长王作尧、政训员何与成，下辖 3 个中队。

1940 年

1 月底，广东人民抗日游击队第三大队在大王岭村举办短期军事训练班，第三大队、第五大队分批选送班、排干部参加培训。

4 月 18 日，王作尧、何与成率第二大队向海陆丰转移途中，遭国民党顽军拦截追击，谈判代表何与成等干部战士 40 多人被扣留。其中何与成、卢仲夫、罗尧、罗振辉、叶镜源、李燮邦6名干部被押到惠州后遭杀害。

6月，中共东宝联合县委撤销，成立中共东莞县委，书记陈铭炎。

9月中旬，中共东江前线特别委员会决定将东江人民抗日武装改编为广东人民抗日游击队，辖第三、第五大队。第三大队大队长曾生、副大队长邬强、政训员卢伟良；第五大队大队长王作尧、副大队长周伯明、政训员蔡国梁。第三大队在东莞县大岭山地区一带活动，第五大队在宝安县阳台山地区和广九铁路两侧活动。领导中心设在东莞县。

10月初，尹林平、梁鸿钧、邬强率广东人民抗日游击队第三大队70多人从宝安县布吉乡挺进东莞大岭山地区，创建大岭山抗日根据地，大队部设在大王岭村。

1941 年

1月7日，广东人民抗日游击队第三大队创办《大家团结》报，由杜襟南负责。

4月，东莞县第一个乡级抗日民主政府——连平乡政府在大岭山根据地成立。随后，杨西、大沙、同沙、治平、塘朗等乡，也相继建立乡级民主政权。

5月24日，广东人民抗日游击队第三大队在大岭山抗击伪军刘发如部200多人的进攻，毙伤敌十多人，缴获武器一批。28日，再次抗击刘发如部的进攻，毙伤敌20多人，缴枪20多支。

5月，东莞县第一个区级抗日民主政权——连平联乡办事处成立，主任刘荫。

6月10日，广东人民抗日游击队第三大队在抗日自卫队的配合下，在大岭山百花洞抗击日军驻莞城长濑大队400多人及伪军

200 多人的进攻。

7 月，广东人民抗日游击队第三大队在大岭山牛牯岭村创办中山书院，参照陕北公学办学方式，招收知识青年，进行短期培训，为部队和地方输送干部。

8 月，大岭山抗日根据地 8 个乡先后建立脱产的联防抗日自卫队，有 500 多人。

10 月，广东人民抗日游击队第三大队主力撤离大岭山根据地。国民党顽军 1300 多人进攻大岭山，烧杀抢掠。连平、治平、杨西等乡损失惨重，80% 的村庄被焚。

12 月，广东人民抗日游击队第三大队、第五大队先后派武工队进入九龙的新界、元朗、沙头角、西贡等地开展敌后游击战，营救困留在香港的民主人士和文化界人士。

1942 年

1 月下旬，广东人民抗日游击队改编为广东人民抗日游击总队，总队长梁鸿钧，政治委员尹林平，副总队长曾生，副总队长兼参谋长王作尧，政治部主任杨康华，参谋处主任邬强。下设 1 个主力大队和 4 个地方大队：在原第五大队的基础上成立主力大队，仍称第五大队，王作尧兼任大队长，卢伟良任政治委员；东莞地区部队仍称第三大队，曾生兼任大队长，陈志强任政治委员；东宝边地区部队编为惠阳大队，彭沃任大队长，谭天度任政治委员；宝安地区部队编为宝安大队，曾鸿文任大队长，何鼎华任政治委员；港九地区部队编为港九大队，蔡国梁任大队长，陈达明任政治委员。

6 月，中共东（莞）宝（安）临时工作委员会成立，书记黄宇，领导东莞、宝安县一线党组织，领导机关设在东莞县塘厦林村。

是月，经过 6 个月的紧张营救，中共广东地方组织和广东人民抗日游击总队从港九地区营救出爱国民主人士和文化界知名人士何香凝、邹韬奋等 300 多人。被营救脱险的还有国民党第七战区司令长官余汉谋的夫人上官德贤及其随行人员 12 人、国民党驻香港军事代表海军少将陈策、国民党官员陈汝棠等。此外，还有英、美、荷、比、印等国家和地区的国际友人近 100 人。

7 月，中共东莞县委划分为一线、二线县委。其中一线县委再分为前线和后方县委，中共东莞一线前线县委书记黄庄平，辖大岭山区、莞太沿线和水乡；中共东莞一线后方县委书记莫福生，辖广九铁路两侧地区。

10 月，广东人民抗日游击总队为加强莞太公路两侧的敌后工作，打通与珠江三角洲兄弟部队的联系，成立中共莞太线敌后工作委员会，王作尧兼任书记，卢克敏任副书记，领导机关设在厚街。

1943 年

1 月，广东人民抗日游击总队电台、《前进报》报社、医务所从宝安县白石龙村先后迁至东莞县厚街乡小坞园、河田、双岗、涌口等地。

4 月，中共东莞一线、二线县委撤销，改设特派员。陈铭炎任中共东莞县特派员。

11 月 8 日，驻厚街伪军第三十师八十九团代理团长、第一营营长梁德明，率第一营和机炮连 130 余人起义，开进大岭山抗日根据地。起义部队被改编为广东人民抗日游击总队宝安大队，梁德明任大队长。

11 月 17 日，日军纠集第一〇四师团主力 1 个联队和驻莞城、石龙、太平的日军，以及伪军第三十师等共 9000 余人，采取"铁壁合围"战术，对大岭山抗日根据地发动大"扫荡"。广东人民抗日游击总队第三大队、珠江队在莲花山、怀德等地与日伪军展开遭遇战，毙伤日伪军 60 多人后，分别转向大岭山，随后在副总队长兼参谋长王作尧、副政治委员兼政治部主任杨康华部署下，分三路趁黑夜突围。

12 月 2 日，广东人民抗日游击总队改称为广东人民抗日游击队东江纵队，司令员曾生、政治委员尹林平、副司令员兼参谋长王作尧、政治部主任杨康华，下辖 7 个大队，共 3000 余人。

1944 年

1 月 24 日，东江纵队第三大队袭击篁村伪联防中队，毙伤十多人，俘 30 余人，缴重机枪 1 挺、长短枪 40 余支。第三大队手枪队长叶凤生及少年班班长李锋等人牺牲。第三大队将缴获的重机枪命名为"凤生机"，少年班命名为"李锋班"。

2 月，东江纵队以第三大队为基础，扩编为第三大队、东莞大队和铁东大队。第三大队在莞樟公路沿线，东莞大队在莞太、宝太公路沿线，铁东大队在广九铁路石龙至樟木头段以东的石排、企石一带开展活动。

3 月初，东江纵队宝安大队华山队改编为东江纵队独立第三中队（代号飞鹰队），何通任中队长、黄克任政治委员、张军任政治指导员，任务是开辟和建设路东抗日根据地。

3 月 31 日，东江纵队第三大队与第五大队在民兵自卫队配合下，于东莞县梅塘乡黄猄坑抗击伪军第四十五师一三四团 1000 余人的进攻。全歼伪军 2 个连，缴轻机枪 3 挺、步枪 100 多支，军用物资一批。

5 月 8 日，东江纵队第三大队、第五大队和东莞大队把从樟木头出动偷袭梅塘乡的日军加藤大队 500 余人围困于梅塘山坡上，毙伤日军近百人，日军大队长加藤撤回樟木头据点后剖腹自杀。此役，东江纵队伤亡 30 余人，第三大队独立中队政治委员李忠牺牲。

7月1日，路西县级抗日民主政权——东（莞）宝（安）行政督导处成立。谭天度、何鼎华分任正副主任，同时发布施政纲领，并公布43个抗日民主乡政府成立。

7月，中共路西县委成立，陈达明任书记，辖广九铁路以西东宝地区的党组织。其中辖东莞地区的党组织有：新一区、新二区、新三区、新四区、新五区、水乡区共6个区委（支部）。

8月17日，《解放日报》以《东江纵队威震港粤》大字标题，报道东江纵队1944年上半年战绩：半年来与敌伪作较大的战斗148次，攻克敌伪据点10个，毙日军440人、伪军560人，俘伪军764人，伪军反正144人。

9月，东江纵队建立第一、第二、第三支队。第一、第二支队分别在广九铁路以西、以东地区开展游击战争，第三支队随纵队司令部在惠（阳）宝（安）边区活动。

11月，中共路东县委成立，蓝造任书记，辖广九铁路以东，淡水河、淡澳公路以西的惠东宝地区。其中辖东莞地区的党组织有路东新三区委、新四区委。

1945 年

2月25日，伪东莞县保安警察大队大队长麦定唐率部180余人，携轻机枪4挺、步枪百余支起义，被改编为东江纵队第一支队新生大队，麦定唐任大队长，史明任政治委员。

4月15日，东江纵队政治部在惠阳县约场召开路东各界人士国事座谈会，到会代表246人，共商抗日救国大事。会议讨论路东区减租减息、退租退息及推行新政策等问题。

4月23日至29日，东江解放区路东行政区首届参议会召开，宣布成立路东参议会和路东行政委员会。

8月18日，曾生以中国解放区抗日军华南抗日纵队司令名义，命令日本南支派遣军最高指挥官田中久一，立即派出代表到东莞县清溪地区接受华南抗日纵队的命令。

9月底，东江纵队第二支队第二大队大队长蔡子培、政治委员黄克到樟木头与日军谈判。经谈判，驻樟木头日军向东江纵队缴交迫击炮4门、轻重机枪25挺、步枪100余支和弹药及物资一批。

9月，国民党一六〇师、一五三师、新一军分别进攻东宝、增城、博罗等解放区，占领东莞太平、厚街、桥头等地。

12月中旬，国民党军对根据地采用"梳篦战术""填空格战术"，企图一举消灭人民武装。东江纵队第一支队主力转移到铁路以东。

1946 年

3月11日，尹林平在重庆举行中外记者招待会，揭露国民党反动派妄图否认和消灭华南抗日游击队的阴谋，发表华南部队八年抗战的战绩。

6月30日，根据国共双方签订的"双十协定"，东纵北撤；7月5日，到达山东烟台解放区。

7月，根据中共中央"长期隐蔽，积蓄力量，等待时机，坚持斗争"的方针，各地留一批骨干坚持隐蔽斗争。国民党广东当局违背诺言，疯狂捕杀东纵复员人员及家属。

8月底，东莞东纵复员同志自卫会成立，主要活动于岭贝坑、丁屋、水口、屏山、温塘等地。

11月27日，中共广东区委作出恢复武装斗争的决定。年底，"东莞东纵复员同志自卫会"改名"东莞队"。

1947 年

2月初，惠东宝人民护乡团成立，活动于东宝地区的为护乡团第三大队。

1948 年

3 月，人民武装东江地区部队整编，成立广东人民解放军江南支队，护乡团第三大队扩编为江南支队第三团。

是月，国民党军发动第一期"清剿"，动用 2500 多人对东宝地区"扫荡"。至 5 月底，东宝人民武装经过大小 40 余次战斗，粉碎第一期"清剿"。

4 月，东莞、宝安地区设立一元化领导的东宝县委，书记黄华、副书记杨培。

6 月下旬，国民党军 1 万多人，重点对惠东宝地区进行"肃清平原、围困山区"的第二期"清剿"。

年底，各地党组织进一步发动群众，扩大部队，扩大根据地，以积极行动，配合南下野战军解放广东。

1949 年

1 月 1 日，中国人民解放军粤赣湘边纵队成立。14 日，江南支队第三团改称为东江第一支队第三团。

7 月，中共东宝县委在大岭山大环村举办东江青年公学东莞分校，为入城接管培训干部。

9 月，中共东宝县委分成东莞、宝安两县委，东莞县委书记卢焕光，同时建立东莞县人民政府，县长杨培。

10 月 17 日，粤赣湘边纵队东江第一支队第三团由副政治委员祁烽以及麦定唐、杨培、何棠等率领从莞城西门进入城内，数千名群众夹道欢迎，鸣放鞭炮，庆祝解放。

广东省民政厅编：《广东省革命老区村庄名册》，内部资料，1997 年 9 月。

东莞市地方志编纂委员会编：《东莞市志》，广东人民出版社，1995 年 12 月。

东莞市地方志编纂委员会编：《东莞市志（1979—2000）》，广东人民出版社，2013 年 11 月。

中共东莞市委党史研究室编：《中国共产党东莞历史（第一卷·1919—1949）》，中共党史出版社，2011 年 1 月。

中共广东省东莞市委党史研究室编：《东莞抗日实录》，中共党史出版社，2006 年 1 月。

中共东莞市委党史研究室编：《东莞解放斗争纪实》，中共党史出版社，2009 年 9 月。

东莞人民武装史编纂委员会编：《东莞人民武装史（1839—2013）》，广东经济出版社，2015 年 7 月。

东莞市政协主编，赖日昌编选：《山鹰之歌——东莞路东三区革命斗争纪实》，广东经济出版社，2015 年 2 月。

中共虎门镇委员会编：《峥嵘岁月——虎门地区革命斗争纪

事》，广东人民出版社，2011 年 6 月。

中共广东省委党史研究室、中共东莞市委党史研究室编：《广东省革命遗址通览·东莞市》（第 5 册），中共党史出版社，2013 年 10 月。

中共东莞市委党史研究室编：《东江纵队历史诗歌选》，内部资料，2013 年 5 月。

《东莞市厚街镇志》编纂委员会编：《东莞市厚街镇志》，广东人民出版社，2015 年 1 月。

《东莞市大岭山镇志》编纂委员会编：《东莞市大岭山镇志》，中华书局，2011 年 3 月。

《东莞市大朗镇志》编纂委员会编：《东莞市大朗镇志》，广东人民出版社，2010 年 1 月。

《东莞市黄江镇志》编纂委员会编：《东莞市黄江镇志》，中华书局，2016 年 5 月。

《东莞市东坑镇志》编纂委员会编：《东莞市东坑镇志》，岭南美术出版社，2008 年 9 月。

《东莞市南城区志》编纂委员会编：《东莞市南城区志》，广东人民出版社，2015 年 1 月。

《东莞市莞城志》编纂委员会编：《东莞市莞城志》，岭南美术出版社，2011 年 6 月。

东莞市民政局编：《东莞市民政志》，广东人民出版社，2019 年 6 月。

广东省人民政府地方志办公室编：《全粤村情·东莞市卷》（1—6 册），华南理工大学出版社，2017 年 12 月—2018 年 12 月。

东莞统计局、国家统计局东莞调查队编：《东莞统计年鉴（2018）》，中国统计出版社，2018 年 8 月。

　　2018 年 4 月，东莞市农业农村局根据中国老区建设促进会和广东省老区建设促进会关于编纂《革命老区县发展史》丛书工作要求，组建编纂委员会和编辑部。编委会名誉主任由东莞市委常委、市委政法委书记杨东来担任，主任由市府办二级调研员黄福泉担任，常务副主任由市农业农村局局长、市委农办主任、市扶贫办主任张永忠担任，副主任分别由市委农办、市扶贫办常务副主任吴美良，市农业农村局副局长詹惠航，市文明办副主任张超，市委党史研究室副主任龙家玑，市人民政府地方志办公室主任李文蔚担任。同时，成立编辑部，由张永忠担任主编，吴美良和詹惠航担任副主编，聘请史志专家姚少华副编审担任总纂。

　　编辑部首先根据中国老区建设促进会中老促（2017）15 号文件要求，制订《东莞市革命老区发展史》编目和调查表，并于 7 月 4 日召开全市有革命老区村的 24 个镇街分管领导及联络员会议。市农村农业局副局长詹惠航出席会议，对编纂和资料调查工作进行布置。7 月 19 日，市农业农村局局长助理何建鹏和《东莞市革命老区发展史》总纂姚少华，参加由广东省老区建设促进会举办的编纂工作培训班。之后，编辑人员首先到市档案馆、图书馆以及有关部门查阅、摘抄资料，先后查阅了《广东省革命老区村庄名册》《东莞市志》《东莞市志（1979—2000）》《中国共产党东莞历史（第一卷·1919—1949）》《东莞抗日实录》《东莞解放斗争纪实》《东莞人民武装史（1839—2013）》《山鹰之歌——东莞路东三区革命斗争纪实》《峥嵘岁月——虎门地区革命斗争纪事》等史志史料。

在获得大量资料和有关数据基础上，进行初稿编写。其间，参考外地编修经验，多次对编目进行调整。与此同时，积极与全市24个镇街沟通，解答问题，指导收集资料。至2018年10月，24个镇街基本完成上交普查资料，有的还按要求撰写镇、村简介。11月，一部32万字的初稿基本完成。同月，根据广东省老区建设促进会下发的《关于编辑出版〈革命老区县发展史〉丛书有关事项意见的通知》，对初稿进行压缩。

2019年3月，市农业农村局根据中国老区建设促进会会长王健、副主任郓万增关于"坚持高标准、确保编纂质量和进度"的要求，分别向市委宣传部、市委党史研究室、市志办、市文化广电旅游体育局、市民政局、市档案馆及有关镇街发出《关于协助做好革命老区发展史编纂工作的函》。4月，相关部门和镇、村陆续回复审稿意见。其中市委党史研究室和市志办对史实和编纂格式、有关数据等提出具体修改意见。编辑人员再次根据意见，查阅、核实史料，更新数据，对文字、用语进行统一增删修改。至4月底，修改工作基本完成。

2019年7月，省老区建设促进会会长陈开枝、常务副会长林华景、副会长兼秘书长姚泽源等领导和专家来东莞市调研，指导《东莞市革命老区发展史》编修，提出许多宝贵意见。会后，东莞市根据要求，对书稿作了较大改动，特别是吸收东莞市党史、地方志研究成果，补充了东莞市革命史的内容，形成终审稿，并呈送上级审查，交付出版。

在《东莞市革命老区发展史》编修期间，市农业农村局局长、市委农办主任、市扶贫办主任张永忠对修编工作给予高度重视和极大关心与支持，市委农办、市扶贫办常务副主任吴美良，市农业农村局副局长詹惠航，带领刘宠杨、苏杰湘、黄峻华、江锦心、蔡冬梅、刘广文等同志，具体负责修编工作的协调，帮助解决修编过程中的实际困难，使修编工作得以顺利进行。在编纂过程中，市委党史研究室副主任龙家玘、市人民政府地方志办公室副主任刘念宇，给予极大关心与支持，尤其在最后审阅阶段，认真审读初稿，提出中肯意见。市文化广电旅游体育局、市民政局、市档案馆及有关镇街的人员给予热心帮助。在此，谨代表《东莞市革命老区发展史》编纂委员会向他们表示崇高的敬意和衷心的感谢！

由于编纂《东莞市革命老区发展史》工作尚属首次，没有任何参考资料和经验可借鉴，并且时间要求较短，加之编纂者才疏学浅，这给编写工作带来一定困难。同时，由于被评划为革命老区的村基本是自然村，很多历史资料缺失，没有相关统计数据，因此一些数据只能采用社区（行政村）的资料。所以，史料不足是编修工作的最大困难。特此，恳请社会各界人士给予批评指正，提出宝贵意见和建议，以备续修时予以订正。

2020 年 4 月